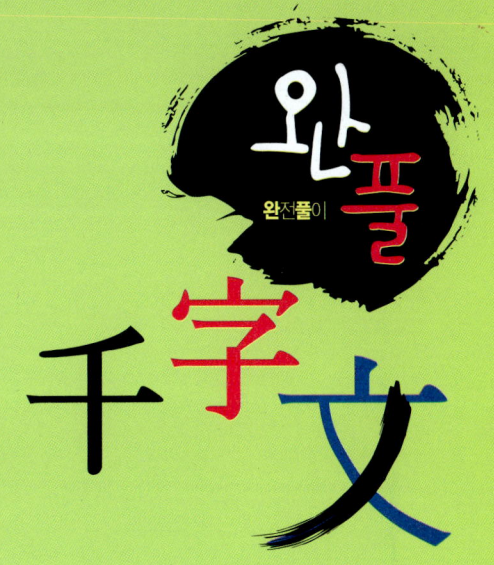

千字文
완전풀이

진동일 글·그림

正進出版社

千字文

자연현상에서 인륜도덕에 이르기까지 광범위한 내용을 담고 있는 천자문은 **천지현황 우주홍황**(天地玄黃 宇宙洪荒 : 하늘은 검고 땅은 누르며, 우주는 크고 넓다)으로 시작하여 **위어조자 언재호야**(謂語助者 焉哉 乎也 : 어조사는 언재호야이다)로 끝맺는다. 이 천자문을 주흥사(周興嗣)가 단 하룻밤에 저술하고 그 편철까지 마치고 보니 아침이 되어 그의 머리가 백발이 되었다 하여 일명 백수문(白首文)이라고 후대에 전해오고 있다.

김삿갓 왈(曰)

　천지현황(天地玄黃)으로 시작해 언재호야(焉哉乎也)로 끝나는 이 천자문은 중국의 양나라 사람인 주흥사(周興嗣)가 지은 책이다.
　천자문은 중복된 글자가 없고, 읽기 좋은 문장으로 만들었기 때문에 초보자들의 한자 교과서나 습자교본으로 널리 쓰였다. 우리나라에서 널리 알려진 천자문은 조선시대 선조 때의 명필인 한호의 석봉천자문이다.

이 책의 특징은 한마디로 한자 1천 자로 천지만물과 인간의 삶을 그려낸 것이다. 따라서 그 내용의 현묘(玄妙)함에 나 김삿갓은 아낌없이 찬사를 보냈다.

우와!

김삿갓이다!

앞으로 우리한문 선생님이 되실거야……

天	[天年천년] 타고난 수명. [靑天청천] 푸른 하늘. [先天선천] 태어날 때부터 몸에 지니고 있는 것. [後天후천] 성질·체질·질병 따위를 태어난 뒤의 여러 가지 경험이나 지식을 통해 지니게 되는 일. ↔ 선천(先天)	 地	[地下지하] 땅속이나 땅속을 파고 만든 구조물의 공간. [天地천지] 하늘과 땅. [土地토지] 땅. 흙. 토양. [農地농지] 농사를 짓는 데 쓰이는 땅. 농토(農土) [大地대지] 대자연의 넓고 큰 땅.
0001 7급 하늘 천 大부/총 4획 一 二 チ 天		0002 7급 땅 지 土부/총 6획 一 十 土 圵 地 地	

천지(天地)의 하늘은

玄	[玄關현관] 양식 건물의 주된 출입구에 나 있는 문간. [玄米현미] 왕겨만 벗기고 쓿지 않은 쌀. [玄妙현묘] 이치나 기예의 경지가 헤아릴 수 없이 미묘함.	 黃	[黃土황토] 누르고 거무스름한 흙. [黃色황색] 누른빛. [黃海황해] 중국 동부 해안과 한반도 사이에 있는 바다. [黃金황금] '금(金)'을 누른 데서 이르는 말.
0003 3급Ⅱ 검을 현 玄부/총 5획 丶 亠 亠 玄 玄		0004 6급 누를 황 黃부/총 12획 一 ㅛ ㅛ 늄 苺 莄 黃	

현묘(玄)하고 땅은 황색(黃)이며

해설 天地玄黃 [천지현황] 하늘은 아득히 멀어 그 빛이 검고 땅은 넓어 그 빛이 누렇다. 여기서 황(黃)은 황하, 황해 등 중국의 국토를 나타낸다.

[宇宙우주] 온 세계를 둘러싸고 있는 공간.
[棟宇동우] 용마루와 처마. 마룻대와 처마.
[彊宇강우] 경계. 국경. 국토.

| 0005 3급Ⅱ | 집 우 宀부/총 6획 |

[宙然주연] 넓은 모양을 이름.
[宙表주표] 하늘의 바깥. 천외(天外).

| 0006 3급Ⅱ | 집 주 宀부/총 8획 |

우주(宇宙)는
여기는 하늘 밖

[洪水홍수] 큰물.
[洪魚홍어] 가오릿과의 바닷물고기. 몸길이 1.5m가량.
[洪大홍대] 규모 따위가 매우 큼.
[洪福홍복] 큰 행복.

| 0007 3급Ⅱ | 넓을 홍 水부/총 9획 |

[荒凉황량] 황폐하여 쓸쓸함.
[荒野황야] 풀이 멋대로 자란 거친 들판.
[荒廢황폐] 집이나 땅 따위를 거두지 않고 그냥 버려 두어 거칠고 못쓰게 됨.

| 0008 3급 | 거칠 황 艹부/총 10획 |

넓고도(洪) 거칠다(荒).
끝이 없구나.

해설 宇宙洪荒 [우주홍황] 하늘과 땅 사이는 크고 넓어서 끝이 없다. 우주(宇宙)란 하늘과 땅 사이를 말하며, 홍황(洪荒)이란 크고 너르다는 뜻이다.

日	[日日일일] 하루하루. [日月일월] 해와 달을 아울러 이르는 말. [日記일기] 그날그날 겪은 일을 적는 일. [今日금일] 오늘. 지금. [一日일일] 하루. [休日휴일] 일을 하지 않고 쉬는 날.	月	[八月팔월] 한 해의 여덟째 달. [一月일월] 한 해 열두 달 가운데 첫째 달. 정월. [蜜月밀월] 결혼 초의 즐겁고 달콤한 동안. [五六月오뉴월] '오월'과 '유월'을 아울러 이르는 말.
0009 8급 날/해 일 日부/총 4획 ㅣ 冂 日 日		0010 8급 달 월 月부/총 4획 ノ 刀 月 月	

해(日)와 달(月) 중에

盈	[盈德영덕] 경상북도 동부에 있는 지명. [盈滿영만] 가득 참. [衍盈연영] 넘쳐 흐름. 충만함.	昃	[日昃일측] 해가 서쪽으로 기움. [月昃월측] 달이 기움.
0011 2급 찰 영 皿부/총 9획 ノ 乃 及 及 及 盈 盈 盈		0012 기울 측 日부/총 8획 一 厂 曰 曰 写 写 昃 昃	

달은 차고(盈) 해는 기울며(昃)

 日月盈昃 [일월영측] 해는 서쪽으로 기울고 달도 차면 기울어진다. 즉 우주의 진리를 말한다.

0013 3급Ⅱ	별 진/때 신 辰부/총 7획

一厂厂厂厂辰辰辰

[辰時진시] 십이시의 다섯째 시. 오전 7시부터 9시까지의 동안.
[辰宿진수] 성수(星宿). 모든 성좌의 별.
[壬辰亂임진란] 임진왜란.
[生辰생신] '생일(生日)'의 높임말.

0014 5급	잘 숙/별자리 수 宀부/총 11획

宀宀宀宀宿宿宿

[宿題숙제] 학생에게 내어주는 과제.
[宿食숙식] 남의 집이나 숙박 시설 등에서 잠을 자고 끼니를 먹음.
[宿所숙소] 주로 객지에서 머물러 묵는 곳.
[合宿합숙] 여러 사람이 한 곳에서 묵음.

별자리(辰宿)의 별들이

0015 4급Ⅱ	벌릴 렬 刀부/총 6획

一ア歹歹列列

[列擧열거] 여러 가지를 하나씩 들어 말함.
[配列배열] 일정한 차례나 간격으로 죽 벌여 놓음.
[隊列대열] 질서 있게 늘어선 행렬.
[行列행렬] 여럿이 줄을 지어 감, 또는 그 줄.

0016 4급	베풀 장 弓부/총 11획

弓弓弘张張張

[緊張긴장] 마음을 조이고 정신을 바짝 차림.
[主張주장] 자기의 의견이나 주의를 굳게 내세움.
[誇張과장] 사실보다 지나치게 떠벌려 나타냄.
[出張출장] 용무로 어떤 곳에 가거나 임시로 파견됨.

열차(列)처럼 벌려 있다(張).

 辰宿列張 [진수열장] 별들은 각각 제자리가 있어 하늘에 넓게 퍼져 있다. 진(辰)은 12궁, 수(宿)는 28수를 말하며, 모두 하늘의 별자리를 일컫는다.

| 0017 5급 | 찰 한 宀부/총 12획 |

宀宀宀宙宙寒寒寒

[寒害한해] 추위로 말미암아 입은 농작물의 피해.
[寒氣한기] 추운 기운. 추위.
[寒冷한랭] 기온이 낮고 매우 추움.
[寒暖한란] 추움과 따뜻함을 아울러 이르는 말.
[防寒방한] 추위를 막음.

| 0018 7급 | 올 래 人부/총 8획 |

一厂厂厂灰來來來

[來年내년] 올해의 다음 해.
[來日내일] 오늘의 바로 다음날. 명일(明日).
[來週내주] 이 다음 주.
[來訪내방] 만나기 위하여 찾아옴.
[外來語외래어] 외국어에서 빌려 마치 국어처럼 쓰는 단어.

한파(寒)가 오면(來)

어휴, 추워…

| 0019 3급 | 더울 서 日부/총 13획 |

丿丨日旦呈星暑暑

[炎暑염서] 매우 심한 더위.
[避暑피서] 시원한 곳으로 옮겨 더위를 피함.
[處暑처서] 이십사절기의 하나. 8월 23일경.
[暴暑폭서] 갑작스러운 된 더위. 매우 심한 더위. 폭염(暴炎).

往

| 0020 4급Ⅱ | 갈 왕 彳부/총 8획 |

丿彳彳彳彳彳往往

[往來왕래] 가고 오고 함. 발길.
[往往왕왕] 때때로. 이따금.
[往復왕복] 갔다가 돌아옴.
[往年왕년] 지난 해.
[往診왕진] 의사가 환자 집에 가서 진찰함.

더위(暑)는 가고(往)

저 가요.

 寒來暑往 [한래서왕] 추위가 오면 더위가 물러간다. 춘하추동 사계절이 일정하게 돌고 도는 것, 즉 자연의 법칙을 말한다.

0021	가을 추
7급	禾부/총 9획

二千千禾禾禾秋秋

[秋穀추곡] 가을에 거두는 곡식.
[春秋춘추] 봄과 가을. '나이'의 높임말. 연세.
[春夏秋冬춘하추동] '봄·여름·가을·겨울'의 네 철을 아울러 이르는 말.
[仲秋節중추절] 추석. 한가위.

0022	거둘 수
4급Ⅱ	攵부/총 6획

丨丨丨丨收收

[收入수입] 돈이나 물건 따위를 벌어들임.
[收穫수확] 익은 농작물을 거두어들임.
[收買수매] 물건을 사들임.
[減收감수] 수입이나 수확이 줄.
[還收환수] 도로 거두어들임.

가을(秋)에 수확하면(收)

풍년이야!

0023	겨울 동
7급	冫부/총 5획

ノクタ冬冬

[冬夏동하] 겨울과 여름.
[冬季동계] 겨울철.
[冬至동지] 이십사절기의 하나. 12월 22일경.
[冬眠동면] 겨울잠.
[立冬입동] 이십사절기의 하나. 11월 8, 9일경.
[秋冬추동] 가을과 겨울.

0024	감출 장
3급Ⅱ	艹부/총 18획

艹广疒疒藏藏藏

[藏書장서] 책을 간직하여 둠, 또는 그 책.
[貯藏저장] 물건을 모아서 간수함.
[死藏사장] 활용하지 않고 그대로 간직하기만 함.
[所藏소장] 값나가는 물건 따위를 자기의 것으로 간직함.

겨울(冬)에 저장(藏)한다.

冬眠중 깨우지 마!

 秋收冬藏 [추수동장] 가을에는 곡식을 거두고 겨울이 되면 추수한 곡식을 창고에 저장한다.

閏

0025	윤달 윤
3급	門부/총 12획

ㅣ ㄱ ㄲ 門 門 門 閏

[閏年윤년] 윤일이나 윤달이 든 해. ↔ 평년(平年)
[閏朔윤삭] 윤년에 드는 달, 또는 윤일이 든 달. 윤월(閏月). 윤달.
[閏位윤위] 정통이 아닌 임금의 자리.
[正閏정윤] 평년과 윤년.

餘

0026	남을 여
4급Ⅱ	食부/총 16획

ㅅ 슛 슐 슐ㄴ 슐ㄴ 餘 餘

[餘念여념] 다른 생각.
[餘力여력] 어떤 일을 하고 또 다른 일을 할 수 있는 힘. 남은 힘.
[餘暇여가] 겨를. 틈.
[餘生여생] 한창때를 지난, 한평생의 남은 인생.
[殘餘잔여] 남아 있는 것.

요 임금께서 윤달(閏餘)을 두어

成

0027	이룰 성
6급	戈부/총 7획

ㅣ ㄱ ㄷ 万 成 成 成

[成人성인] 이미 성년이 된 사람. 어른.
[成長성장] 사람이나 동물 등이 자라남.
[成形성형] 일정한 모양을 이룸.
[大成대성] 크게 성공함.
[作成작성] 원고·서류·계획 따위를 만듦.

歲

0028	해 세
5급	止부/총 13획

止 ㄗ ㄗ 芦 嵗 歲 歲

[歲月세월] 흘러가는 시간.
[歲入세입] 한 회계 연도에 있어서의 총수입. ↔ 세출(歲出)
[年歲연세] '나이'의 높임말.
[萬歲만세] 축복 또는 승리를 기뻐하는 뜻으로 외치는 소리.

해(歲)를 성립(成)하고

 閏餘成歲 [윤여성세] 일년의 남은 시간을 모아 4년마다 한 차례씩 윤달을 두어 윤년(閏年)을 정하였다.

律

법칙 률 (0029, 4급Ⅱ)
彳부/총 9획
丿彳彳彳彳律律律

[律動율동] 일정한 규칙을 따라 주기적으로 움직임.
[法律법률] 사회 생활 유지를 위한 강제적인 규범.
[自律자율] 스스로의 의지로 자기 행동을 규제함.
[規律규율] 사회 생활을 하는 데 행위의 준칙이 되는 것.

呂

성/법칙 려 (0030, 2급)
口부/총 7획
丨口口口呂呂呂

[呂運亨여운형] 독립운동가.
[呂律여율] 음의 음률과 양의 음률.
[律呂율려] '육률(六律)'과 '육려(六呂)'를 아울러 이르는 말.

음률을 고르게 하며(律呂)

調

고를 조 (0031, 5급)
言부/총 15획
言訓訓訓訓調調

[調和조화] 대립이나 어긋남이 없이 서로 잘 어울림.
[調理조리] 몸을 보살피고 병을 다스림.
[調節조절] 균형이 맞게 바로잡음.
[強調강조] 어떤 부분을 특별히 힘주어 주장함.

陽

볕 양 (0032, 6급)
阜부/총 12획
阝阝阝阝阝陽陽

[陽地양지] 볕이 바로 드는 곳. ↔ 음지(陰地)
[陽氣양기] 햇볕의 따뜻한 기운.
[陽曆양력] '태양력'의 준말. ↔ 음력(陰曆)
[太陽태양] 태양계의 중심이 되는 별.
[夕陽석양] 저녁 해.

음과 양(陽)을 조절(調)하였다.

해설 律呂調陽 [율려조양] 여섯 개의 율(律)과 여(呂)로 천지간의 양기를 조절하니, 여기서 율은 양이요 여는 음을 나타낸다.

雲	[雲集운집] 구름처럼 모인다는 뜻으로, 사람이 많이 모임. [雲霧운무] 구름과 안개. [雲海운해] 매우 높은 곳에서 널리 깔린 구름을 내려다보는 경치. [雲泥운니] 구름과 진흙. 차이가 매우 심함을 이름.	騰	[騰貴등귀] 물품이 달리고 값이 뛰어오름. [騰落등락] 오르고 내림. [急騰급등] 갑자기 오름. [暴騰폭등] 물건 값이 갑자기 크게 오름. [沸騰點비등점] 끓는 점.
0033 5급 구름 운 雨부/총 12획 一 厂 币 币 雨 雪 雲 雲		0034 3급 오를 등 馬부/총 20획 月 月" 肝 胖 胖 騰 騰	

오른(騰) 구름(雲)이

致	[致誠치성] 정성을 다함. [筆致필치] 글이나 글씨 쓰는 솜씨. [景致경치] 자연의 아름다운 모습. [韻致운치] 고상하고 우아한 멋. [誘致유치] 행사나 사업 따위를 이끌어 들임.	雨	[雨水우수] 이십사절기의 하나. 2월 19일경. [雨衣우의] 비옷. [雨期우기] 1년 중에서 비가 계속해서 많이 내리는 시기. [雨量우량] 내린 비의 분량. 강우량. [風雨풍우] 바람과 비.
0035 5급 이를 치 至부/총 10획 一 厂 云 至 到 致 致		0036 5급 비 우 雨부/총 8획 一 厂 币 币 币 雨 雨	

비(雨)가 되고(致)

 雲騰致雨 [운등치우] 수증기가 하늘로 올라가서 구름이 되고 찬 기운과 만나 엉기면 비가 되어 내린다. 즉 자연의 기상을 말한다.

露	[露出노출] 겉으로 드러남, 또는 드러냄. [露天노천] 지붕 같은 것으로 가리지 않은 한데. [露宿노숙] 한데서 밤을 지냄. [暴露폭로] 부정이나 음모·비밀 따위를 들추어 냄.	結	[結果결과] 어떤 까닭으로 말미암아 이루어지는 결말이 생김. [結局결국] 일의 마무리 단계. 결말(結末). [結末결말] 어떤 일이 마무리되는 끝. [結實결실] 열매를 맺음. [結集결집] 한데 모여 뭉침.
0037 3급Ⅱ	이슬/드러날 로 雨부/총 20획	0038 5급	맺을 결 糸부/총 12획
	一 т 雨 雫 霞 露 露		ノ 幺 乡 糸 紀 結 結

이슬(露)이 결집(結)되어

爲	[爲主위주] 으뜸으로 삼음. [人爲인위] 사람의 힘으로 이루어지는 일. 인공. ↔ 자연(自然) [行爲행위] 사람이 행하는 짓.	霜	[霜露상로] 서리와 이슬. [霜雪상설] 서리와 눈. [霜降상강] 이십사절기의 하나. 10월 23일경. [霜楓상풍] 서리 맞은 단풍. 시든 단풍. [秋霜추상] 가을의 찬 서리.
0039 4급Ⅱ	할 위 爪부/총 12획	0040 3급Ⅱ	서리 상 雨부/총 17획
	一 ᄼ 戶 戶 戶 爲 爲		一 т 雨 雫 霜 霜 霜

서리(霜)가 된다(爲).

해설 露結爲霜 [노결위상] 이슬이 맺혀 공기 중의 찬 기운에 닿으면 얼어서 서리가 된다.

金

[萬金만금] 매우 많은 돈.
[一金일금] 돈의 액수를 쓸 때 그 앞에 '돈'이란 뜻으로 쓰는 말.
[先金선금] 무엇을 살 때에 먼저 치르는 돈.
[現金현금] 현재 가지고 있는 돈.
[貯金저금] 돈을 모아 둠.

0041 8급
쇠 금/성 김
金부/총 8획
ノ 人 𠆢 亽 슥 余 金 金

生

[生水생수] 끓이거나 소독하거나 하지 않은 맑은 샘물.
[生日생일] 태어난 날.
[生年月日생년월일] 태어난 해와 달과 날.
[殺生살생] 사람이나 동물 따위의 산 것을 죽임.

0042 8급
날 생
生부/총 5획
ノ 亠 牛 生

사금(金)이 많이 나는(生) 곳은

麗

[高句麗고구려] 우리나라 고대의 삼국 가운데 동명왕 주몽이 기원전 37년에 세운 나라.
[美麗미려] 아름답고 고움.
[秀麗수려] 경치나 용모가 빼어나게 아름다움.
※麗水(여수) : 사금이 많이 나온다는 중국의 지명.

0043 4급Ⅱ
고울 려
鹿부/총 19획

水

[水火수화] 물과 불.
[水中수중] 물속.
[水災수재] 큰물로 입는 재해.
[氷水빙수] 얼음냉수.
[山水산수] 산과 물이라는 뜻으로, 자연의 경치를 이름.
[冷水냉수] 찬물.

0044 8급
물 수
水부/총 4획
丨 亅 氵 水

여수(麗水)의 모래 속이고

해설 金生麗水 [금생여수] 금은 여수에서 난다. 옛날 중국의 형남 지방 여수에서 금이 많이 나와 이런 말이 생겼다.

| [玉石옥석] '옥과 돌'이라는 뜻으로 좋은 것과 나쁜 것을 구분함을 이르는 말.
[玉體옥체] 임금 또는 귀인의 몸의 존칭.
[玉色옥색] 약간 파르스름한 빛깔. |

0045 4급Ⅱ 구슬 옥 玉부/총 5획
一 二 干 王 玉

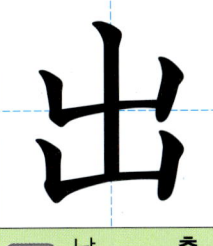

[出土출토] 땅속의 물건이 나옴.
[救出구출] 위험한 상태에서 구하여 냄.
[算出산출] 계산해 냄.
[家出가출] 자기집을 뛰쳐나감.
[外出외출] 집이나 직장 등에서 볼일을 보러 나감.

0046 7급 날 출 凵부/총 5획
丨 凵 屮 出 出

옥(玉)이 많이 출토(出)되는 곳은

※崑崙山(곤륜산) : 중국의 전설에 나오는 높은 산. 멀리 서쪽에 있어 황허강[黃河]의 발원점으로 믿어지는 성산(聖山).

0047 산이름 곤 山부/총 11획

[岡阜강부] 언덕. 작은 산.
[福岡복강] 일본 지명, 후쿠오카.

0048 2급 산등성이 강 山부/총 8획
冂 冂 冂 冈 冈 岡 岡

곤륜산(崑)의 산등성(岡)이다.

 해설 **玉出崑岡** [옥출곤강] 옥은 곤륜산(崑崙山)에서 난다. 곤륜산은 중국 강소성(江蘇省)에 있는 산으로 여기서 옥이 많이 나왔다 하여 이런 말이 생겼다.

劍

0049 3급Ⅱ	칼 검
	刀부/총 15획

ㅅ ㅅ 쇼 슈 슈 슈 劍

- [劍客검객] 검술에 능한 사람. 검술사(劍術師).
- [劍道검도] 죽도(竹刀)로 상대편을 치거나 찔러서 얻은 점수로 승패를 겨루는 운동 경기.
- [劍舞검무] 칼춤.
- [劍術검술] 검을 쓰는 기술. 검법.

號

0050 6급	이름/부를 호
	虍부/총 13획

ㅁ ㅁ 号 号 号 号 號

- [記號기호] 어떤 뜻을 나타내기 위한 문자나 부호.
- [番號번호] 차례를 나타내는 호수.
- [商號상호] 상인이 자기를 표시하기 위해 쓰는 명칭.
- [信號신호] 소리·색깔·빛 따위의 일정한 부호에 의하여 의사를 전하는 일.

명검(劍)의 호칭(號) 중에는

巨

0051 4급	클 거
	工부/총 5획

一 丅 F F 巨

- [巨大거대] 엄청나게 큼.
- [巨輪거륜] 큰 바퀴.
- [巨金거금] 많은 돈. 큰돈.
- [巨富거부] 아주 대단한 부자.
- [巨物거물] 사회적으로 큰 영향력을 가진 뛰어난 인물.

闕

0052 2급	대궐/빠질 궐
	門부/총 18획

卩 門 門 門 闕 闕

- [闕內궐내] 대궐 안.
- [宮闕궁궐] 임금이 거처하는 집.
- [補闕選擧보궐선거] 선거에 의해 선출된 의원 등이 그 임기 중에 궐원이 생겼을 때 하는 선거.

※巨闕(거궐) : 중국 고대 4대 명검 중의 하나.

거궐(巨闕)이 있으며

해설 劍號巨闕 [검호거궐] 거궐은 칼 이름으로 구자야가 만든 옛날 중국의 명검(名劍)이다.

[珠玉주옥] 구슬과 옥.
[珠算주산] '수판셈'의 구용어.
[念珠염주] 보리자·모감주 따위를 여러 개 실에 꿰어서 둥글게 만든 것.
[珍珠진주] 진주조개·전복 따위의 조가비나 살 속에 생기는 딱딱한 덩어리.

0053
3급Ⅱ
구슬 주
玉부/총 10획

[稱讚칭찬] 좋은 점이나 착하고 훌륭한 일을 높이 평가함.
[稱號칭호] 어떠한 뜻으로 일컫는 이름.
[總稱총칭] 통틀어 일컬음. 또는 그 명칭.
[呼稱호칭] 이름지어 부름. 또는 그 이름.

0054
4급
일컬을 칭
禾부/총 14획

구슬(珍)을 일컬어(稱)

[夜間야간] 밤사이. 밤 동안. ↔주간(晝間)
[夜食야식] 밤에 음식을 먹음. 또는 그 음식.
[夜行야행] 밤에 길을 감. 밤길.
[夜話야화] 밤에 모여서 하는 가벼운 이야기.
[夜學야학] 밤에 공부함.

0055
6급
밤 야
夕부/총 8획

[光明광명] 밝고 환함.
[光線광선] 빛의 줄기.
[光彩광채] 찬란한 빛.
[光澤광택] 물체의 표면에서 번쩍거리는 빛.
[夜光야광] 밤 또는 어두운 곳에서 빛을 냄. 또는 그 빛.
[發光발광] 빛을 냄.

0056
6급
빛 광
儿부/총 6획

야광(夜光)주라 했다.

 珠稱夜光 [주칭야광] 구슬은 중국 조나라의 유명한 야광을 보물로 치는데, 앞의 문장과 함께 중국의 보물을 가리킨다.

果

[果樹과수] 과실나무.
[果然과연] 알고 보니 정말.
[果樹園과수원] 과실나무를 재배하는 농원.
[成果성과] 이루어 내거나 이루어진 결과.
[藥果약과] 유밀과의 한 가지. 또는 그만한 것이 다 행임을 이름.

0057 6급 실과 과
木부/총 8획
丨 曰 日 旦 早 果 果 果

珍

[珍貴진귀] 보배롭고 귀중함.
[珍奇진기] 썩 드물고 기이함.
[珍味진미] 음식의 썩 좋은 맛, 또는 그런 음식물.
[珍秀진수] 진귀하고도 빼어남.
[珍品진품] 보배로운 물품.

0058 4급 보배 진
玉부/총 9획
一 一 于 王 E 玒 珍

과일(果) 중에 진귀한(珍) 것은

李

[李朝이조] '이씨 조선'을 줄여 이르는 말.
[李舜臣이순신] 조선시대의 임진왜란 때 큰 공을 세운 명장.

0059 6급 오얏/성 리
木부/총 7획
一 十 才 木 李 李 李

柰

[柰何내하] 어찌하여.
[柰子내자] 능금.

▷奈(어찌 내/나)와 同字.

0060 능금나무 내
木부/총 9획
十 木 本 杧 李 柰 柰

오얏(李)과 능금(柰)이 있고

해설 果珍李柰 [과진이내] 열매 과일로는 오얏과 벚을 가장 보배로운 것으로 친다. 오얏은 자두를 가리키며, 벚은 앵도과의 일종으로 '능금'으로 풀이하였다.

菜

[菜蔬채소] 밭에 가꾸어 먹는 온갖 푸성귀. 남새.
[菜食채식] 푸성귀로 만든 반찬만을 먹음. 초식(草食). ↔ 육식(肉食)
[野菜야채] 채소(菜蔬).
[山菜산채] 산나물.

0061 나물 채
3급Ⅱ 艸부/총 12획

重

[重大중대] 가볍게 여길 수 없을 만큼 아주 중요함.
[重病중병] 크게 앓는 병. 중태에 빠진 병.
[重罰중벌] 중한 형벌. 무거운 징벌.
[重視중시] 중대하게 여김. 또는 중대하게 봄.

0062 무거울 중
7급 里부/총 9획

채소(菜) 중에 소중(重)한 것은

芥

[芥子개자] 겨자씨. 극히 작은 것.
[草芥초개] 지푸라기.

0063 겨자 개
1급 艸부/총 8획

薑

[生薑생강] 생강과의 여러해살이 풀.
[不撤薑食불철강식] 생강을 끊지 않고 먹음.

0064 생강 강
1급 艸부/총 17획

겨자(芥)와 생강(薑)이다.

 菜重芥薑 [채중개강] 채소 중에서는 겨자와 생강이 으뜸이다. 맛이 매운 겨자와 생강이 식욕을 돋구므로 중국에서는 요긴한 조미료로 여겼다.

|  바다 해
0065 7급
水부/총 10획
氵氵汁汁海海海 | [海外해외] 바다의 밖, 곧 외국.
[海軍해군] 해상의 국방을 위한 군대.
[海水해수] 바닷물.
[海上해상] 바다 위.
[海洋해양] 넓은 바다.
[西海서해] 서쪽에 있는 바다. |  짤 함
0066 1급
鹵부/총 20획
卜卤卤鹵鹹鹹鹹 | [鹹潟함석] 소금기가 있어 경작에 적합하지 않은 개펄.
[鹹苦함고] 짜고 씀.
[鹹水魚함수어] 짠물에 사는 물고기. 바닷물고기.
▷鹻〈酉부 총16획〉는 俗字. |

바닷물(海)은 짜고(鹹)

|  물 하
0067 5급
水부/총 8획
氵氵沪河河 | [河川하천] 시내. 강.
[山河산하] 자연, 또는 자연의 경치.
[運河운하] 선박의 통행이나 농지의 관개·배수 또는 용수를 위하여 육지를 파서 만든 수로.
[黃河황하] 중국 북부를 서에서 동으로 흐르는 강. | 淡 맑을 담
0068 3급Ⅱ
水부/총 11획
氵氵浐浐淡淡淡 | [淡白담백] 맛이나 빛이 산뜻함.
[淡水담수] 짠 맛이 없는 맑은 물. 단물. 민물.
[雅淡아담] 고상하고 깔끔함.
[冷淡냉담] 무슨 일에 마음을 두지 않음. 무관심함. |

강물(河)은 싱거우며(淡)

 海鹹河淡 [해함하담] 바닷물은 짜나 민물은 담백하고 맑다. 물은 소금기를 포함한 바닷물과 맛이 담백한 민물로 나뉜다.

[片鱗편린] 사물의 극히 작은 일부분.

| 0069 | 비늘 린 |
| 1급 | 魚부/총 23획 |

[潛在잠재] 겉으로 드러나지 않고 속에 숨어 있거나 숨어 있음.
[潛伏잠복] 겉으로 드러나지 않게 숨어 있음.
[潛水잠수] 물속으로 들어감, 또는 물속으로 잠김.
[潛入잠입] 몰래 숨어 들어감.

| 0070 | 잠길 잠 |
| 3급Ⅱ | 水부/총 15획 |

물고기(鱗)는 잠수(潛)하고

[羽翼우익] 새의 날개. 보좌하는 사람.

| 0071 | 깃 우 |
| 3급Ⅱ | 羽부/총 6획 |

[翔集상집] 날아서 모임.
[飛翔비상] 하늘을 날아다님.

| 0072 | 날 상 |
| 1급 | 羽부/총 12획 |

새(羽)는 비상(翔)한다.

해설 鱗潛羽翔 [인잠우상] 비늘 있는 물고기는 물에 잠기고 날개 있는 새는 하늘을 난다.

龍

0073	용　　롱
4급	龍부/총 16획

一 亠 产 育 背 龍 龍

[龍宮용궁] 바다 속에 용왕이 산다는 궁전.
[龍虎용호] 용과 범을 아울러 이르는 말.
[龍顏용안] 임금의 얼굴.
[登龍門등용문] '입신출세의 어려운 관문을 통과하여 크게 출세하게 됨'을 비유하여 이르는 말.

師

0074	스승　　사
4급Ⅱ	巾부/총 10획

亻 尸 自 自 師 師

[師弟사제] 스승과 제자.
[師父사부] 스승의 존칭.
[醫師의사] 의술과 약으로 병을 고치는 직업에 종사하는 사람.
[敎師교사] 학생을 가르치거나 돌보는 사람.
[恩師은사] '스승'을 감사한 마음으로 이르는 말.

고대 신화에 용사(龍師)와

복희씨.

火

0075	불　　화
8급	火부/총 4획

丶 丷 少 火

[火山화산] 땅속의 마그마가 밖으로 터져 나와 퇴적하여 이루어진 산.
[火急화급] 매우 급함.
[火災화재] 불이 나는 재앙.
[火力화력] 불의 힘.
[放火방화] 일부러 불을 지름.

帝

0076	임금　　제
4급	巾부/총 9획

亠 宀 产 产 产 帝 帝

[帝國제국] 황제가 다스리는 나라.
[帝王제왕] 황제와 국왕을 통틀어 이르는 말.
[帝位제위] 제왕의 자리.
[帝政제정] 황제의 정치.

※火帝(화제) : 중국 고대 삼황오제인 복희씨를 용사(龍師)라 하고, 신농씨를 화제(火帝)라 함.

화제(火帝)가 있었고

火帝

신농씨.

해설 **龍師火帝** [용사화제] 중국 고대의 제왕인 복희씨(伏羲氏)는 용으로 벼슬이름을, 신농씨(神農氏)는 불로 벼슬이름을 기록하였다.

鳥	[鳥類조류] 척추동물의 한 강. 새무리. [鳥銃조총] 소총. 엽총. [鳥獸조수] 날짐승과 길짐승을 통틀어 이르는 말. [白鳥백조] 고니. [駝鳥타조] 타조과의 새. ※少昊氏(소호씨): 봉황새로 벼슬 자리를 삼음.

0077 4급Ⅱ 새 조 鳥부/총 11획
丨 丿 冎 阜 皀 鳥 鳥

官	[官職관직] 국가로부터 위임받은 일정한 범위의 직무. [官吏관리] 관직에 있는 사람. 공무원. [長官장관] 국무를 맡아보는 행정 각부의 책임자. [民官민관] 민간과 관공을 아울러 이르는 말.

0078 4급Ⅱ 벼슬 관 宀부/총 8획
丶 宀 宀 宁 宇 官 官

조관(鳥官)과 소호씨를 지칭→
앗, 봉황이야!

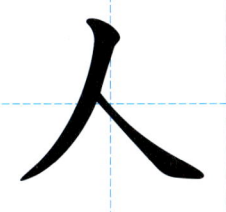

人	[人生인생] 사람이 세상을 살아가는 일. [人間인간] 사람. 사람이 사는 세상. [人情인정] 남을 돕는 마음. [先人선인] 선친. 조상. [小人소인] 나이가 어린 아이. [萬人만인] 모든 사람.

0079 8급 사람 인 人부/총 2획
丿 人

皇	[皇帝황제] 왕이나 제후를 거느리고 나라를 통치하는 임금을 왕이나 제후와 구별하여 이르는 말. [皇宮황궁] 황제의 궁궐. [皇室황실] 황제의 집안. ※人皇(인황): 중국 태고시대를 다스렸던 황제. 여기서부터 사람에 간한 이야기가 비롯됨.

0080 3급Ⅱ 임금 황 白부/총 9획
丿 白 白 白 卓 皇 皇

인황(人皇)씨가 있었다.
人皇

 鳥官人皇 [조관인황] 소호씨(少昊氏)는 새로써 벼슬을 기록하였고, 태고 때의 인황 등 9형제의 임금은 천하를 9주(九州)로 나누어 잘 다스렸다.

始

0081	비로소 시
6급	女부/총 8획

`く 女 女 女 女 始 始`

- [始作시작] 처음으로 하거나 쉬었다가 다시 함.
- [始祖시조] 한 가계나 왕계의 초대가 되는 사람.
- [始動시동] 전동기나 기계 따위가 움직이기 시작함.
- [始發시발] 맨 처음 출발하거나 발차함.
- [始末시말] 일의 처음과 끝.

制

0082	지을 제
3급Ⅱ	刀부/총 8획

`ノ 一 二 수 느 制 制 制`

- [制度제도] 정해진 법규. 마련된 법도. 나라의 법칙.
- [制限제한] 한계나 범위를 정함.
- [規制규제] 어떤 규칙을 정하여 제한함.
- [統制통제] 일정한 방침에 따라 제한하거나 제약함.

시초(始)로 제정한(制)

文

0083	글월 문
7급	文부/총 4획

`丶 二 ナ 文`

- [文物문물] 법률·학문·예술 따위의 문화 산물.
- [文學문학] 사상이나 감정을 언어로 표현한 예술.
- [文敎문교] 문화와 교육을 아울러 이르는 말.
- [文句문구] 글의 구절.
- [文段문단] 문장의 단락.

字

0084	글자 자
7급	子부/총 6획

`丶 丶 宀 宁 字 字`

- [漢字한자] 중국어를 표기하는 중국 고유의 문자.
- [文字문자] 글자.
- [數字수자(→숫자)] 수를 나타내는 글자.
- [略字약자] 글자 획을 줄여 간편하게 나타낸 글자.
- [黑字흑자] 수입이 지출보다 많아서 생기는 이익.

문자(文字)는 복희씨였고

 始制文字 [시제문자] 상고 시대에는 글자가 없어 노끈으로 뜻을 나타냈는데, 복희씨 때 창힐은 새의 발자국을 보고 글자를 처음 만들었다.

乃	[乃至내지] 수량을 나타내는 말에 쓰여, '얼마에서 얼마까지'를 나타냄. [乃父내부] 아버지가 아들에 대하여 자신을 스스로 일컫는 말. [人乃天인내천] 사람이 곧 한울이라는 천도교의 기본 사상.	服	[服裝복장] 옷, 또는 옷차림. [服用藥복용약] 먹는 약. [衣服의복] 옷. [夏服하복] 여름철의 옷. 여름옷. ↔ 동복(冬服) [洋服양복] 서양식의 옷. [作業服작업복] 작업할 때 입는 옷.
0085 3급 이에 내 ノ부/총 2획 ノ 乃		0086 6급 옷 복 月부/총 8획 丿 几 月 月 月⁷ 別 服 服	

이에(乃) 옷(服)다운

衣	[衣食住의식주] 인간 생활의 세 가지 요소인 옷·음식·집을 아울러 이르는 말. [白衣백의] 흰옷. [上衣상의] 윗옷. ↔ 하의(下衣) [壽衣수의] 염습할 때에 송장에 입히는 옷.	裳	[紅裳홍상] 지난날의 조복(朝服)의 아래옷. 붉은 바탕에 검은 선을 둘렀음. 붉은 치마. [衣裳의상] 여자가 겉에 입는 저고리와 치마. 옷.
0087 6급 옷 의 衣부/총 6획 ` 亠 亣 衣 衣 衣		0088 3급Ⅱ 치마 상 衣부/총 14획 ` ` ⺌ 伙 伙 堂 裳 裳	

의상(衣裳)이 만들어졌다.

 乃服衣裳 [내복의상] 또한 이때에는 옷이 없어 짐승의 가죽으로 몸을 가렸는데, 황제(黃帝) 때 비로소 호조로 하여금 옷을 지어 입도록 하였다.

推	[推移추이] 일이나 형편이 시간의 경과에 따라 변하여 나감. [推進추진] 앞으로 밀고 감. [推測추측] 미루어 헤아림. [推理力추리력] 추리하는 힘. [推定추정] 미루어 헤아려서 판정함.	位	[位相위상] 어떤 사물이 다른 사물과의 관계에서 가지는 위치나 상태. [方位방위] 동서남북을 기준으로 하여 정한 방향. [高位고위] 높은 지위. [地位지위] 있는 자리. [順位순위] 차례나 순서를 나타내는 위치나 지위.
0089 4급	밀 퇴/추 手부/총 11획	0090 5급	자리 위 人부/총 7획
亻亻扌扩扩护推推		ノイ亻亻代位位	

자리(位)를 물려주어(推)

讓	[讓渡양도] 권리·재산·법률상의 지위 등을 남에게 넘겨줌. [讓步양보] 길이나 자리, 물건 따위를 사양하여 남에게 내줌. [辭讓사양] 겸손하여 받지 않거나 응하지 아니함.	國	[國軍국군] 나라를 지키기 위하여 조직한 군대. [國民국민] 국가를 구성하는 사람. [國土국토] 나라의 땅. [國旗국기] 한 나라를 상징하는 기. [全國전국] 한 나라의 전체. 온 나라.
0091 3급Ⅱ	사양할/넘겨줄 양 言부/총 24획	0092 8급	나라 국 囗부/총 11획
言言言謂謂讓讓		冂冋同国國國國	

나라(國)를 넘겨준(讓) 사람은

임금의 자리를 물려주시다니, 역시 ……

해설 推位讓國 [퇴위양국] 요(堯)와 순(舜)은 지혜로운 임금으로, 초야에 묻혀 있는 인재를 발탁하여 세습을 버리고 왕위를 물려주었다.

有	[有力유력] 힘이 있음. [有害유해] 해가 있음. [國有국유] 국가의 소유. [共有공유] 두 사람 이상이 한 물건을 공동으로 소유함. [固有고유] 본디부터 지니고 있거나 그 사물에만 특별히 있음.	虞	[虞犯우범] 성격·환경으로 죄를 범할 우려가 있음. [虞祭우제] 초우·재우·삼우를 아울러 이르는 말. [虞美人우미인] 초나라 항우의 총애를 받았던 절세의 미인. [艱虞간우] 고생과 근심.
0093 7급 있을 유 月부/총 6획 ノナ才有有有		0094 1급 염려할 우 虍부/총 13획 ⺊⺊广卢虍虞虞	

순 임금(有虞)과

陶	[陶醉도취] 무엇에 홀린 듯이 열중하거나 기분이 좋아짐. [陶工도공] 옹기장이. [陶藝도예] 도자기에 관한 미술·공예. [陶器도기] 붉은 진흙을 원료로 하여 빚어서 구운 도자기.	唐	[唐詩당시] 중국 당나라 때의 한시. [唐書당서] 중국에서 박아낸 책. [唐突당돌] 꺼리거나 어려워하는 마음이 조금도 없이 올차고 다부짐. [唐慌당황] 다급하여 어찌할 바를 모름.
0095 3급Ⅱ 질그릇 도 阜부/총 11획 ⺙阝阝阝陶陶陶		0096 3급Ⅱ 당나라/당황할 당 口부/총 10획 ⺊广广广庐唐	

요 임금(陶唐)이다.

해설 有虞陶唐 [유우도당] 이들은 우에서 살던 순 임금을 유우(有虞), 도와 당에서 살던 요 임금을 도당(陶唐)이라 불렀다.

弔		民	
0097 3급	조상할 조 弓부/총 4획 ㄱㄱ弓弔	[弔詞조사] 조상하는 글. [弔問조문] 슬퍼하는 뜻을 드러내며 상주를 위문함. [弔喪조상] 남의 죽음에 대하여 애도의 뜻을 표함. [弔意조의] 남의 죽음을 슬퍼하는 마음. [慶弔경조] 경사스러운 일과 불행한 일.	0098 8급	백성 민 氏부/총 5획 ㄱㄱ¤F民	[民生민생] 국민의 생활. [民間민간] 관청이나 정부 기관에 속하지 않음. [民話민화] 민간에 전해 오는 이야기. [人民인민] 사회를 구성하는 사람. 국민. 백성. [住民주민] 일정한 곳에 자리를 잡고 사는 국민.

백성(民)을 조문(弔)하기 위해서

伐		罪	
0099 4급Ⅱ	칠 벌 人부/총 6획 ノイ仁代伐伐	[伐木벌목] 나무를 벰. [伐草벌초] 무덤의 잡풀을 베어서 깨끗이 함. [殺伐살벌] 분위기나 풍경, 또는 인간 관계 따위가 거칠고 서먹서먹함. [討伐토벌] 무력으로 쳐 없앰.	0100 5급	허물 죄 网부/총 13획 ㄇ罒罪罪罪罪罪	[罪人죄인] 죄를 지은 사람. [罪囚죄수] 죄를 저지르고 옥에 갇힌 사람. [重罪중죄] 무거운 죄. [無罪무죄] 아무 잘못이나 죄가 없음. ↔ 유죄(有罪) [有罪유죄] 죄가 있음. [犯罪범죄] 법규를 어기고 저지른 잘못.

죄인(罪)을 정벌(伐)한 사람은

해설 **弔民伐罪** [조민벌죄] 불쌍한 백성을 구출하여 위로해 주고 죄지은 임금을 벌하였다는 중국 고사에서 비롯된 말이다.

周 0101 두루 주 4급 口부/총 8획 冂月円用周周周周	[周邊주변] 둘레의 언저리. [周圍주위] 둘레. 사방(四方). [周旋주선] 여러모로 두루 힘씀. [周知주지] 여러 사람이 두루 앎. 널리 앎. [周易주역] 삼경(三經)의 하나.
發 0102 필 발 6급 癶부/총 12획 ㄱ ㄊ ㄍ ㅆ 癶 癶 癶 發 發	[發表발표] 널리 드러내어 알림. [發病발병] 병이 남. [發展발전] 어떤 상태가 보다 좋은 상태로 되어 감. [發電발전] 전기를 일으킴. [出發출발] 길을 떠남. 일을 시작함. ↔ 도착(到着) [着發착발] 도착과 출발.

주나라(周)의 무왕 발(發)과

殷 0103 성할 은 2급 殳부/총 10획 ㅣ ㄈ ㄒ ㅌ 身 身 殷 殷	[殷鑑은감] 거울삼아 경계해야 할 전례. [殷盛은성] 번화하고 성함. [殷墟은허] 은나라 중기 이후의 도읍의 유적.
湯 0104 끓을 탕 3급Ⅱ 水부/총 12획 氵 汩 汩 渴 渴 湯 湯	[湯藥탕약] 달여서 먹는 한약. [湯液탕액] 한약을 달이어 짠 물. [溫湯온탕] 더운물의 목욕탕. ↔ 냉탕(冷湯) [浴湯욕탕] '목욕탕'의 준말. [熱湯열탕] 끓는 물.

은나라(殷)의 탕왕(湯)이다.

해설 周發殷湯 [주발은탕] 포악한 임금인 은나라의 주왕(紂王)을 주나라의 발왕(發王)이, 하나라의 걸왕(桀王)을 은나라의 탕왕(湯王)이 각각 물리쳤다.

[坐視좌시] 어떤 일이 일어났는데도 참견하지 않고 잠자코 보고만 있음.
[坐定좌정] '앉음'을 높이어 이르는 말.
[坐席좌석] 앉는 자리.
[對坐대좌] 마주 앉음.

0105 앉을 좌
3급Ⅱ 土부/총 7획
一 丨 ハ 从 丛 丛 坐

[朝夕조석] 아침과 저녁을 아울러 이르는 말.
[朝會조회] 학교나 관청 따위에서 아침에 모든 구성원이 한자리에 모이는 일. 또는 그런 모임.
[朝食조식] 아침밥.
[朝鮮조선] 이성계가 고려를 멸하고 세운 나라.

0106 아침 조
6급 月부/총 12획
十 古 亩 古 卓 朝 朝

임금이 조정(朝)에 앉아서(坐)

[問題문제] 해답을 필요로 하는 물음.
[自問자문] 스스로 자신에게 물음.
[學問학문] 지식을 배워서 익힘, 또는 그 일.
[質問질문] 모르는 것이나 알고 싶은 것 따위를 물음.

0107 물을 문
7급 口부/총 11획
丨 冂 冂 門 門 門 問

[道民도민] 그 도(道) 안에서 사는 사람.
[人道인도] 사람이 다니는 길.
[水道수도] 상수도와 하수도를 두루 이르는 말.
[報道보도] 새 소식을 널리 알림, 또는 그 소식.
[街道가도] 도시의 큰 도로.

0108 길/말할 도
7급 辶부/총 13획
艹 艹 艹 首 首 首 道

도리(道)를 묻고(問)

 해설 坐朝問道 [좌조문도] 나라를 바로잡은 다음, 어진 임금은 조정에 앉아 백성을 다스리는 올바른 길을 덕망 있는 신하에게 묻기도 한다.

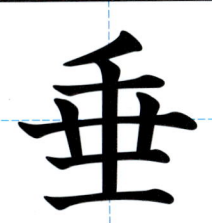

[垂直수직] 똑바로 드리운 모양. 수평에 대하여 직각을 이룬 상태.
[垂簾수렴] 발을 드리움.
[垂範수범] 모범을 보임.
[垂敎수교] 가르침을 주거나 받음.
[懸垂현수] 아래로 꼿꼿하게 달려 드리워짐.

0109 3급Ⅱ 드리울 수 土부/총 8획
ノ 千 千 壬 壬 乔 乖 垂 垂

[拱手공수] 오른손 위에 왼손을 포개어 잡음.
[拱揖공읍] 두 손을 마주잡고 읍함.

0110 1급 팔짱낄 공 手부/총 9획
十 扌 扌 扌 拌 拱 拱 拱

수직(垂)으로 팔짱을 껴도(拱)

[平生평생] 일생.
[平年평년] 여느 해. 예년.
[平民평민] 특권 계급이 아닌 일반 시민.
[平日평일] 평상시. 평소.
[平地평지] 바닥이 편편한 땅.
[平凡평범] 뛰어나거나 색다른 점이 없이 보통임.

0111 7급 평평할 평 干부/총 5획
ー ー ン 五 平

[文章문장] 어떤 생각이나 느낌을 줄거리를 세워 글자로써 적어 나타낸 것.
[圖章도장] 개인이나 단체의 이름을 새긴 물건.
[印章인장] 도장. 인(印).
[憲章헌장] 어떤 사실에 대해 약속을 이행하기 위해 정한 규범.

0112 6급 글/밝을 장 立부/총 11획
ー ー 立 产 音 音 音 章 章

밝게(章) 평정(平)된다.

 垂拱平章 [수공평장] 임금이 바른 정치를 펴서(平章) 나라가 평온해지면 백성은 여유가 생겨 비단옷을 드리우고 팔짱을 끼고 다닌다.

0113	사랑 애
6급	心부/총 13획

四 爫 恶 恶 炁 愛 愛

[愛國애국] 자기 나라를 사랑함.
[愛着애착] 몹시 사랑하거나 끌리어서 떨어지지 아니함.
[愛憎애증] 사랑과 미움.
[愛讀애독] 어떤 책이나 신문 따위를 즐겨 읽음.
[恩愛은애] 은혜와 사랑.

0114	기를 육
7급	肉부/총 8획

亠 云 玄 育 育 育

[育成육성] 길러서 자라게 함.
[育英육영] 영재를 교육함. 인재를 기름.
[教育교육] 지식과 기술 따위를 가르치며 인격을 길러 줌.
[生育생육] 낳아서 기름.

사랑(愛)으로 육성(育)시킨

0115	검을 려
1급	黍부/총 15획

二 禾 利 黎 黎 黎

[黎民여민] 백성.
[黎明여명] 희미하게 밝아 오는 새벽.

※黎首(여수) : 검은 머리, 즉 옛날 서민의 머리에는 관을 쓰지 못했으므로 인민(人民)을 뜻함.

0116	머리 수
5급	首부/총 9획

䒑 产 艹 首 首 首

[首席수석] 등급이나 직위 따위의 맨 윗자리.
[首都수도] 한 나라의 중앙 정부가 있는 도시. 서울.
[首相수상] 내각의 우두머리.
[首尾수미] 처음과 끝.
[船首선수] 배의 머리 쪽. 뱃머리. 이물.

인민(黎首)의 모습을 보고

 愛育黎首 [애육여수] 임금은 백성을 사랑으로 다스리고 보살펴야 한다. 여수는 벼슬이 없어 건(巾)을 쓰지 않은 검은 머리인 일반 백성을 말한다.

| 臣
 0117 5급 신하 신
 臣부/총 6획
 一丁丙丙臣臣 | [臣下신하] 임금을 섬기어 벼슬하는 사람.
 [家臣가신] 봉건 시대에, 공경대부의 집에 딸려 그들을 섬기던 사람.
 [功臣공신] 나라에 공로가 있는 신하.
 [使臣사신] 나라의 명을 받아 외국에 파견되던 신하. | 伏
 0118 4급 엎드릴 복
 人부/총 6획
 丿亻亻伙伏伏 | [伏中복중] 초복에서 말복까지의 사이.
 [降伏항복] 자신이 진 것을 인정하고 상대편에게 굴복함.
 [起伏기복] 일어났다 엎드렸다 함.
 [初伏초복] 삼복(三伏)의 첫 번째 복날. |

신하(臣)로 복종(伏)한다

| 戎
 0119 1급 병장기 융
 戈부/총 6획
 一二下式戎戎 | [戎狄융적] 옛날 중국에서 일컫던 서쪽과 북쪽의 오랑캐.
 [戎夷융이] 옛날 중국에서 일컫던 서쪽과 동쪽의 오랑캐. | 羌
 0120 오랑캐 강
 羊부/총 8획 | [羌笛강적] 중국 서방의 이민족이 불던 피리. 악기의 하나.
 ※戎羌(융강) : 옛 중국인들은 중국을 중심으로 사방의 이민족을 오랑캐로 보는 사상이 있었다. |

오랑캐(戎羌)까지.

해설 臣伏戎羌 [신복융강] 이렇듯 임금이 백성을 잘 다스리니 변방의 오랑캐들까지도 그 덕에 감화되어 신하로서 복종한다.

遐

| 0121 | 멀 하 |
| 1급 | 辶부/총 13획 |

[遐域하역] 멀리 떨어진 지역.
[遐福하복] 큰 복. 오래 지속되는 행복.
[昇遐승하] 임금이 세상을 떠남.

丨 丅 下 叚 叚 叚 遐

邇

| 0122 | 가까울 이 |
| 1급 | 辶부/총 18획 |

[邇來이래] 요즈음. 근래.
[邇遐이하] 멀고 가까움.

一 尒 尒 爾 爾 邇 邇

멀고(遐) 가까이 있는(邇) 사람들이

壹

| 0123 | 한 일 |
| 2급 | 士부/총 12획 |

[壹萬일만] 천의 열 곱절.
[壹千일천] 백의 열 곱절.
[壹是일시] 모두. 일체(一切). 오로지.
[壹意일의] 한 가지에만 정신을 쏟음.

※壹體(일체) : 일심동체(一心同體)의 준말.

士 吉 吉 吉 壹 壹

體

| 0124 | 몸 체 |
| 6급 | 骨부/총 23획 |

[體力체력] 몸의 힘이나 작업 능력.
[體育체육] 건강한 몸과 운동 능력을 기르는 일.
[體面체면] 남을 대하기에 번듯한 면목. 면목.
[形體형체] 사물의 모양과 바탕. 물건의 외형.
[全體전체] 전부.

冂 吊 骨 骨 骨 骨豊 體

일체(壹體)가 되어

해설 遐邇壹體 [하이일체] 어진 임금 아래에서는 먼 나라나 가까운 나라나 그 덕에 감화되어 일체가 된다.

0.125 3급Ⅱ	비율 률/거느릴 솔 玄부/총 11획

[比率비율] 다른 수나 양에 대한 어떤 수나 양의 비.
[利率이율] 원금에 대한 이자의 비율.
[能率능률] 일정한 시간에 해낼 수 있는 일의 분량, 또는 비율.
[輕率경솔] 언행이 조심성이 없고 가벼움.

0.126 3급	손 빈 貝부/총 14획

[賓客빈객] 귀한 손님.
[貴賓귀빈] 신분이 높은 손님.
[來賓내빈] 초대를 받아 찾아온 손님.
[國賓국빈] 나라의 귀한 손님으로 우대받는 외국인.
[主賓주빈] 여러 손님 가운데서 주되는 손님.

귀빈(賓)이 인솔해(率)

많은 사람들이 어딜 가는거야?

0.127 4급	돌아갈 귀 止부/총 18획

[歸鄕귀향] 고향으로 돌아가거나 돌아옴.
[歸屬귀속] 재산이나 영토 따위가 특정 주체에 붙거나 딸림.
[歸順귀순] 적대심을 버리고 복종함.
[歸還귀환] 돌아옴.
[歸家귀가] 집으로 돌아감.

0.128 8급	임금 왕 玉부/총 4획

[王中王왕중왕] 왕 중의 왕. 일정한 분야나 범위 안에서 가장 으뜸이 되는 사람.
[王室왕실] 왕의 집안.
[王國왕국] 임금이 다스리는 나라.
[王女왕녀] 왕의 딸.
[王陵왕릉] 임금의 무덤.

왕(王)에게 귀순(歸)한다.

 率賓歸王 [솔빈귀왕] 온 나라가 따르고 복종하여 어진 임금에게로 돌아온다. 즉 성군(聖君)의 덕화(德化)가 널리 미쳐감을 뜻한다.

| 0129 4급 | 울 명 鳥부/총 14획 |

ㅁ ㅁ' 吖 吖 吖 鳴 鳴

[共鳴공명] 같은 음을 내는 두 개의 물체 중 하나를 울리면 다른 것도 따라 울림.
[悲鳴비명] 몹시 놀라거나 괴롭거나 다급하거나 할 때 지르는 외마디 소리.
[耳鳴이명] 귀울림. 귀울이증.

| 0130 3급Ⅱ | 봉새 봉 鳥부/총 14획 |

丿 几 凡 凡 鳳 鳳 鳳

[鳳湯봉탕] '닭고기로 끓인 국'을 익살스럽게 이르는 말.
[鳳蓋봉개] 임금이 타는 수레의 덮개.
[鳳凰봉황] 고대 중국에서 상서로운 새로 여기던 상상의 새. 鳳은 수컷, 凰은 암컷.

봉황(鳳)이 운다(鳴)

| 0131 6급 | 있을 재 土부/총 6획 |

一 ナ 才 ナ 在 在

[在野재야] 초야에 파묻혀 있다는 뜻으로, 벼슬하지 아니하고 민간에 있음.
[在學재학] 학교에 학적을 두고 공부함.
[在庫재고] 창고에 있음.
[現在현재] 이제. 지금.
[所在소재] 있는 바. 있는 곳.

| 0132 6급 | 나무 수 木부/총 16획 |

木 木 杧 桔 桔 樹 樹

[樹木수목] 나무.
[樹林수림] 나무가 우거진 숲.
[植樹식수] 나무를 심음, 또는 그 나무.
[街路樹가로수] 큰길의 양쪽 가에 줄지어 심은 나무.

오동나무(樹)에 앉아서(在)

 鳴鳳在樹 [명봉재수] 봉황은 상서로운 새로, 명군성현(名君聖賢)이 나타나면 그 덕망이 미치는 곳마다 봉황이 운다는 옛말이 있다.

0133	흰 백
8급	白부/총 5획

ノ ィ 亻 白 白

- [白人백인] 백색 인종에 딸린 사람.
- [白金백금] 금속 원소 중에서 가장 무거운, 은백색의 귀금속 원소.
- [白旗백기] 바탕이 흰 기.
- [白米백미] 희게 쓿은 멥쌀. 흰쌀.
- [白雪백설] 흰 눈.

0134	망아지 구
1급	馬부/총 15획

厂 F 馬 馬 駒 駒

- [駒隙구극] 인생과 세월이 덧없고 짧음을 이름.
- [駒馬구마] 망아지와 말.
- [隙駒극구] 세월의 흐름이 빠른 것을 일컫는 말.

흰(白) 망아지(駒)는

"허허, 이놈아, 장난치지 마라."

0135	밥/먹을 식
7급	食부/총 9획

人 𠆢 𠆢 今 今 今 食 食

- [食事식사] 사람이 끼니로 음식을 먹는 일.
- [食水식수] 먹는 물.
- [食前식전] 밥을 먹기 전.
- [外食외식] 끼니 음식을 음식점 등에 가서 사서 먹는 일.
- [間食간식] 끼니와 끼니 사이에 음식을 먹음.

0136	마당 장
7급	土부/총 12획

土 圤 圹 坦 坦 場 場

- [場內장내] 어떠한 장소의 안. 회장(會場)의 내부.
- [場外장외] 일정하게 구획된 공간이나 회장(會場)의 바깥.
- [入場입장] 회장이나 식장·경기장 따위의 장내에 들어감.
- [戰場전장] 싸움터.

식장(食) 마당(場)에 있다.

 白駒食場 [백구식장] 인재가 임금과 국사를 논할 때 그가 타고 온 흰 망아지는 마당에서 풀을 뜯고 있다는 말로, 평화로운 정경을 나타낸다.

化

[文化문화] 학문이 진보하여 세상이 개화(開化)함.
[變化변화] 사물의 모양·성질·상태 등이 달라짐.
[强化강화] 세력이나 힘을 더 강하고 튼튼하게 함.
[消化소화] 먹은 음식을 삭임.

0137 5급 될 화 匕부/총 4획
ノ イ 亻 化

被

[被告피고] 민사 소송에서, 소송을 당한 쪽의 당사자.
[被服피복] 옷. 의복.
[被害피해] 신체·재물·정신상의 손해를 입는 일.
[被擊피격] 습격 또는 사격을 받음.
[被殺피살] 살해를 당함.

0138 3급Ⅱ 입을 피 衣부/총 10획
衤 衤 衤 衤 衤 衤 衤 衤 被 被

덕화(化)의 미침(被)은

草

[草木초목] 풀과 나무.
[草地초지] 방목하기 좋은 넓은 풀밭.
[花草화초] 꽃이 피는 풀과 나무, 또는 관상용의 식물.
[水草수초] 물풀.
[藥草약초] 약으로 쓰이는 풀.

0139 7급 풀 초 艹부/총 10획
艹 艹 芒 芒 芒 芏 草

木

[土木토목] 흙과 나무를 아울러 이르는 말. 또는 '토목 공사'의 준말.
[角木각목] 네모지게 켠 나무.
[材木재목] 건축·토목·가구 따위의 재료로 쓰는 나무.

0140 8급 나무 목 木부/총 4획
一 十 才 木

초목(草木)에까지 미치고

해설 化被草木 [화피초목] 어진 임금의 덕화는 사람뿐만 아니라 풀 한 포기 나무 한 그루에까지도 고루 미친다.

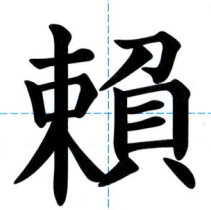

[信賴신뢰] 믿고 의지함.
[依賴의뢰] 남에게 부탁.

| 0141 3급Ⅱ | 힘입을 뢰 貝부/총 16획 |

⺕⻅束剌剌賴賴賴

[普及보급] 널리 펴서 알리거나 사용하게 함.
[言及언급] 말이 어떤 문제에 미침.
[波及파급] 어떤 일의 영향이나 여파가 차차 전하여 먼 데까지 미침.
[遡及소급] 지나간 일에까지 거슬러 올라가서 미침.

| 0142 3급Ⅱ | 미칠 급 又부/총 4획 |

ノ乃及

신뢰심(賴)의 파급(及)은

[萬山만산] 수많은 산.
[萬金만금] 수많은 금이나 금전.
[萬國만국] 세계의 모든 나라.
[萬民만민] 모든 백성.
[萬病만병] 온갖 병.
[萬方만방] 사방의 모든 나라.

| 0143 8급 | 일만 만 艹부/총 13획 |

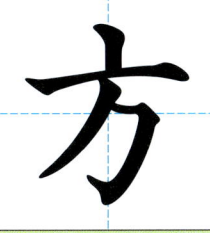

[方向방향] 향하거나 나아가는 쪽. 방위.
[四方사방] 동·서·남·북의 네 방향.
[地方지방] 한 나라의 수도나 대도시 이외의 고장.
[東方동방] 동쪽. 동쪽 지방. ↔ 서방(西方)
[八方팔방] 모든 방면.

| 0144 7급 | 모 방 方부/총 4획 |

丶亠方方

만방(萬方)에 미친다.

 賴及萬方 [뇌급만방] 어진 임금은 덕을 널리 베풀어 그 혜택이 만방에까지 골고루 미치도록 해야 한다.

蓋	[蓋然性개연성] 절대적으로 확실하지 않으나 아마 그럴 것이라고 생각되는 성질. [蓋世개세] 기개가 세상을 뒤덮음. [蓋馬高原개마고원] 백두산의 남서쪽, 함경도와 평안도 일대에 있는 고원.	此	[此後차후] 지금부터 이후. [彼此피차] 이것과 저것. 이편과 저편의 사이. [如此여차] 일이 뜻대로 되지 아니함.
0145 3급Ⅱ 덮을 개 艸부/총 14획		0146 3급Ⅱ 이 차 止부/총 6획	

대개(蓋) 이(此) 사람의

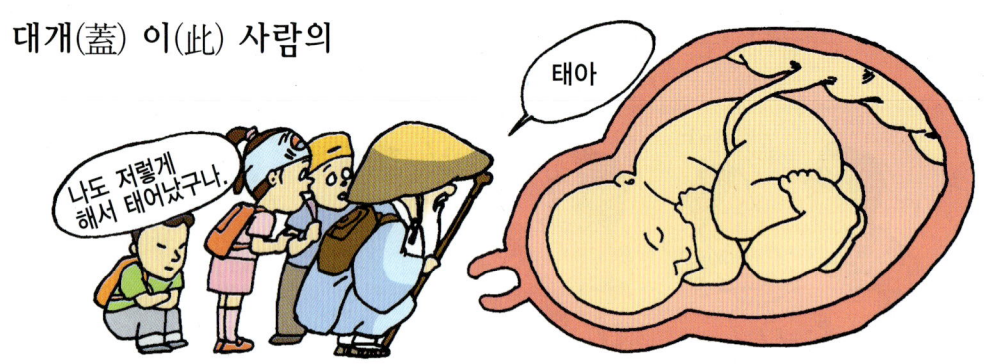

身	[身體신체] 사람의 몸. [身長신장] 사람의 키. [長身장신] 키가 큰 몸, 또는 그런 몸을 가진 사람. [自身자신] 제 몸. 자기. [心身심신] 마음과 몸. [代身대신] 남의 일을 대행함. [半身반신] 온몸의 절반.	髮	[毛髮모발] 사람의 머리털. [假髮가발] 머리털이나 이와 유사한 것으로 머리 모양을 만든 것. [白髮백발] 하얗게 센 머리털. [理髮이발] 머리털을 깎고 다듬음.
0147 6급 몸 신 身부/총 7획		0148 4급 터럭 발 髟부/총 15획	

신체(身) 발부(髮)에는

해설 蓋此身髮 [개차신발] 대개 사람의 몸이나 그 몸에 난 털 하나라도 부모에게서 받지 않은 것이 없으니 항상 귀하게 생각해야 한다.

| 0149 8급 | 넉 사 口부/총 5획 |

丨 冂 冂 円 四

[四寸사촌] 아버지의 친형제의 아들딸.
[四月사월] 한 해의 넷째 달.
[四十사십] 십의 네 배가 되는 수. 마흔.
[四角사각] 네 각. 네 개의 모진 귀가 있는 모양.
[四季사계] 사철.

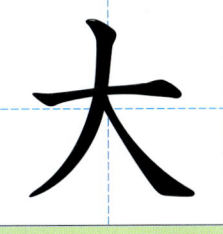

| 0150 8급 | 큰 대 大부/총 3획 |

一 ナ 大

[大小대소] 크고 작음. 큰 것과 작은 것.
[大韓대한] '대한 민국'의 준말.
[大王대왕] 훌륭하고 업적이 뛰어난 임금을 높여 일컫는 말.
[大軍대군] 많은 군사.
[大洋대양] 넓고 큰 바다.

4대(四大) 요소와

| 0151 8급 | 다섯 오 二부/총 4획 |

一 丆 五 五

[五月오월] 한 해의 다섯째 달.
[五寸오촌] 아버지의 사촌이나 아들의 사촌과의 촌수.
[五輪旗오륜기] 올림픽을 상징하는 기.
[五臟오장] 한방에서, 다섯 가지 내장.

| 0152 4급Ⅱ | 떳떳할/항상 상 巾부/총 11획 |

[常設상설] 항상 마련하여 둠, 또는 그 시설.
[常識상식] 사람들이 보통 알고 있거나 알아야 하는 지식.
[常用상용] 일상적으로 늘 씀.
[凡常범상] 대수롭지 않고 예사로움.

5상(五常)이 있다.

 해설 四大五常 [사대오상] 사대는 사람이 이루어진 기운으로 지수화목(地水火木)을, 오상은 임금이 지켜야 할 도리인 인의예지신(仁義禮智信)을 말한다.

恭 0153 3급Ⅱ 공손할 공 心부/총 10획 一 卄 廾 共 恭 恭 恭	[恭敬공경] 남을 대할 때 몸가짐을 공손히 하고 존경함. [恭待공대] 공손히 대접함. ↔ 하대(下待) [恭順공순] 공손하고 온순함. [恭遜공손] 예의바르고 겸손함.
惟 0154 3급 생각할 유 心부/총 11획 , ㅏ 忄 忄 忄 惟 惟	[惟獨유독] 여럿 가운데 홀로. 오직 홀로. [惟政유정] 조선 중기의 중. 호는 사명당, 유정은 법명임. [思惟사유] 대상을 두루 생각하는 일. [伏惟복유] 삼가 엎드려 생각하옵건대.

공손(恭)하게 생각(惟)하면

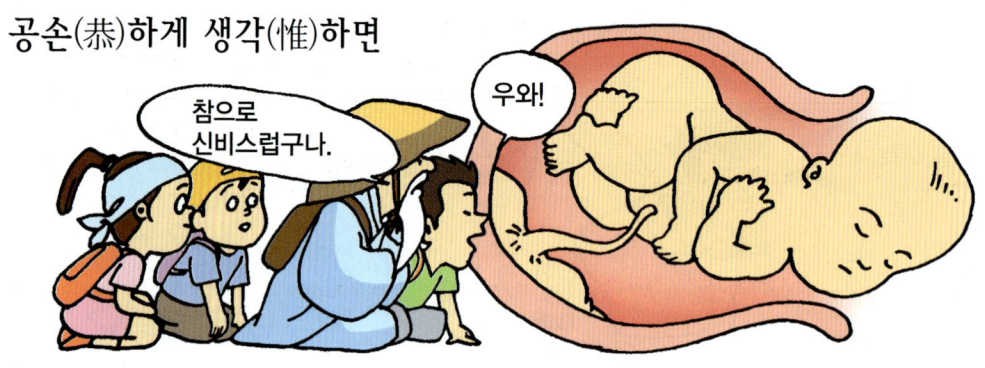

鞠 0155 2급 성 국 革부/총 17획 卄 苩 革 靪 靪 鞠 鞠	[鞠育국육] 기름. 양육함. [鞠塵국진] 화초의 이름. 누룩에 생기는 세균. [拿鞠나국] 지난날, 죄인을 잡아다 국문함.
養 0156 5급 기를 양 食부/총 15획 卄 羊 养 養 養 養	[養魚양어] 물고기를 길러 번식시킴. [養育양육] 아이를 돌보아 길러 자라게 함. [養分양분] 영양이 되는 성분. [敎養교양] 학문, 지위, 사회생활을 바탕으로 이루어지는 품위.

길러 준(鞠養) 부모를 보아서

 恭惟鞠養 [공유국양] 부모가 이 몸을 낳아 길러 주신 은혜를 언제나 공손한 마음으로 감사하게 생각해야 한다.

[豈敢기감] 어찌 감히.

| 0157 3급 | 어찌 **기** 豆부/총 10획 |

[敢行감행] 어려움을 무릅쓰고 과감하게 실행함.
[敢鬪감투] 운동 경기나 전투에서 과감하게 싸움.
[果敢과감] 과단성이 있고 용감함.
[勇敢용감] 씩씩하고 겁이 없으며 기운참.

| 0158 4급 | 감히 **감** 攴부/총 12획 |

어찌(豈) 감히(敢)

[毁傷훼상] 몸에 상처를 냄.
[毁損훼손] 체면이나 명예를 손상함.
[毁謗훼방] 남을 헐뜯어 비방함.
[毁滅훼멸] 헐고 깨뜨려 없앰.
[毁言훼언] 남을 비방함, 또는 그 말.

| 0159 3급 | 헐 **훼** 殳부/총 13획 |

[傷處상처] 몸의 다친 자리.
[傷害상해] 남의 몸에 상처를 내어 해를 입힘.
[傷心상심] 마음이 상함.
[損傷손상] 물체가 깨지거나 상함.
[負傷부상] 몸에 상처를 입음.

| 0160 4급 | 다칠 **상** 人부/총 13획 |

몸을 훼손(毁)해 상처(傷)를 내겠는가.

 豈敢毁傷 [기감훼상] 부모로부터 받은 이 몸을 어찌 감히 헐어 버리든가 상하게 할 수 있으리오.

女

0161	계집 녀
8급	女부/총 3획

[女王여왕] 여자 임금.
[女學生여학생] 여학교의 학생. ↔ 남학생(男學生).
[女人여인] 어른이 된 여자.
[女優여우] 여자 배우.
[女兒여아] 계집아이. 딸.

ㄑ 女 女

慕

0162	사모할 모
3급Ⅱ	心부/총 15획

[思慕사모] 마음에 두고 몹시 그리워함.
[戀慕연모] 이성(異性)을 사랑하여 그리워함.
[愛慕애모] 사랑하고 사모함.
[追慕추모] 죽은 이를 생각하고 그리워함.

丶 艹 苎 莫 莫 慕 慕

여자(女)가 사모(慕)함은

貞

0163	곧을 정
3급Ⅱ	貝부/총 9획

[貞婦정부] 슬기롭고 정조가 곧은 아내.
[貞淑정숙] 여자로서 행실이 얌전하고 마음씨가 고움.
[貞節정절] 여자의 곧은 절개.
[貞烈정렬] 지조가 굳고 순결을 지키며 행실이 바름.

丶 冖 占 肖 肖 貞 貞

烈

0164	매울 렬
4급	火부/총 10획

[烈士열사] 나라를 위하여 절의를 굳게 지켜 죽은 사람.
[烈女열녀] 절개를 굳게 지키는 여자.
[極烈극렬] 정도가 매우 심하거나 지나치게 맹렬함.
[先烈선열] 의(義)를 위해 목숨을 바친 열사.

一 ナ 歹 列 列 烈 烈

정렬(貞烈)이고

해설 女慕貞烈 [여모정렬] 여자는 덕을 갖추어 항상 몸과 마음을 깨끗이 지키고 행실을 단정히 할 것을 생각해야 한다.

[男女남녀] 남자와 여자.	
[男女老少남녀노소] 남자와 여자, 늙은이와 젊은이. 모든 사람.	
[男兒남아] 사나이.	
[男便남편] 혼인하여 여자의 짝이 되어 사는 남자를, 그 여자에 대하여 일컫는 말.	

0165 / 7급
사내 남
田부/총 7획
ノ 口 日 田 田 男 男

[效果효과] 보람 있는 결과.
[效用효용] 어떤 물건의 쓰임. 용도.
[效能효능] 효험을 나타내는 성능.
[特效특효] 특별한 효험.
[無效무효] 효과·효력이 없음. ↔ 유효(有效)

0166 / 5급
본받을 효
攴부/총 10획
亠 亠 亠 交 交 交 效 效

남자(男)가 본받아야(效) 할 것은

[才色재색] 재주와 용모.
[才質재질] 재주와 기질.
[天才천재] 태어날 때부터 갖춘 뛰어난 재주를 가진 사람.
[文才문재] 글재주.
[人才인재] 재주가 뛰어난 사람.

0167 / 6급
재주 재
手부/총 3획
一 十 才

[良心양심] 옳고 그름과 선악의 판단을 내리는 도덕적 의식.
[良民양민] 선량한 국민.
[良書양서] 내용이 좋은 책.
[良質양질] 좋은 품질. 좋은 바탕.
[不良불량] 질이나 상태 따위가 좋지 않음.

0168 / 5급
어질 량
艮부/총 7획
丶 亠 亠 亠 良 良 良

재능(才)과 선량(良)함이다.

 男效才良 [남효재량] 남자는 재능을 닦고 어진 것을 본받아 훌륭한 사람이 되어야 한다.

0169 5급	알 지 矢부/총 8획

ㄥ ㅜ 矢 矢 知 知

[知識지식] 배우거나 연구하여 알고 있는 내용.
[知友지우] 서로 마음이 통하는 벗.
[知人지인] 아는 사람.
[知性지성] 총명한 성질.
[無知무지] 아는 바나 지식이 없음.
[諒知양지] 살펴서 앎.

0170 5급	지날 과 辶부/총 13획

口 冎 冎 咼 咼 過 過

[過誤과오] 잘못이나 허물.
[過言과언] 정도에 지나친 말.
[過慾과욕] 욕심이 지나침.
[功過공과] 공로와 과실.
[不過불과] 그 정도에 지나지 못함을 나타내는 말.
[通過통과] 일정한 때나 장소를 통하여 지나감.

허물(過)을 알면(知)

0171 5급	반드시 필 心부/총 5획

ㆍ ソ 必 必 必

[必要필요] 꼭 소용이 있음.
[必讀필독] 반드시 읽음, 또는 읽어야 함.
[必勝필승] 반드시 이김.
[必然필연] 반드시 그렇게 됨.
[必須필수] 꼭 필요한 것.
[期必기필] 틀림없이 이루어지기를 기약함.

0172 5급	고칠 개 攵부/총 7획

ㄱ ㄱ 己 己 改 改 改

[改良개량] 고치어 좋게 함.
[改善개선] 잘못된 점을 고치어 잘 되게 함.
[改革개혁] 새롭게 고침.
[改正개정] 주로 문서 내용 따위를 고쳐 바르게 함.
[改名개명] 이름을 고침.
[改閣개각] 내각을 개편함.
[改憲개헌] 헌법을 고침.

반드시(必) 개선(改)해야 하고

 해설 知過必改 [지과필개] 사람은 누구나 허물이 있으니 잘못된 것을 알면 반드시 고쳐야 한다.

| 0173 4급Ⅱ | 얻을 득 | 彳부/총 11획 |

彳 彳 彳 彳 得 得 得

[得失득실] 이익과 손해를 아울러 이르는 말.
[得道득도] 바른 길을 얻음.
[拾得습득] 남이 잃어버린 물건을 주움.
[利得이득] 이익을 얻는 일. ↔ 손실(損失)
[所得소득] 어떤 일의 결과로 얻는 것. 이익.

| 0174 5급 | 능할 능 | 肉부/총 10획 |

厶 育 育 育 育 能 能

[能力능력] 어떤 일을 해낼 수 있는 힘.
[無能무능] 재능이 없음. ↔ 유능(有能)
[有能유능] 재능이나 능력이 있음.
[才能재능] 재주와 능력.
[可能性가능성] 앞으로 실현될 수 있는 성질.

능히(能) 득도(得)했다면

| 0175 3급Ⅱ | 없을 막 | 艸부/총 11획 |

艹 艹 苔 苔 莫 莫

[莫强막강] 더할 수 없이 강함.
[莫大막대] 엄청나게 많음. 매우 크고 많음.
[莫論막론] 따져 말할 나위도 없음. 논의할 것도 없음.
[莫重막중] 매우 중요함.

| 0176 3급 | 잊을 망 | 心부/총 7획 |

亠 亡 亡 忘 忘 忘

[忘德망덕] 자신과 집안을 망칠 못된 언동.
[忘却망각] 어떤 사실을 잊어버림.
[難忘난망] 잊기 어려움. 잊지 못함.
[健忘건망] 잘 잊어버림. '건망증(健忘症)'의 준말.

망각(忘)하지 말라(莫).

 得能莫忘 [득능막망] 사람으로서 알아야 할 것을 배운 후에는 결코 잊지 않도록 한다.

罔	[罔極망극] 임금이나 어버이의 은혜가 워낙 커서 갚을 길이 없음. [罔測망측] 정상적인 상태에서 벗어나 너무나 어이가 없거나 차마 볼 수가 없음. [罔民망민] 백성을 속임.	談	[談話담화] 서로 이야기를 주고받음. [德談덕담] 남이 잘되기를 비는 말. ↔ 악담(惡談) [情談정담] 다정한 이야기. [弄談농담] 실없이 하는 우스갯소리. [雜談잡담] 쓸데없이 지껄이는 말.
0177 3급 없을 망 网부/총 8획 丨冂冂冈冈罔罔		0178 5급 말씀 담 言부/총 15획 言言言訪談談談	

농담(談)하지 말라(罔)

彼	[彼我피아] 그와 나 또는 저편과 이편을 아울러 이르는 말. [彼岸피안] 불교에서, 이승의 번뇌를 해탈하여 열반의 세계에 도달하는 일, 또는 그 경지. ↔ 차안(此岸)	短	[短命단명] 짧은 목숨, 또는 목숨이 짧음. [短文단문] 짧은 문장. ↔ 장문(長文) [短音단음] 짧은 음. [短縮단축] 일정 기준보다 짧게 줄임. [長短장단] 길고 짧음. 장점과 단점. 장단점.
0179 3급Ⅱ 저 피 彳부/총 8획 ノノ彳彳彳彳彼彼		0180 6급 짧을 단 矢부/총 12획 ㅗ矢矢知知短短	

저(彼) 사람의 단점(短)을 가지고

 罔談彼短 [망담피단] 남의 단점을 알았더라도 결코 입 밖에 내어 말하지 말라.

靡

[靡然미연] 따라오는 모양.
[靡法미법] 자질구레한 법.
[風靡풍미] 어떤 위세가 널리 사회를 휩씀.

0181 1급 없을 미
非부/총 19획

广庐庶庶靡靡靡

恃

[恃賴시뢰] 믿고 의지함.

0182 믿을 시
心부/총 9획

忄 忄 忄 忄 忄 忄 恃 恃 恃

믿지(恃) 말라(靡)

己

[利己이기] 자기 한 몸의 이익만을 꾀하는 일.
[自己자기] 그 사람 자신.
[克己극기] 자기의 욕망이나 충동·감정 따위를 의지로 눌러 이김.

0183 5급 몸 기
己부/총 3획

コ コ 己

長

[長女장녀] 맏딸. 큰딸.
[年長연장] 서로 비교하여 보아 나이가 많음. 또는 그런 사람.
[學長학장] 단과 대학의 장.
[校長교장] 대학이나 학원을 제외한 각급 학교의 으뜸 직위.
[社長사장] 회사의 대표자.

0184 8급 긴/어른 장
長부/총 8획

一 「 F 乏 乏 長 長

자기(己)의 장점(長)을.

 해설 靡恃己長 [미시기장] 자신의 장점을 믿고 자만하지도 말고 자랑하지도 말라.

信	[信用신용] 언행이나 약속이 틀림이 없을 것으로 믿음. [通信통신] 서로 소식이나 정보를 교환·연락하는 일. [自信자신] 자기의 값어치나 능력을 믿음. [送信송신] 통신을 보냄.	使	[使用사용] 사람이나 물건 등을 쓰거나 부림. [使命사명] 맡겨진 임무. [水使수사] 수군 절도사. [天使천사] 마음씨 곱고 어진 사람'을 비유하는 말. [通信使통신사] 조선 시대에, 일본으로 보내던 사신.
0185 6급 믿을 신 人부/총 9획 ノ イ 亻 亠 宀 信 信 信 信		0186 6급 하여금/부릴 사 人부/총 8획 ノ イ 亻 亻 亻 佢 佢 使 使	

신의(信)로 하여금(使)

可	[可決가결] 회의에서, 제출된 의안을 좋다고 인정하여 결정함. [可能가능] 할 수 있거나 될 수 있음. [可望가망] 될 만하거나 가능성이 있는 희망. [許可허가] 청원 따위를 들어줌. 허락.	覆	[覆蓋복개] 덮음. [覆面복면] 남이 알아보지 못하게 얼굴의 일부 또는 전부를 헝겊 따위로 가림, 또는 가리는 데 쓰이는 물건. [覆船복선] 배가 엎어짐. [被覆피복] 거죽을 덮어 쌈, 또는 덮어 싼 물건.
0187 5급 옳을 가 口부/총 5획 一 丁 丆 可 可	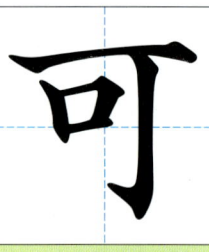	0188 3급Ⅱ 엎을 복/덮을 부 襾부/총 18획 覀 覀 覀 覀 覆 覆	

반복(覆)함이 좋고(可)

 信使可覆 [신사가복] 믿음이 움직일 수 없는 진리라는 것을 알면 마땅히 되풀이하여 행하라.

[器具기구] 세간·도구·기계 따위를 통틀어 이름.
[容器용기] 물건을 담는 그릇.
[樂器악기] 음악을 연주하는 데 쓰이는 기구를 통틀어 이르는 말.
[祭器제기] 제사 때 쓰는 그릇.

0189 4급Ⅱ 그릇 기
口부/총 16획
口 吅 吕 哭 哭 器 器

[欲求욕구] 무엇을 얻거나 무슨 일을 하고자 바라는 일.
[欲望욕망] 무엇을 하거나 가지고 싶어 간절히 바라고 원함, 또는 그 마음.
[欲情욕정] 한순간의 충동으로 일어나는 욕심.
[欲心욕심] 탐내는 마음.

0190 3급Ⅱ 하고자할 욕
欠부/총 11획
ハ 乑 谷 谷 欲 欲

기량(器)을 바라면(欲)

[難民난민] 전쟁이나 재난을 피하여 떠돌아다니며 고생하는 사람. 피난민.
[難解난해] 해결하기 어려움.
[論難논란] 여럿이 서로 다른 주장을 내며 다툼.
[災難재난] 뜻밖의 불행한 일.

0191 4급Ⅱ 어려울 난
隹부/총 19획
艹 莫 堇 菓 蓳 難

[量産양산] '대량 생산'의 준말.
[質量질량] 물체가 갖는 물질의 양.
[分量분량] 무게·부피·수량 등의 많고 적은 정도.
[數量수량] 수효와 분량.
[力量역량] 일을 해낼 수 있는 능력.

0192 5급 헤아릴 량
里부/총 12획
日 旦 昌 昌 量 量 量

역량(量)을 어렵게(難) 하라.

 器欲難量 [기욕난량] 위와 같이 실천하는 사람은 항상 마음을 넓게 가지므로 그 도량(度量)이 깊고 깊어 남이 헤아리기 어렵다.

墨	[墨客묵객] 글씨를 쓰거나 그림을 그리는 사람, 또는 시문에 능한 사람. [墨竹묵죽] 먹으로 그린 대나무. [水墨畫수묵화] 화선지에 수묵으로 짙고 연한 효과를 내어 그린 그림.	悲	[悲歌비가] 슬프고 애잔한 노래. [悲運비운] 슬픈 운명. 불행한 운명. [悲報비보] 슬픈 소식. [悲話비화] 슬픈 이야기. [悲劇비극] 인생의 불행이나 슬픔을 제재로 하는 극 형식.
0193 3급Ⅱ 먹 묵 土부/총 15획	丨丿口甲里黑黑墨墨	0194 4급Ⅱ 슬플 비 心부/총 12획	丿丨丬丬非非悲悲

묵적(墨)이 비통해(悲)한 것은

絲	[原絲원사] 직물의 원료가 되는 실. [鐵絲철사] 쇠로 만든 가는 줄. 철선. [麻絲마사] 베실. 삼실. [絹絲견사] 비단실. [蠶絲잠사] 누에고치에서 켜낸 실. 곧, 명주실.	染	[染色염색] 염료를 써서 천 따위에 물을 들임. ↔ 탈색(脫色) [染料염료] 물건에 빛깔을 물들이는 물질. 물감. [感染감염] 병원체가 몸에 옮음. [傳染전염] 병이 남에게 옮음.
0195 4급 실 사 糸부/총 12획	丨幺幺幺糸糸絲絲	0196 3급Ⅱ 물들일 염 木부/총 9획	丶氵汀氿染染染

흰실(絲)에 염색(染)함이고

墨悲絲染 [묵비사염] 옛날 중국의 묵적(墨翟)은 하얀 실에 더러운 물이 든 것을, 깨끗한 우리 마음에 나쁜 습관이 드는 것처럼 여기고 슬퍼했다 한다.

詩

| 0197 4급Ⅱ | 시 시 | 言부/총 13획 |

[詩人시인] 시를 짓는 사람.
[詩歌시가] 가사를 포함한 시문학을 통틀어 이름.
[詩集시집] 여러 편의 시를 모아 엮은 책.
[童詩동시] 동심의 세계를 표현한 시.
[序詩서시] 긴 시의 머리말 구실을 하는 시.

言 言 詩 詩 詩 詩 詩

讚

| 0198 4급 | 기릴 찬 | 言부/총 26획 |

[讚美찬미] 아름다운 덕을 기림. 기리어 칭송함.
[讚辭찬사] 업적 따위를 칭찬하는 말이나 글.
[極讚극찬] 몹시 칭찬함, 또는 그 칭찬.
[禮讚예찬] 존경하여 찬양함.

言 訁 讚 讚 讚 讚 讚

시경(詩)이 찬양(讚)한 것은

羔

| 0199 | 양새끼 고 | 羊부/총 10획 |

[羔豚고돈] 어린 양과 돼지.
[羔羊고양] 어린 양과 큰 양. 시경의 편명(篇名).

※詩經(시경) 고양편(羔羊篇) : 국왕이 문왕의 덕정에 감화되어 모든 사람들이 새끼양처럼 온순해졌다는 내용.

丷 严 关 关 关 羔 羔

羊

| 0200 4급Ⅱ | 양 양 | 羊부/총 6획 |

[羊毛양모] 양의 털.
[羊肉양육] 양의 고기.
[牧羊목양] 양을 침.
[山羊산양] 염소.
[緬羊면양] 털이 긴 양.

丶 丷 亠 芏 羊 羊

고양(羔羊)편이다.

 詩讚羔羊 [시찬고양] 『시경』 고양(羔羊)편에, 주(周)나라 문왕(文王)의 덕이 소남국(召南國)에까지 미친 것을 칭찬했다고 쓰여 있다.

景 	[景氣경기] 거래 따위에 나타난 경제 활동의 상황. [景觀경관] 산이나·강·바다 따위의 자연 풍경. [風景풍경] 자연의 아름다운 모습. 경치(景致). [雪景설경] 눈 경치. 눈이 내리는 경치. [夜景야경] 밤의 경치.	行 	[行動행동] 몸을 움직임, 또는 그 동작. [行方행방] 간 곳이나 방향. [孝行효행] 어버이를 잘 섬기는 행실. [所行소행] 이미 해 놓은 일이나 짓. [現行현행] 현재 행함, 또는 행하여짐.
0201 5급	볕 경 日부/총 12획 口日日르昌몸昙景景	0202 6급	다닐 행/항렬 항 行부/총 6획 ノ ク 彳 彳 行 行

언행(行)이 빛나면(景)

維	[維持유지] 어떤 상태를 그대로 지니어 감. 지켜 감. [維新유신] 낡은 제도를 고쳐 새롭게 함. [纖維섬유] 생물체의 몸을 이루는 가늘고 긴 실 모양의 물질.	賢 	[賢明현명] 어질고 사리에 밝음. [賢母현모] 어진 어머니. 현명한 어머니. [賢人현인] 어진 사람. 현명한 사람. [先賢선현] 옛 현인. 선철(先哲). [聖賢성현] 성인과 현인.
0203 3급Ⅱ	벼리/얽을 유 糸부/총 14획 幺 糸 紆 紆 絆 維 維	0204 4급Ⅱ	어질 현 貝부/총 15획 彡 臣 臤 臤 賢 賢 賢

이것이(維) 현인(賢)이며

 景行維賢 [경행유현] 사람으로서 언제나 행실을 밝고 당당하게 행하면 반드시 어진 사람의 모범이 될 것이다. 경(景)은 크고 밝다는 뜻이다.

	[相剋상극] 서로 마주치면 서로 충돌하는 상태. [下剋上하극상] 아랫사람이 윗사람을 꺾고 오름.		[留念유념] 마음에 새기고 생각함. [理念이념] 이상적인 것으로 여겨지는 생각이나 견해. [觀念관념] 어떤 일에 대한 생각이나 견해. [斷念단념] 품었던 생각을 끊어 버림.
0205 1급	이길/정할 **극** 刀부/총 9획	0206 5급	생각 **념** 心부/총 8획
	十 古 古 声 克 克 剋 剋		ノ 人 人 今 今 念 念 念

극기(剋)를 염두(念)에 두면

	[作業작업] 어떤 일터에서 일을 함, 또는 그 일. [作文작문] 글을 지음. [作家작가] 문학이나 예술의 창작 활동을 전문으로 하는 사람. [作名작명] 이름을 지음. [工作공작] 물건을 만드는 일.	聖	[聖人성인] 지혜와 덕이 뛰어나 길이 우러러 본받을 만한 사람. [聖火성화] 올림픽 대회 때, 대회가 끝날 때까지 주경기장의 성화대에 켜 놓는 횃불. [神聖신성] 신과 같이 성스러움.
0207 6급	지을 **작** 人부/총 7획	0208 4급II	성인 **성** 耳부/총 13획
	ノ 亻 亻 亻 作 作 作		丆 耳 耵 耵 聖 聖 聖

성인(聖)도 될(作) 수 있다.

 剋念作聖 [극념작성] 성인들의 언행을 본받아 마음에 간직하고 수양을 쌓으면 장차 성인이 될 수 있다.

[德望덕망] 덕행으로 얻은 명망.
[道德도덕] 사람으로서 마땅히 지켜야 할 도리.
[功德공덕] 공적과 덕행.
[美德미덕] 도덕적인 훌륭한 행동.
[惡德악덕] 도의에 어긋나는 나쁜 마음이나 나쁜 짓.

0209 5급 큰/덕 덕
彳부/총 15획
彳彳彳徳徳徳徳

[建物건물] '사람이 들어 살거나, 물건을 넣어 두기 위하여 지은 집'을 이름.
[建築건축] 건물을 만드는 일, 또는 그 건물.
[建國건국] 새로 나라가 세워짐, 또는 세움.
[再建재건] 다시 일으켜 세움.

0210 5급 세울 건
廴부/총 9획
フヨヨ聿聿建建

덕(德)을 세우면(建)

[名門명문] 문벌이 좋은 집안. 명가(名家).
[名山명산] 이름난 산.
[名譽명예] 세상에서 훌륭하다고 인정되는 이름이나 자랑.
[有名유명] 이름이 있음. 이름이 널리 알려져 있음.
[地名지명] 땅의 이름.

0211 7급 이름 명
口부/총 6획
ノクタ夕名名

[自立자립] 남에게 의지하거나, 남의 지배를 받지 않고 자기의 힘으로 해 나감.
[中立중립] 어느 쪽에도 치우치지 않고 중간에 섬.
[直立직립] 사람이나 물건 등이 똑바로 섬.
[國立국립] 나라에서 세움.

0212 7급 설 립
立부/총 5획
丶亠亣立

명예(名)가 서고(立)

 德建名立 [덕건명립] 항상 덕으로써 세상의 모든 일을 행하면 그 덕행이 하루하루 쌓여 자연히 이름도 서게 된다.

形	[形成형성] 어떤 모양을 이룸. [形便형편] 일이 되어 가는 모양이나 결과. [大形대형] 사물의 큰 형체. [外形외형] 겉으로 드러난 모양. 겉모양. [地形지형] 땅의 생긴 모양이나 형세.	 端	[端正단정] 모습이나 몸가짐이 흐트러진 데 없이 얌전하고 깔끔함. [端宗단종] 조선 제6대 왕. [一端일단] 사물의 한 부분. [末端말단] 조직에서 제일 아랫자리에 해당하는 부분.
0213 6급 모양 형 彡부/총 7획 一 二 三 开 形 形 形		0214 4급Ⅱ 바를/끝 단 立부/총 14획 ` ㅗ ㅛ 岁 岁 端 端	

형상(形)이 단정(端)하면

말풍선: 형상이 구부러지면 그림자도….

	[表現표현] 의견이나 감정 따위를 드러내어 나타냄. [表面표면] 거죽으로 드러난 면. 겉. 겉면. [表情표정] 감정을 겉으로 드러냄. [代表대표] 전체의 상태나 성질을 어느 하나로 잘 나타냄.		[正門정문] 건물의 정면에 있는 문. ↔ 후문(後門) [正月정월] 한 해의 첫째 달. 원월(元月). [正面정면] 똑바로 마주 보이는 면. [正誤정오] 잘못된 글자나 문구 따위를 바로잡음. [子正자정] 밤 12시.
0215 6급 겉 표 衣부/총 8획 一 十 土 キ 훅 훅 훅 表		0216 7급 바를 정 止부/총 5획 一 丁 下 正 正	

바르게(正) 나타난다(表).

말풍선: 정직한 표정.

 形端表正 [형단표정] 생긴 모습이 단정하고 깨끗하면 그 마음가짐도 바르며 또 그 바른 마음이 밖으로 나타난다.

|  빌 공 0217 7급 穴부/총 8획 ` ` ㆍ ㆍ 宀 宀 灾 空 空 | [空中공중] 지구 표면을 둘러싸고 있는 공간.
[空軍공군] 주로 공중에서 임무를 수행하는 군대.
[空氣공기] 지구를 둘러싼 대기 하층 부분을 이루고 있는 무색·투명한 기체.
[空間공간] 아무것도 없이 비어 있는 칸. |  골 곡 0218 3급Ⅱ 谷부/총 7획 ` ハ ク 父 谷 谷 谷 | [陵谷능곡] 언덕과 골짜기를 아울러 이르는 말.
[幽谷유곡] 그윽하고 깊은 산골.
[栗谷율곡] 조선 중기의 학자·정치가인 이이의 호.
[峽谷협곡] 좁고 험한 골짜기. |

빈(空) 골짜기(谷)에

| 傳 전할 전 0219 5급 人부/총 13획 ㅣ ㅏ ㅏ 伊 佴 伸 傳 傳 | [傳說전설] 옛날부터 민간에서 전하여 내려오는 이야기.
[傳記전기] 한 사람의 일생 동안의 행적을 적은 기록.
[傳授전수] 기술이나 지식 따위를 전하여 줌.
[口傳구전] 말로 전해 옴. | 聲 소리 성 0220 4급Ⅱ 耳부/총 17획 土 吉 声 卢 殸 殸 聲 | [聲明성명] 여러 사람에게 공개하여 발표하는 일.
[音聲음성] 사람의 발음 기관에서 나오는 소리.
[無聲무성] 소리나 음성이 없음.
[銃聲총성] 총소리.
[肉聲육성] 직접 들리는 사람의 목소리. |

군자의 음성(聲)이 전달(傳)되고

 空谷傳聲 [공곡전성] 성현의 말 한 마디는 빈 골짜기에 소리가 울려 퍼지듯 온 세상에 퍼져나가 사람들을 감동시킨다.

虛	堂
0221 4급Ⅱ 빌 허 虍부/총 12획 丿 广 卢 卢 虍 虗 席 虛	0222 6급 집 당 土부/총 11획 丨 ⺌ 丷 圴 尚 尚 堂 堂
[虛實허실] 거짓과 참. [虛空허공] 텅 빈 공중. [虛費허비] 헛되이 씀, 또는 그 비용. [虛言허언] 실속이 없는 빈 말. 거짓말. [虛勢허세] 실상이 없는 기세. [空虛공허] 속이 텅 빔.	[明堂명당] 풍수지리에서 이르는, 좋은 묏자리나 집터. [書堂서당] 글방. [食堂식당] 식사하기에 편리하도록 설비하여 놓은 방. [講堂강당] 강연이나 강의 따위를 할 때 쓰는 건물.

빈(虛) 집(堂)에서 한 말이라도

빈집. 세놓음.

習	聽
0223 6급 익힐 습 羽부/총 11획 丿 フ ヲ 习 习习 羽 習 習	0224 4급 들을 청 耳부/총 22획 丅 耳 耵 耵 聽 聽 聽
[習慣습관] 버릇. [自習자습] 혼자서 공부하여 익힘. 독습(獨習). [學習학습] 배워서 익힘. [復習복습] 배운 것을 되풀이하여 익힘. [練習연습] 학문이나 기예 따위를 되풀이하여 익힘.	[聽取청취] 방송이나 진술 따위를 자세히 들음. [聽覺청각] 소리를 느끼는 감각. [視聽시청] 눈으로 보고 귀로 들음. [盜聽도청] 몰래 엿들음. [視聽覺시청각] 시각과 청각을 아울러 이르는 말.

귀신은 듣는(聽) 습성(習)이 있다.

 虛堂習聽 [허당습청] 빈 집에서 작은 소리로 소근대더라도 그 말을 신(神)은 들을 수 있으니 언제 어디서나 말과 행동을 조심하라는 뜻이다.

禍 재앙 화	[禍福화복] 재화(災禍)와 복록(福祿). [禍根화근] 재앙의 근원. [禍難화난] 재앙과 환난(患難). [禍因화인] 재화(災禍)의 원인. [災禍재화] 재앙과 환난(禍難).	因 인할 인	[因果인과] 원인과 결과를 아울러 이르는 말. [因習인습] 이전부터 전해 내려오는 습관. [敗因패인] 싸움이나 경기에 진 원인. [要因요인] 중요한 원인. [原因원인] 사실의 근본이 되는 까닭.
0225 3급II 示부/총 14획	一 才 礻 剂 褓 禍 禍	0226 5급 口부/총 6획	丨 冂 冃 冈 因 因

악은 화근(禍)으로 인해서(因)

惡 악할 악/미워할 오	[惡材악재] 증권에서 시세 하락의 원인이 되는 조건. [罪惡죄악] 죄가 될 만한 나쁜 짓. [害惡해악] 해가 되는 나쁜 영향. [惡寒오한] 갑자기 몸에 열이 나면서 오슬오슬 추운 증세.	積 쌓을 적	[積年적년] 여러 해. [積極적극] 어떤 일에 대하여, 바짝 다잡는 태도. [積立金적립금] 적립하여 두는 돈. [蓄積축적] 많이 모이어 쌓임. [容積용적] 물건을 담을 수 있는 부피.
0227 5급 心부/총 12획	一 厂 丆 襾 覀 亞 惡	0228 4급 禾부/총 16획	二 千 禾 禾 科 稖 積 積

악업(惡)이 쌓이고(積)

해설 禍因惡積 [화인악적] 재앙은 악이 쌓인 데서 오는 것이니 사람은 스스로 악한 일을 하여 재앙을 부르는 일이 없도록 해야 한다.

福	[福德복덕] 타고난 복과 후한 마음. [幸福행복] 복된 운수. [祝福축복] 행복하기를 빎. [多福다복] 복이 많음, 또는 많은 복. [飮福음복] 제사 지내고 나서 제사에 썼던 음식을 나누어 먹음.	緣	[緣故연고] 일의 까닭. [因緣인연] 사람들 사이에 맺어지는 관계. [地緣지연] 살고 있는 지역을 근거로 하는 사회적인 연고 관계. [血緣혈연] 같은 핏줄로 이어진 인연. 같은 핏줄의 관계.
0229 5급 복 복 示부/총 14획 千 禾 秞 秞 福 福 福		0230 4급 인연 연 糸부/총 15획 彡 糸 糸ㅋ 紗 絲 緣 緣	

복(福)과 인연(緣)이 있으면

善	[善惡선악] 착함과 악함. [善意선의] 착한 마음. [善行선행] 착한 행동. [善心선심] 남을 돕고자 하여 베푸는 후한 마음. [善隣선린] 이웃과 사이좋게 지냄. [最善최선] 가장 좋거나 훌륭함, 또는 그런 것.	慶	[慶祝경축] 경사로운 일을 축하함. [慶事경사] 매우 즐겁고 기쁜 일. [國慶日국경일] 국가적인 경사를 축하하기 위하여, 법으로 정하여 온 국민이 기념하는 날.
0231 5급 착할 선 口부/총 12획 丷 䒑 羊 羊 善 羔 善		0232 4급II 경사 경 心부/총 15획 一 广 产 产 庐 廖 慶	

좋은(善) 경사(慶)가 생긴다.

 福緣善慶 [복연선경] 복은 착한 일을 많이 행하는 데서 오는 것이며, 착한 일을 행하는 집에는 경사가 뒤따른다.

尺	[尺度척도] 자로 재는 길이의 표준. [縮尺축척] 지도나 설계도 따위를 실물보다 축소하여 그릴 때, 그 축소한 비. 줄인자. [越尺월척] 낚시에서, 잡은 물고기의 길이가 한 자 남짓함, 또는 그 물고기.	壁	[壁玉벽옥] 옥. [完壁완벽] 결점이 없이 훌륭함. [雙壁쌍벽] 여럿 가운데 우열이 없이 특히 뛰어난 둘. [壘壁누벽] 작은 성.
Q233 3급Ⅱ 자 척 尸부/총 4획	ㄱㄱ尸尺	Q234 1급 옥 벽 玉부/총 18획	尸 尸 尸辛 尸辛 壁 壁 壁

한 자(尺)의 벽옥(壁)이

왜 저렇게 화나셨지?

非	[非理비리] 도리에 어그러지는 일. [非命비명] 재해나 사고 따위로 죽는 일. [非常비상] 예사로운 일이 아닌 긴급 사태. [非情비정] 인정이 없이 몹시 쌀쌀함.	寶	[寶石보석] 색채와 광택이 아름답고 산출량이 적기 때문에 장식용 등으로 귀중히 여겨지는 광물. [寶貨보화] 보물(寶物). [家寶가보] 대를 이어 전해 내려오는 한 집안의 보물. [國寶국보] 나라의 보배.
Q235 4급Ⅱ 아닐 비 非부/총 8획	ㅣㅋㅋ킈非非非	Q236 4급Ⅱ 보배 보 宀부/총 20획	宀宀宀宀寶寶寶

보배(寶)가 아니며(非)

가자! / 보배가 아니야……

해설 尺壁非寶 [척벽비보] 한 자(약 30cm)나 되는 구슬일지라도 반드시 보배라고는 할 수 없듯이 물질적인 것에 모든 가치를 둘 수는 없다.

| 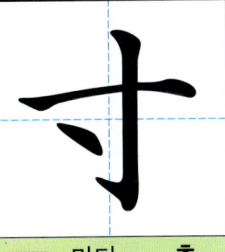 마디 촌
Q237 8급 寸부/총 3획
一 寸 寸 | [寸陰촌음] 아주 짧은 시간.
[八寸팔촌] 아버지 육촌의 자녀와의 촌수.
[三寸삼촌] 아버지의 형제. |  그늘 음
Q238 4급Ⅱ 阜부/총 11획
阝阡阡阡陰陰陰陰 | [陰陽음양] 음과 양.
[陰地음지] 그늘진 곳. 응달. ↔ 양지(陽地).
[陰凶음흉] 마음속이 음침하고 흉악함.
[陰害음해] 남을 넌지시 해침.
[陰謀음모] 몰래 좋지 못한 일을 꾸밈. |

촌음(寸陰)에서

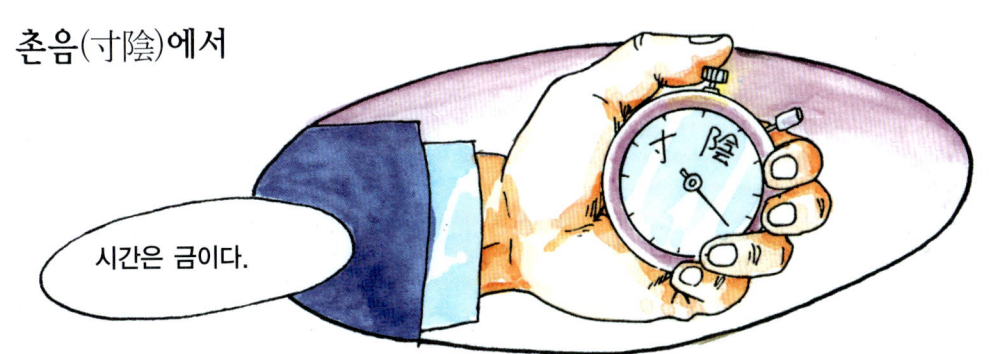

시간은 금이다.

| 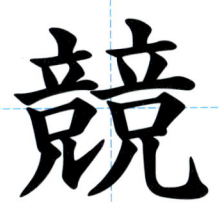 이/옳을 시
Q239 4급Ⅱ 日부/총 9획
日 旦 早 무 무 묘 是 是 | [是非시비] 옳고 그름. 잘잘못.
[是認시인] 옳다고, 또는 그러하다고 인정함.
[都是도시] 도무지.
[必是필시] 아마도 틀림없이.
[或是혹시] 만일에. 혹여. | 競 다툴 경
Q240 5급 立부/총 20획
ㆍ ㅗ ㅛ 立 音 竟 竞 競 競 | [競技경기] 기술의 낫고 못함을 서로 겨루는 일.
[競賣경매] 물건을 사려는 사람이 여럿일 때 값을 가장 높이 부르는 사람에게 팖.
[競選경선] 둘 이상의 후보가 경쟁하는 선거.
[競合경합] 맞서 겨룸. |

이(是)와 다투어야(競) 한다.

 寸陰是競 [촌음시경] 이처럼 물질적인 것보다 바로 시간이 보배이니 짧은 시간이라도 잘 사용해야 한다. 촌음은 아주 짧은 시간을 말한다.

資	[資金자금] 사업을 경영하는 데에 쓰는 돈. [資本자본] 장사나 사업 따위의 기본이 되는 돈. [物資물자] 생활의 바탕이 되는 갖가지 물건이나 자재. [投資투자] 사업 등에 자금을 댐. 출자(出資).	父	[父母兄弟부모형제] 아버지·어머니·형·아우. 온 가족. [父女부녀] 아버지와 딸. [生父생부] 자기를 낳은 아버지. 친아버지. [學父母학부모] 학생의 보호자를 이르는 말.
0241 4급 재물 자 貝부/총 13획 冫冫次次咨資資		0242 8급 아비 부 父부/총 4획 ノ ハ グ 父	

부친(父)을 섬기듯이(資)

事	[事件사건] 문제가 되거나 관심을 끌 만한 일. [萬事만사] 모든 일. [家事가사] 집안 살림에 관한 일. [軍事군사] 군대·군비·전쟁 따위에 관한 일. [農事농사] 곡류·채소·과일 등을 심어 가꾸는 일.	君	[君子군자] 학문과 덕이 높고 행실이 바르며 품위를 갖춘 사람. [檀君단군] 우리 겨레의 시조로 받드는 태초의 임금. [聖君성군] 덕으로 나라를 다스린, 어질고 훌륭한 임금.
0243 7급 일/섬길 사 ㅣ부/총 8획 一 一 戸 戸 戸 車 事 事		0244 4급 임금 군 口부/총 7획 フ ㄱ ㅋ 尹 尹 君 君	

임금(君)을 섬기고(事)

해설 資父事君 [자부사군] 부모를 섬기는 마음으로 임금을 섬겨야 한다. 즉, 효자(孝子)와 충신(忠臣)은 한마음에서 우러난다는 말이다.

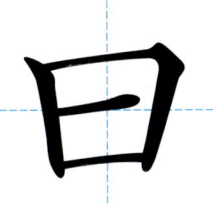 曰 0245 3급 가로 **왈** 日부/총 4획 ㅣㅁㅁ日	[曰可曰否왈가왈부] 어떤 일에 대하여 옳거니 옳지 아니하거니 하고 말함.

嚴
0246 4급 엄할 **엄**
口부/총 20획

[嚴密엄밀] 세밀한 부분에 이르기까지 빈틈이 없음.
[嚴格엄격] 매우 엄함.
[嚴禁엄금] 절대로 못하게 함.
[嚴冬엄동] 몹시 추운 겨울.
[嚴命엄명] 엄하게 명령함.
[嚴肅엄숙] 장엄하고 정숙함.

이것이 왈(曰) 엄격함(嚴)과

 與
0247 4급 더불/줄 **여**
臼부/총 14획

[與野여야] 여당과 야당.
[與否여부] 그러함과 그러하지 아니함.
[給與급여] 돈이나 물품 따위를 줌.
[授與수여] 증서·상장·훈장 따위를 줌.
[參與참여] 어떤 일에 끼어들어 관계함.

敬
0248 5급 공경 **경**
攵부/총 13획

[敬老경로] 노인을 공경함.
[敬禮경례] 공경의 뜻을 나타내는 일, 또는 그 동작.
[敬語경어] 공경하는 뜻을 나타내는 말.
[敬虔경건] 공경하는 마음으로 삼가며 조심함.
[敬憚경탄] 공경하고 어려워함.

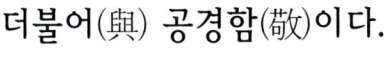 더불어(與) 공경함(敬)이다.

 曰嚴與敬 [왈엄여경] 엄숙한 마음과 겸허한 자세로 부모를 공경하듯 임금을 섬기면 가히 충신이 될 수 있다는 말이다.

孝	[孝子효자] 효성스러운 아들. [孝女효녀] 효성스러운 딸. [孝道효도] 어버이를 잘 섬김, 또는 그 도리. [孝心효심] 효성스러운 마음. [不孝불효] 효도를 하지 아니함.	當	[當落당락] 당선과 낙선. [當番당번] 어떤 일을 책임지고 돌보는 차례가 됨. [當然당연] 일의 전후 사정을 놓고 볼 때에 마땅히 그러함. [正當정당] 바르고 마땅함. [不當부당] 도리에 벗어나서 정당하지 않음.
0249 7급	효도 효 子부/총 7획 一十土耂考孝	0250 5급	마땅 당 田부/총 13획 丨丷ᆢ쓰쓰當當

당연(當)히 효도(孝)에

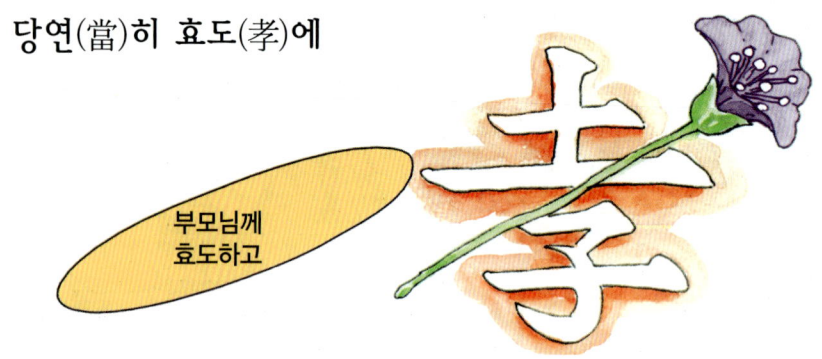

부모님께 효도하고

竭	[竭盡갈진] 다하여 없어짐. [竭力갈력] 힘을 다함. [衰竭쇠갈] 기력이 쇠약해짐.	力	[力道역도] 역기를 들어 올려 그 기록을 겨루는 경기. [國力국력] 나라의 힘. [水力수력] 물의 힘. [重力중력] 지구 위의 물체가 지구 중심으로부터 받는 힘. [學力학력] 학문상의 실력.
0251 1급	다할 갈 立부/총 14획 丶亠圵竭竭竭竭	0252 7급	힘 력 力부/총 2획 フ力

총력(力)을 다하고(竭)

해설 孝當竭力 [효당갈력] 부모를 섬기는 데 있어 자식으로서 마땅히 있는 힘을 다하여야 한다.

0253 4급Ⅱ 충성 충 心부/총 8획 ㅣ ㅁ ㅁ 中 中 忠 忠 忠	[忠告충고] 남의 허물이나 결점 따위를 고치도록 타이름. 충언(忠言). [忠臣충신] 충성스러운 신하. ↔ 역신(逆臣) [忠孝충효] '충성'과 '효도'를 아울러 이르는 말. [忠直충직] 성실하고 정직함.

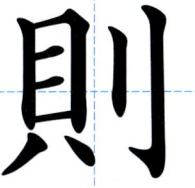

0254 5급 법칙 칙/곧 즉 刀부/총 9획	[規則규칙] 여럿이 다 같이 따라 지키기로 약정한 질서나 표준. [法則법칙] 반드시 지켜야만 하는 규범. [鐵則철칙] 변경하거나 어길 수 없는 규칙. [原則원칙] 근본이 되는 법칙.

충성(忠)으로 법(則)에 따라

0255 4급 다할 진 皿부/총 14획	[盡力진력] 있는 힘을 다함. [盡心진심] 마음을 다 씀. [未盡미진] 아직 충분하지 못함. [脫盡탈진] 기운이 다 빠져 없어짐. [極盡극진] 마음과 힘을 들이는 정성이 매우 지극함.

0256 7급 목숨 명 口부/총 8획 ㅅ ㅗ ㅜ 合 合 命 命	[生命생명] 살아 있기 위한 힘의 바탕이 되는 것. 목숨. [天命천명] 타고난 수명. [王命왕명] 임금의 명령. [人命인명] 사람의 목숨. [救命구명] 사람의 목숨을 구함. [延命연명] 수명을 늘임.

명령(命)에 진력(盡)해야 한다.

 해설 忠則盡命 [충즉진명] 임금을 섬기는 데 있어서는 목숨도 아끼지 않을 각오가 되어 있어야 한다. 즉, 효도와 충성의 방법의 차이를 말하고 있다.

臨 0257 임할 림 3급II 臣부/총 17획 ｜ㄱ 彡 臣 臣＾臨 臨 臨	[臨迫임박] 어떤 때가 가까이 닥쳐옴. [臨時임시] 일정한 때에 다다름, 또는 그 때. [臨終임종] 죽음을 맞이함. [降臨강림] 신이 하늘에서 인간 세상으로 내려옴. [枉臨왕림] 남을 높이어 그가 자기를 찾아옴을 이름.
深 0258 깊을 심 4급II 水부/총 11획 氵 氵 氵 泙 泙 深 深 深	[深夜심야] 깊은 밤. [深海심해] 깊은 바다. [深化심화] 사물의 정도가 깊어지거나 심각해짐, 또는 그렇게 되도록 함. [深淺심천] 깊음과 얕음. [深層심층] 사물의 속이나 밑에 있는 깊은 층. [水深수심] 물의 깊이.

효에 임할 때(臨)는 심연(深)의

履 0259 밟을 리 3급II 尸부/총 15획 ｜ㄱ 尸 尸 尸 履 履 履	[履歷이력] 지금까지 닦아 온 학업이나 거쳐 온 직업 따위의 경력. [履修이수] 해당 학과를 차례대로 공부하여 마침. [履行이행] 실제로 함. 말과 같이 함.
薄 0260 얇을 박 3급II 艹부/총 17획 艹 艹 汁 泊 泊 薄 薄	[薄氷박빙] 근소한 차이. [薄福박복] 복이 적음. 복이 없음. 팔자가 사나움. [薄俸 박봉] 많지 않은 봉급. [稀薄희박] 어떤 일이 이루어질 가능성이 적음. [厚薄후박] 두꺼움과 얇음. [淺薄천박] 지식이나 생각 따위가 얕음.

살얼음(薄)을 밟듯이(履) 하고

해설 臨深履薄 [임심이박] 부모님 앞에서 행동할 때는 깊은 곳에 임하듯, 또는 살얼음을 밟듯 모든 일에 주의를 해야 한다.

|  夙
0261 1급 일찍 숙
夕부/총 6획
丿 几 凡 凤 夙 夙 | [夙成숙성] 나이에 비하여 지각이나 발육이 빠름.
[夙志숙지] 일찍부터 품은 뜻. |  興
0262 4급II 일어날 흥
臼부/총 16획 | [興亡흥망] 국가나 민족 따위가 흥하거나 망하는 일.
[興味흥미] 흥을 느끼는 재미.
[餘興여흥] 모임이 끝난 후 흥을 돋우기 위해 하는 연예나 오락.
[復興부흥] 쇠하였던 것이 다시 일어남. |

일찍(夙) 일어나(興)

| 溫
0263 6급 따뜻할 온
水부/총 13획 | [溫水온수] 따뜻한 물. 더운 물. ↔ 냉수(冷水)
[溫室온실] 난방 장치를 한 방.
[溫氣온기] 따뜻한 기운.
[溫風온풍] 따뜻한 바람.
[體溫체온] 생물체가 가지고 있는 온도. |  淸
0264 서늘할 정
氵부/총 10획 | [溫淸온정] 추운 겨울에는 따뜻하게, 더운 여름에는 시원하게 해 드린다는 뜻으로, 효성을 다하여 부모를 봉양하는 일.
▷淸의 本音은 '청'. |

따뜻하거나(溫) 시원하게(淸) 해드려야 한다.

 해설 夙興溫淸 [숙흥온정] 아침에는 부모님보다 일찍 일어나고, 추운 겨울에는 방을 따뜻하게, 더운 여름에는 서늘하게 해드려야 한다.

似

| Q265 3급 | 같을 사 人부/총 7획 |

ノ イ 亻 仏 佀 似 似

[類似유사] 서로가 비슷함.
[近似值근사치] 어떤 수치 대신 사용하는 그 수치에 충분히 가까운 수치. 근삿값.
[恰似흡사] 거의 같을 정도로 비슷한 모양.
[倣似방사] 아주 비슷함.

蘭

| Q266 3급Ⅱ | 난초 란 艸부/총 21획 |

丷 艹 广 門 蘭 蘭 蘭

[蘭草난초] 난초과의 다년초를 통틀어 이르는 말.
[蘭臺난대] 궁전 이름.
[佛蘭西불란서] '프랑스'의 한자음 표기.
[金蘭금란] '친구 간의 정의가 매우 두터운 상태'를 비유하여 이르는 말.

충효는 난초(蘭)와 같아서(似)

斯

| Q267 3급 | 이 사 斤부/총 12획 |

十 甘 甘 其 斯 斯 斯

[斯界사계] 해당되는 분야, 또는 그런 사회.
[斯道사도] 이 도리. 유교에서, 유교의 도덕을 이름.
[斯學사학] 이 학문. 그 학문.
[阿斯達아사달] 단군왕검이 도읍으로 살았다는 지명.

馨

| Q268 2급 | 향기 형 香부/총 20획 |

士 声 殸 殸 磬 磬 馨

[馨氣형기] 향기(香氣).
[馨香형향] 향내. 좋은 향기. 멀리까지 풍기는 향기.
[柳馨遠유형원] 조선 중기의 실학자.

그(斯) 향기(馨)를 풍기고

해설 似蘭斯馨 [사란사형] 군자는 그 지조와 절개가 난초의 향기와 같이 멀리까지 퍼져 나간다.

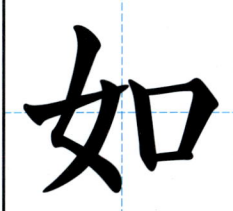

Q269	같을 **여**
4급Ⅱ	女부/총 6획

ㄑ ㄑ 夊 如 如 如

[如前여전] 전과 다름이 없음.
[缺如결여] 마땅히 있어야 할 것이 모자라거나 빠져서 없음.
[一日如三秋일일여삼추] 하루가 삼 년 같음.

Q270	소나무 **송**
4급	木부/총 8획

十 才 木 木 松 松 松

[松板송판] 소나무 널빤지. 판자.
[松林송림] 소나무의 숲.
[松蟲송충] 솔나방의 애벌레. 송충이.
[松竹송죽] 소나무와 대나무.
[松柏송백] 소나무와 잣나무.

송백(松)과 같이(如)

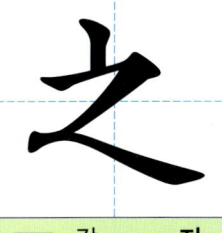

Q271	갈 **지**
3급Ⅱ	ノ부/총 4획

丶 亠 ナ 之

[之次지차] 버금. 다음. 맏이 이외의 자식들.
[之子지자] 이 애. 이 사람.
[之字路지자로] 갈지자(之)와 같이 꼬불꼬불한 길.

Q272	성할 **성**
4급Ⅱ	皿부/총 12획

厂 厉 成 成 成 盛 盛

[盛大성대] 아주 성하고 큼.
[盛行성행] 많이 유행함.
[盛況성황] 성대하고 활기에 찬 모양.
[豊盛풍성] 넉넉하고 많음.
[壯盛장성] 건장하고 원기가 왕성함.
[全盛期전성기] 한창 왕성한 시기.

그것(之)은 성대(盛)하다.

 如松之盛 [여송지성] 군자의 절개와 지조의 성(盛)하기가 마치 항상 푸르러 시들 줄 모르는 소나무와 같다.

川

0273 7급 《《부/총 3획
내 천
丿丿丿川

- [山川산천] 산과 내. 자연, 또는 자연의 경치.
- [山川草木산천초목] 산과 내와 풀과 나무, 곧 '자연'을 이르는 말.
- [春川춘천] 강원도 중서부에 있는 시.

流

0274 5급 水부/총 10획
흐를 류
氵氵氵氵氵氵流流

- [流動유동] 이리저리 옮겨 다니거나 변천함.
- [流水유수] 흐르는 물.
- [交流교류] 문화나 사상 따위가 서로 오가며 섞임.
- [海流해류] 바닷물의 흐름.
- [急流급류] 물이 급하게 흐름, 또는 그 물.

냇물(川)은 흐른다(流)

不

0275 7급 一부/총 4획
아닐 불/부
一ブ不不

- [不便불편] 어떤 것을 사용하거나 이용하는 것이 거북하거나 괴로움.
- [不正부정] 바르지 않음. 바르지 못한 일.
- [不安불안] 걱정이 되어 마음이 편하지 아니함.
- [不平불평] 마음에 들지 않아 못마땅하게 여김.

息

0276 4급Ⅱ 心부/총 10획
쉴/아들 식
丿丿自自自息息

- [消息소식] 안부 따위에 대한 기별이나 편지 따위.
- [令息영식] 남의 아들에 대한 경칭.
- [休息휴식] 일을 하거나 길을 가다가 잠깐 쉬는 일. 휴게(休憩).
- [歎息탄식] 한탄하며 한숨을 쉼.

하루도 쉬지(息) 않고(不)

해설 川流不息
[천류불식] 쉬지 않고 흐르는 냇물처럼 군자는 꾸준히 덕행을 쌓아가야 한다.

淵	[淵蓋蘇文연개소문] 고구려의 명장. [淵谷연곡] 깊은 못과 깊은 골짜기. [潭淵담연] 깊은 못.	澄	[澄水징수] 맑은 물. [淸澄청징] 맑고 깨끗함.
0277 2급 못 연 水부/총 12획		0278 1급 맑을 징 水부/총 15획	
氵氵氵氵渁渁淵淵		氵氵氵氵浐澄澄澄	

연못물(淵)은 맑아서(澄)

取	[取消취소] 말한 것을 거두어들이거나 예정된 일을 없애 버림. [取材취재] 기사 따위의 재료나 제재를 찾아서 얻음, 또는 그 일. [取得稅취득세] 부동산이나 차량 따위를 취득한 자에게 물리는 지방세.	映	[映畫영화] 영상에 의한 종합 예술. 무비. 시네마. [透映투영] 속까지 환히 비치어 보임. [反映반영] 어떤 영향이 다른 것에 미쳐 나타남. [放映방영] 텔레비전으로 방송함.
0279 4급Ⅱ 취할 취 又부/총 8획		0280 4급 비칠 영 日부/총 9획	
一「FF耳取取		丨冂日日旷旷映映	

속까지 취해(取) 비친다(映).

 淵澄取映 [연징취영] 맑은 연못에 모든 물체가 비치듯 군자는 꾸밈없이 사실 그대로 행동해야 한다.

	[内容내용] 글이나 말 따위에 나타나 있는 사항. [相容상용] 서로 상대편의 말이나 행동을 너그럽게 받아들임. [許容허용] 허락하고 용납함. [受容수용] 받아들임.	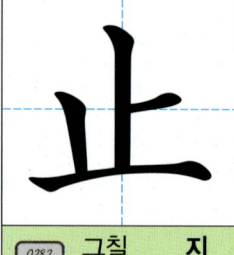	[中止중지] 일을 중도에서 그만둠. 중도에서 멈춤. [終止종지] 끝마쳐 그침. [休止휴지] 하던 것을 멈추고 쉼. [停止정지] 중도에서 멈추거나 그침. [禁止금지] 말리어 못하게 함.
0281 4급Ⅱ	얼굴/받아들일 용 宀부/총 10획	0282 5급	그칠 지 止부/총 4획
宀宁灾宏宓容容		ㅣㅏ止止	

용모(容)와 행동거지(止)를

	[若干약간] 얼마 안 되게. 얼마쯤. [自若자약] 큰일을 당하고도 아무렇지도 않은 듯 침착함. [般若반야] 만물의 본질을 이해하고 불법(佛法)의 참다운 이치를 깨닫는 지혜.	思	[思考사고] 생각하고 궁리함. [思春期사춘기] 육체적·정신적으로 성인이 되는 시기. [意思의사] 무엇을 하려고 하는 생각이나 마음. [心思심사] 어떤 일에 대한 여러 가지 마음의 작용.
0283 3급Ⅱ	같을 약/반야 야 艸부/총 9획	0284 5급	생각 사 心부/총 9획
艹艹艾艾若若		ㅣ口日田田思思	

생각(思)함과 같이(若)하고

 容止若思 [용지약사] 군자는 제 행동에 과실이 없도록 언제나 깊이 생각하고 살펴서 행동하도록 해야 한다.

言	[言語언어] 생각이나 느낌을 음성으로 전달하는 수단과 체계. [言行언행] 말과 행동. [言辭언사] 대화 과정의 말. [金言금언] 귀중한 내용의 짧은 어구. [方言방언] 어떤 지방에서만 쓰이는 특유한 언어.	辭	[辭職사직] 직무를 그만두고 물러남. [辭典사전] 낱말을 모아 일정한 순서로 배열하여 해설한 책. [辭意사의] 사임 또는 사퇴할 뜻. [辭退사퇴] 어떤 지위에서 물러남.
Q285 6급	말씀 언 言부/총 7획	Q286 4급	말씀/사양할 사 辛부/총 19획
	丶 亠 ㅗ 士 言 言 言		필순

언사(言辭)는

安	[安心안심] 근심 걱정이 없이 마음을 놓음. [安全안전] 위험하지 않음. [安住안주] 자리를 잡아 편안하게 삶. [平安평안] 무사하여 마음에 걱정이 없음. [問安문안] 웃어른에게 안부를 물음.	定	[定數정수] 일정하게 정하여진 수효나 수량. [定立정립] 정하여 세움. [定價정가] 상품의 정한 값. [安定안정] 흔들림이 없이 안전하게 자리잡음. [決定결정] 결단을 내려 확정함. [限定한정] 제한하여 정함.
Q287 7급	편안 안 宀부/총 6획	Q288 6급	정할 정 宀부/총 8획
	丶 丶 宀 宁 安 安		丶 丶 宀 宁 宁 定 定

안정(安定)감을 주어라.

 言辭安定 [언사안정] 그리하여 군자는 말하는 것도 서두르지 않고 안정되게 하며 필요하지 않은 말은 하지 않는다.

篤	[篤實독실] 믿음이 두텁고 성실함. [篤志독지] 돈독한 마음. [敦篤돈독] 도탑고 성실함. [危篤위독] 병이 몹시 중하여 목숨이 위태로움. [懇篤간독] 정성스럽고 정이 도타움.	初	[初等초등] 차례가 있는 데서 맨 처음의 등급. [初級초급] 가장 낮은 등급이나 단계. [最初최초] 맨 처음. ↔ 최후(最後) [始初시초] 맨 처음. [正初정초] 정월 초순. 그해의 맨 처음.
0289 3급	도타울 독 竹부/총 16획	0290 5급	처음 초 刀부/총 7획
	ˊ ˊ ˋˋ ˋ ˉ 竹 竿 笃 篤 篤		ˋ ㇗ ㇇ ㇇ ㇇ 初 初

처음(初)부터 독실(篤)함으로써

誠	[誠金성금] 정성으로 내는 돈. [誠實성실] 태도나 언행 등이 정성스럽고 참됨. [誠懇성간] 지극한 정성. [忠誠충성] 참마음에서 우러나는 정성. [孝誠효성] 마음을 다하여 어버이를 섬기는 정성.	美	[美術미술] 공간 및 시각의 미를 표현하는 예술. [美國미국] 나라 이름. [美男미남] 얼굴이 잘생긴 남자. [美人미인] 얼굴이 아름다운 여자. 미녀(美女). [美醜미추] 아름다움과 추함.
0291 4급II	정성 성 言부/총 14획	0292 6급	아름다울 미 羊부/총 9획
	言 言 訂 訪 誠 誠 誠		ˇ ˇ ˇ 丷 ㅁ 羊 美 美

아름답게(美) 정성(誠)을 다하고

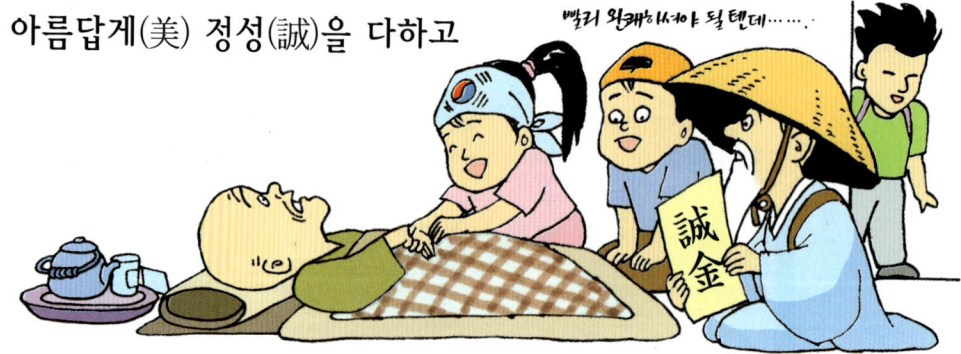

해설 **篤初誠美** [독초성미] 매사에 있어 시작을 성실하고 신중하게 한다면 실패하지 않고 훌륭한 결과를 얻게 될 것이다.

[愼重신중] 매우 조심성이 있음.
[愼慮신려] 신중하게 사려함.
[愼言신언] 말을 삼감.

Q293 3급Ⅱ 삼갈 신
心부/총 13획
丶忄忄忄忄愼愼愼

[終末종말] 계속되어 온 일이나 현상의 끝판.
[終身종신] 한평생을 마침. 살아 있는 동안. 평생.
[終結종결] 일을 끝냄.
[終局종국] 일의 마지막.
[始終시종] 처음과 끝을 아울러 이르는 말.
[最終최종] 맨 나중.

Q294 5급 마칠 종
糸부/총 11획
乡乡系糸紗終終

신중(愼)하게 종결(終)하는 것이

[宜當의당] 사물의 이치에 따라 마땅히. 으레.
[便宜편의] 사용하거나 이용하는 데 편리함.
[適宜적의] 무엇을 하기에 알맞고 마땅함.
[時宜시의] 그때의 사정에 알맞음.

Q295 3급 마땅 의
宀부/총 8획
丶宀宀官宜宜

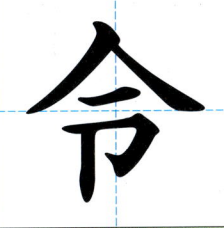

[令弟영제] 남을 높이어 그의 '아우'를 일컫는 말.
[令夫人영부인] 남의 아내를 높여 이르는 말.
[發令발령] 직책이나 직위와 관련된 명령을 내림.
[號令호령] 부하나 동물 따위를 지휘하여 명령함. 또는 그 명령.

Q296 5급 하여금 령
人부/총 5획
丿人人今令

의당(宜) 좋은 것이다(令).

 愼終宜令   [신종의령] 처음뿐 아니라 항상 조심하여 마무리도 성실하게 하면 마땅히 좋은 결과를 얻을 수 있다.

榮	[榮光영광] 빛나는 영예. [榮位영위] 영예로운 지위. [榮達영달] 높은 지위에 오르고 귀하게 됨. [榮利영리] 명예와 이익, 또는 영화와 복리. [繁榮번영] 번성하고 영화롭게 됨.	業	[業主업주] 영업소의 주인. [事業사업] 생산과 영리를 목적으로 하는 지속적인 경제 활동. [農業농업] 농사에 종사하는 직업. [工業공업] 원료에 인공을 가하여 새로운 물품을 만드는 산업.
0297 4급Ⅱ 영화 영 木부/총 14획 * 炊 炊 炒 烨 榮 榮		0298 6급 업 업 木부/총 13획 丨 П 业 业 业 業 業	

사업(業)과 영달(榮)에는

所	[所有소유] 자기의 것으로 가짐, 또는 가지고 있음. [場所장소] 무엇이 있거나 무슨 일이 벌어지거나 하는 곳. [住所주소] 사람이 자리를 잡아 살고 있는 곳. [便所변소] 대소변을 볼 수 있게 만들어 놓은 곳.	基	[基本기본] 사물의 가장 중요한 밑바탕. 근본. [基準기준] 기본이 되는 표준. [基金기금] 어떤 목적을 위하여 적립하거나 준비하여 두는 자금. [基礎기초] 사물의 기본이 되는 토대.
0299 7급 바 소 戶부/총 8획 ' 彳 戶 戶 所 所 所		0300 5급 터 기 土부/총 11획 一 十 甘 甘 其 基 基	

기본(基)이 따르는
바(所)가 있고

 榮業所基 [영업소기] 이상과 같이 잘 지켜 행하면 그 행실은 번성하는 바탕이 된다.

籍	[本籍본적] 호적이 있는 곳. 원적(原籍). [書籍서적] 책. 서사(書史). [黨籍당적] 당원으로 등록되어 있는 문서. [漢籍한적] 한문 서적. [戶籍호적] 한집안의 가족 관계 및 가족 신분을 기록한 공문서.	甚	[甚大심대] 몹시 큼. [激甚격심] 매우 심함. [極甚극심] 아주 심함. [尤甚우심] 더욱 심함. [籍甚적심] 평판이 높음. 명성이 세상에 널리 퍼짐.
0301 4급 호적 적/떠들썩할 자 竹부/총 20획 ㅅ ㅆ 竺 竺 笁 籍 籍		0302 3급Ⅱ 심할 심 甘부/총 9획 一 十 卄 廿 其 其 甚	

無	[無病무병] 병이 없음. [無心무심] 아무런 생각이 없음. 감정이 없음. [無用무용] 소용이 없음. 쓸데없음. ↔유용(有用) [無形무형] 형상으로 나타나지 아니함. [有無유무] 있음과 없음.	竟	[竟夜경야] 밤을 새움. 달야(達夜). [竟內경내] 일정한 지경의 안. 구역의 안. [畢竟필경] 마침내.
0303 5급 없을 무 火부/총 12획 ノ ト 仁 片 無 無 無		0304 3급 마칠 경 立부/총 11획 一 亠 立 音 音 竟 竟	

 籍甚無竟 [적심무경] 뿐만 아니라 명예로운 이름과 행적은 그가 이 세상에 없을지라도 마침내 사람들에게 영원히 전해질 것이다.

學

[學校학교] 일정한 설비를 갖추고 지속적으로 학생을 교육하는 기관.
[學年학년] 한 해를 단위로 한 학습 기간의 구분.
[大學대학] 고등 교육을 베푸는 교육 기관.
[開學개학] 학교에서 수업을 시작함.

0305 / 8급
배울 학
子부/총 16획

[優待우대] 특별히 잘 대우함.
[優等우등] 학업 성적이나 능력 등이 남보다 특별히 뛰어난 상태.
[優勢우세] 실력이나 형세가 보다 나음.
[優勝우승] 경기 등에서, 최고의 성적으로 이김.

0306 / 4급
넉넉할 우
人부/총 17획

배움(學)이 넉넉하면(優)

[登山등산] 산에 오름.
[登校등교] 학생이 학교에 감.
[登場등장] 무대나 연단 위에 나타남.
[登壇등단] 연단이나 교단 따위에 오름.
[登院등원] 의회에 출석함.
[登錄등록] 문서에 올림.

0307 / 7급
오를 등
癶부/총 12획

[仕官사관] 관리가 되어 종사함.
[奉仕봉사] 자신의 이해를 돌보지 아니하고 몸과 마음을 다하여 일함.

0308 / 5급
벼슬 사
人부/총 5획

벼슬(仕)에 오르고(登)

해설 學優登仕 [학우등사] 학문이 넉넉하고 덕을 쌓으면 벼슬길에 오를 수 있다.

攝

[攝政섭정] 임금을 대리하여 정사를 맡아 봄.
[攝氏섭씨] 섭씨온도계의 눈금의 이름.
[攝取섭취] 양분 따위를 몸 속에 빨아들임.
[包攝포섭] 상대편을 자기 편으로 감싸 끌어들임.

0309
3급
다스릴/잡을 섭
手부/총 21획

扌 扌 扩 扩 挥 攝 攝

職

[職位직위] 직무상의 지위.
[職權직권] 직무상의 권한.
[公職공직] 국가나 지방 공공단체의 공적인 직무.
[無職무직] 일정한 직업이 없음.
[教職교직] 학생을 가르치는 직무.
[就職취직] 직업을 얻음.

0310
4급Ⅱ
벼슬 직
耳부/총 18획

丆 耳 耳 聍 職 職 職

직무(職)로 다스려(攝)

從

[從前종전] 이전. 그전. 이제까지.
[從事종사] 어떤 일에 마음과 힘을 다함.
[服從복종] 남의 명령·요구·의지 등에 그대로 따름.
[順從순종] 순순히 복종함.

0311
4급
좇을 종
彳부/총 11획

彳 彳 彳 彳 从 從 從

政

[政治정치] 나라를 다스리는 일.
[政局정국] 정치의 국면.
[政爭정쟁] 정치상의 싸움.
[家政가정] 집안 살림을 다스려 나가는 일.
[市政시정] 지방 자치 단체로서의 시의 행정.

0312
4급Ⅱ
정사 정
攴부/총 9획

丁 下 下 正 正 政 政

정치(政)에 종사(從)한다.

 해설 攝職從政 [섭직종정] 그렇게 되면 벼슬길에 올라 정사에 참여할 수 있게 된다.

存	[存立존립] 국가나 단체·제도 따위가 망하거나 없어지지 않고 존재함. [存在존재] 실제로 있음. [依存의존] 남에게 의지하여 있음. [共存공존] 둘 이상의 서로 성질이 다른 것이 함께 살아감. 함께 존재함.	以	[以上이상] 어떤 수량·단계 따위를 나타내는 말 뒤에 쓰이어, '그것을 포함하여, 그것보다 많거나 위임'을 나타냄. [所以소이] 어떤 행위를 하게 된 까닭. [所以然소이연] 까닭, 이유.
0313 4급	있을 존 子부/총 6획 一ナオオ存存	0314 5급	써 이 人부/총 5획 ㅣㄴㄴ以以

직위에 있을(存) 때에는(以)

甘	[甘受감수] 질책·고통·모욕 따위를 군말 없이 달게 받음. [甘味감미] 단맛. [甘草감초] 한방에서, '감초의 뿌리'를 이르는 말. [甘言감언] 달콤한 말. 남의 비위를 맞추어 듣기 좋게 하는 말.	棠	[棠梨당리] 팥배. ※甘棠(감당) : 옛날 주나라의 소공석이 지방을 순회하면서 민폐를 염려해 감당나무 밑에서 노숙하면서 민정 보고를 들었는데, 그가 죽은 후 후세 사람들이 소공을 사모한 나머지 공이 노숙했던 감당나무까지 사랑하고 감당시를 지어 추모하고 읊었다.
0315 4급	달 감 甘부/총 5획 一十卄廿甘	0316 1급	아가위 당 木부/총 12획

감당나무(甘棠) 밑에서
민정 보고를 들었고

해설 存以甘棠 [존이감당] 주나라의 청렴한 관리 소공석(召公奭)은 관할 백성들에게 폐가 될까 봐 감당나무 아래서 일하고 마을에는 들어가지 않았다.

| 0317 5급 | 갈 거 ㅿ부/총 5획 |

- [去來거래] 주고받음. 또는 사고 팜.
- [去勢거세] 저항하거나 반대하는 세력을 꺾어 버림.
- [過去과거] 지난 일. 지난날의 생활.
- [除去제거] 덜어서 없애 버림.

| 0318 3급 | 말이을 이 而부/총 6획 |

- [而立이립] 논어의 '三十而立(서른 살에 인생관이 서다)'에서 온 말로, 나이 '서른 살'을 이르는 말.
- [似而非사이비] 겉으로는 그것과 같아 보이나 실제로는 전혀 다르거나 아닌 것을 이르는 말.

죽은(去) 후에도(而)

| 0319 4급Ⅱ | 더할 익 皿부/총 10획 |

- [國益국익] 국가의 이익. 국리(國利).
- [收益수익] 일이나 사업 등을 하여 이익을 거두어들임.
- [有益유익] 이익이 있음. 도움이 될 만함. 이로움.
- [利益이익] 이롭고 도움이 되는 일.

| 0320 3급 | 읊을 영 言부/총 12획 |

- [詠歌영가] 곡조에 맞추어 노래를 부름.
- [詠誦영송] 시가 따위를 소리내어 읊음.
- [詠唱영창] 오페라나 오라토리오에서의, 선율이 아름다운 서정적인 독창곡.
- [吟詠음영] 시가(詩歌)를 읊조림.

감당시는 유익(益)하게 읊었다(詠).

 去而益詠 [거이익영] 소공석이 죽자 백성들은 그의 공적을 더욱 찬양하는 감당시를 읊어 그를 기렸다.

[樂園낙원] 아무 근심 걱정 없이, 안락하게 살 수 있는 곳.
[樂勝낙승] 운동 경기 따위에서 쉽게 이김.
[歌樂가악] 노래와 풍악.
[安樂안락] 근심 걱정이 없이 편안하고 즐거움.

0321 6급
즐길 락/노래 악/좋아할 요
木부/총 15획

ノ 白 泊 樂 樂 樂 樂

[殊怪수괴] 수상하고 괴이함.
[特殊특수] 보통과 아주 다름. 특별.

0322 3급Ⅱ
다를 수
歹부/총 10획

一 ア ダ 歹 歹 矴 殊 殊

음악(樂)도 달랐다(殊)

[貴重귀중] 매우 소중함.
[貴族귀족] 사회적으로 특권을 지닌 상류 계급. ↔ 평민(平民)
[貴中귀중] 기관이나 단체 이름 뒤에 써서 상대편을 높이는 말.
[品貴품귀] 물건을 구하기 어려움.

0323 5급
귀할 귀
貝부/총 12획

口 中 宁 쁘 肯 貴 貴

[賤待천대] 업신여겨 푸대접함.
[賤職천직] 천한 직업.
[貧賤빈천] 가난하고 천함. ↔ 부귀(富貴)
[貴賤귀천] 신분이나 일 따위의 귀하고 천함.
[微賤미천] 신분·사회적 지위가 보잘것없고 천함.

0324 3급Ⅱ
천할 천
貝부/총 15획

貝 貝 貝 貝 貝 賤 賤

귀천(貴賤)에 따라서

 해설   樂殊貴賤 [악수귀천] 풍류는 신분에 따라 다르니, 귀한 사람은 귀한 대로 천한 사람은 천한 대로 각각 자신에게 맞는 것을 즐겼다.

禮 0325 6급 예도 례 示부/총 18획 千 示 和 神 神 禮 禮 禮	[禮式場예식장] 예식을 올리는 곳. 주로, '결혼식장'을 말함. [禮式예식] 예법에 따른 의식. 예의의 법식. [禮樂예악] 예절과 음악. [答禮品답례품] 감사의 표시로 주는 물건.
別 0326 6급 다를/나눌 별 刀부/총 7획 ㅁ ㅁ ㅁ 믈 另 別 別	[別名별명] 사람의 성격·용모·태도 따위의 특징을 따서 남이 지어 부르는 이름. [別世별세] '죽음'을 높이어 이르는 말. [分別분별] 사물을 종류에 따라 나누어 가름. [作別작별] 서로 헤어짐.

예의(禮)도 구별(別)했다

尊 0327 4급Ⅱ 높을 존 寸부/총 12획 八 台 台 台 台 宫 尊 尊	[尊敬존경] 남의 훌륭한 행위나 인격 따위를 높여 공경함. [尊待존대] 받들어 대접하거나 대함. ↔ 하대(下待) [尊貴존귀] 지위나 신분 따위가 높고 귀함. [尊重존중] 소중하게 여김.
卑 0328 3급Ⅱ 낮을 비 十부/총 8획 丿 ㅂ 白 白 由 鱼 卑	[卑賤비천] 신분이 낮고 천함. ↔ 존귀(尊貴) [卑俗비속] 격이 낮고 속됨. [卑下비하] 자기를 낮춤. [尊卑존비] 지위·신분 따위의 높음과 낮음. [自卑자비] 스스로 자신을 낮춤. 낮은 곳에서부터 시작함.

높고(尊) 낮음(卑)을.

 禮別尊卑 [예별존비] 예도에도 높고 낮음의 구별이 있으니 군신(君臣)·부자(父子)·부부(夫婦)·장유(長幼)·붕우(朋友)의 차별이 있다.

| 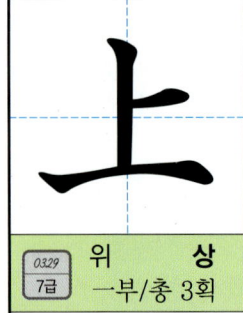 위 상
0329 7급 一부/총 3획
ㅣㅏ上 | [上下상하] 위와 아래.
[祖上조상] 같은 혈통으로 된, 할아버지 이상의 대대의 어른.
[水上수상] 물 위.
[海上해상] 바다 위.
[地上지상] 땅의 위. 지면.
[向上향상] 위로 향하여 나아감. 높아짐. |  화할 화
0330 6급 口부/총 8획
一二千才禾禾和和 | [和合화합] 화목하게 어울림.
[和色화색] 온화한 얼굴빛.
[和音화음] 높이가 다른 둘 이상의 음이 함께 울릴 때 나는 소리.
[平和평화] 평온하고 화목함. 화평(和平). |

위(上)가 화평(和)해야

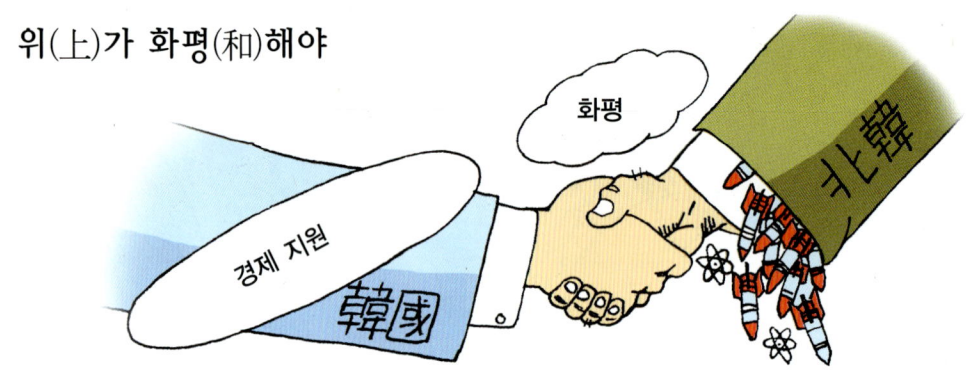

|  아래 하
0331 7급 一부/총 3획
一丁下 | [下校하교] 학교에서 공부를 마치고 돌아옴. ↔ 등교(登校)
[下山하산] 산에서 내려옴. ↔ 등산(登山)
[下降하강] 높은 데서 낮은 데로 내려옴.
[却下각하] 원서나 신청을 받지 않고 물리침. | 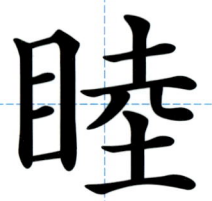 화목할 목
0332 3급Ⅱ 目부/총 13획
ㅣㅁ目目目'目#睦睦 | [和睦화목] 뜻이 맞고 정다움.
[親睦친목] 서로 친하여 화목함. |

아래(下)가 화목(睦)하며

 上和下睦 [상화하목] 윗사람이 사랑으로 아랫사람을 대하고 아랫사람이 공경으로 윗사람을 대하니 화목이 이루어진다. 즉, 군신간의 화목을 뜻한다.

| 0333 7급 | 지아비 부 大부/총 4획 |

一 二 夫 夫

[夫人부인] 남을 높이어 그의 '아내'를 일컫는 말.
[兄夫형부] 언니의 남편.
[妹夫매부] 손위 누이의 남편. 자형(姉兄).
[農夫농부] 농업에 종사하는 사람. 농사꾼.
[工夫공부] 학문이나 기술을 배우거나 닦음.

| 0334 5급 | 부를 창 口부/총 11획 |

ㅁ ㅁ' ㅁ' ㅁㄹ ㅁ吕 ㅁ昌 唱

[唱歌창가] 개화기에 잠시 유행하였던 문학 장르의 한 가지.
[唱法창법] 노래나 소리를 하는 방법.
[獨唱독창] 혼자서 노래함.
[愛唱애창] 어떤 노래를 즐겨 부름.

남편(夫)이 부르면(唱)

| 0335 4급Ⅱ | 지어미 부 女부/총 11획 |

ㄴ 女 女' 女ㅋ 女ㅋ 女ㅋ 婦 婦 婦

[夫婦부부] 남편과 아내.
[主婦주부] 한 가정의 살림살이를 맡아 꾸려 가는 안주인. 가정주부.
[子婦자부] 며느리.
[孝婦효부] 효성스러운 며느리.
[姪婦질부] 조카며느리.

| 0336 3급Ⅱ | 따를 수 阜부/총 16획 |

ㄱ ㅏ ㅏ' ㅏ'' 陌 陌 陏 隋 隨 隨

[隨筆수필] 일정한 형식이 없이 체험이나 감상·의견 따위를 생각나는 대로 자유롭게 적은 글.
[隨時수시] 일정하게 정하여 놓은 때 없이 그때그때 상황에 따름.
[隨行수행] 일정한 임무를 띠고 가는 사람을 따라감.

아내(婦)는 따라야(隨) 한다.

 夫唱婦隨 [부창부수] 남편이 사랑으로 이끌면 아내는 힘을 다해 따른다. 즉, 양(陽)이 부르면 음(陰)이 화답한다는 부부의 도를 가리키는 말이다.

0337 8급	바깥 외 夕부/총 5획

ノクタ外外

[外人외인] 가족 이외의 사람. 같은 조직이나 단체에 딸리지 않은 사람.
[外兄외형] 손위 처남.
[外國외국] 자기 나라가 아닌 다른 나라.
[外三寸외삼촌] 어머니의 남자 형제.
[外界외계] 지구 밖의 세계.

0338 4급Ⅱ	받을 수 又부/총 8획

一 ㅜ ㅉ ㅉ ㅉ 受 受

[受理수리] 받아서 처리함.
[受信수신] 통신을 받음. ↔ 송신(送信)
[受給수급] 급여·연금·배급 따위를 받음.
[受領수령] 돈이나 물품 따위를 받음.
[傳受전수] 법도·기술 따위를 전하여 받음.

밖(外)에서 수용(受)하라

0339 2급	스승 부 人부/총 12획

亻 亻 亻 俌 俌 傅

[太傅태부] 고려시대의 종일품 벼슬.
[師傅사부] 스승.

0340 6급	가르칠 훈 言부/총 10획

言 言 言 訓 訓 訓

[訓話훈화] 교훈의 말.
[訓民훈민] 국민을 가르침.
[敎訓교훈] 가르치고 깨우침, 또는 그 가르침.
[校訓교훈] 그 학교의 교육 이념을 간명하게 표현한 말.
[社訓사훈] 사원으로서 지켜야 할, 회사의 방침.

사부님(傅)의 교훈(訓)을

 해설 **外受傅訓** [외수부훈] 8세가 되면 밖에 나가 스승의 가르침을 받아야 한다. 또 13세가 되면 소학(小學)에 들어간다 하였다.

0341	들 입
7급	入부/총 2획

ノ入

- [入學입학] 학교에 들어가 학생이 됨.
- [入金입금] 돈이 들어옴, 또는 들어온 돈. ↔ 출금(出金)
- [入門입문] 어떤 학문을 배우려고 처음 들어감.
- [入山입산] 산에 들어감.
- [出入출입] 드나듦.

0342	받들 봉
5급	大부/총 8획

三 夫 表 奉 奉

- [奉事봉사] 웃어른을 받들어 섬김.
- [奉養봉양] 부모나 조부모를 받들어 모심.
- [奉唱봉창] 엄숙한 마음으로 노래 부름.
- [信奉신봉] 사상이나 학설, 교리 따위를 옳다고 믿고 받듦.

들어오면(入) 봉사(奉)하라

0343	어미 모
8급	母부/총 5획

ㄴㄱ므므母

- [母國모국] 자기의 조국을 이르는 말. 조국(祖國).
- [母女모녀] 어머니와 딸. ↔ 부자(父子)
- [生母생모] 자기를 낳은 어머니. 친어머니.
- [祖母조모] 할머니.
- [父母부모] 아버지와 어머니.

0344	거동 의
4급	人부/총 15획

亻 伊 伊 伊 佯 儀 儀

- [儀典의전] 의례를 갖추어 베푸는 행사. 의식(儀式).
- [儀禮의례] 형식을 갖춘 예의.
- [儀式의식] 의전(儀典).
- [禮儀예의] 사회 생활과 사람과의 관계에서, 공손하며 삼가는 말과 몸가짐.

어머니(母)의 몸가짐(儀)을.

 入奉母儀 [입봉모의] 집에 들어와서는 어른들의 가르침을 잘 받드는데, 특히 어머니의 언행과 범절을 본받아 예의에 어긋난 거동을 하지 않는다.

諸	[諸國제국] 여러 나라. 제방(諸邦). [諸位제위] 여러분. [諸君제군] 여러분. 자네들. [諸子百家제자백가] 중국 춘추 전국 시대의 여러 학파를 통틀어 이르는 말. 제가(諸家).	姑	[姑婦고부] 시어머니와 며느리. [姑母夫고모부] 고모의 남편. [姑從四寸고종사촌] 고모의 아들이나 딸. 고종. [姑息고식] 잠시 숨을 쉼. 당장에는 탈이 없고 편안함을 비유적으로 이름.
0345 모두 제 3급Ⅱ 言부/총 16획 言 訁 訃 訐 訐 諸 諸		0346 시어미 고 3급Ⅱ 女부/총 8획 ㄴ ㄥ 女 女 妁 妁 姑	

모든(諸) 고모(姑)는

伯	[伯母백모] 큰어머니. [伯父백부] 큰아버지. [伯叔백숙] 네 형제 중의 맏이와 셋째. [伯兄백형] 맏형. 장형(長兄). [畫伯화백] '화가'를 높이어 일컫는 말.	叔	[叔行숙항] 아저씨 뻘의 항렬. [叔母숙모] 숙부의 아내. 작은어머니. [叔父숙부] 아버지의 동생. 작은아버지. [堂叔당숙] 아버지의 사촌 형제로 오촌이 되는 관계.
0347 맏 백 3급Ⅱ 人부/총 7획 ノ イ 亻 伯 伯 伯 伯		0348 아재비 숙 4급 又부/총 8획 ㅣ ㅑ ㅑ 朱 未 叔 叔	

백부(伯) 숙부(叔)와 함께
부친의 형제자매라서

해설 諸姑伯叔 [제고백숙] 고모(姑母)·백부(伯父)·숙부(叔父)는 모두 아버지의 형제자매가 되시니 잘 모셔야만 한다.

猶	[猶豫유예] 시일을 미루거나 늦춤. [猶太유태] '유대(Judea)'의 한자음 표기.	子	[子母자모] 아들과 어머니. 모자(母子). [子女자녀] 아들과 딸. [孫子손자] 아들 또는 딸의 아들. [父子부자] 아버지와 아들. [王子왕자] 임금의 아들. [長子장자] 맏아들. 장남(長男).
0349 3급Ⅱ 같을 유 犬부/총 12획 丿丿犭犭犭犷猶猶		0350 7급 아들 자 子부/총 3획 丁了子	

닮은(猶) 자식(子)은

比	[比例비례] 한쪽의 양이나 수가 증가하는 만큼 그와 관련 있는 다른 쪽의 양이나 수도 증가함. [比重비중] 다른 것과 비교할 때 차지하는 중요도. [對比대비] 두 가지의 차이를 밝히기 위해 서로 맞대어 비교함.	兒	[兒童아동] 어린아이. [男兒남아] 남자. 사내아이. [育兒육아] 어린아이를 기름. [健兒건아] 씩씩하고 굳센 사나이. [乳兒유아] 젖먹이. [幼兒유아] 어린아이.
0351 5급 견줄 비 比부/총 4획 一ヒヒ比		0352 5급 아이 아 儿부/총 8획 ′′′ ′′′ 臼臼兒兒	

자기 아이(兒)처럼 비교(比)한다.

 猶子比兒 [유자비아] 유자란 조카를 말하는데, 조카들도 자식과 같이 사랑으로 대해 주어야 한다는 말이다.

孔	[孔子공자] 중국 고대의 사상가, 유교의 개조(開祖). 노나라 태생으로, 자는 중니(仲尼), 이름은 구(丘). [毛孔모공] 털구멍. [氣孔기공] 곤충류의 몸뚱이 옆에 있는 숨구멍. [瞳孔동공] 눈동자.	懷	[懷疑회의] 의심을 품음. [懷古회고] 옛일을 돌이켜 생각함. [懷柔회유] 어루만지고 달래어 시키는 말을 듣게 함. [感懷감회] 마음에 느끼어 일어나는 회포. [述懷술회] 속에 품은 생각이나 추억 따위를 말함.
0353 4급 구멍 공 子부/총 4획		0354 3급Ⅱ 품을 회 心부/총 19획	
ㄱ 了 子 孔		ㅣ 忄忄忄忄懷懷	

간절히(孔) 품고(懷) 싶은 것이

兄	[兄弟형제] 형과 아우. [學父兄학부형] 학생의 아버지나 형이라는 뜻으로, 학생의 보호자를 이르는 말. [妹兄매형] 손위 누이의 남편. 매부(妹夫). [妻兄처형] 아내의 언니.	弟	[妹弟매제] 누이동생의 남편. [妻弟처제] 아내의 여동생.
0355 8급 형/맏 형 儿부/총 5획		0356 8급 아우 제 弓부/총 7획	
ㅣ ㅁ ㅁ 尸 兄		ㆍ ㆍㆍ 크 弓 弟 弟	

형제(兄弟)지간이며

해설 孔懷兄弟 [공회형제] 형제는 서로 사랑하고 도우며 사이좋게 지내야 한다.

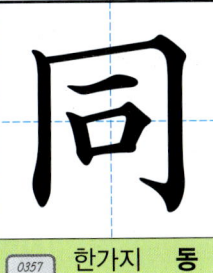

| 0357 7급 | 한가지 동 口부/총 6획 |

丨 冂 冂 同 同 同

[同門동문] 같은 학교의 출신자.
[同時동시] 같은 시간.
[同生동생] 아우와 손아랫누이를 일컫는 말.
[同姓동성] 같은 성씨.
[同村동촌] 같은 마을.
[共同공동] 두 사람 이상이 일을 같이함.

| 0358 7급 | 기운 기 气부/총 10획 |

ノ 一 气 气 气 氣 氣 氣

[同氣동기] '형제자매'를 통틀어 이르는 말.
[上氣상기] 흥분이나 수치심 때문에 얼굴이 화끈 달아오름.
[生氣생기] 싱싱하고 힘찬 기운.
[天氣천기] 천문에서 나타나는 징조.

동기(同氣)란

| 0359 4급Ⅱ | 이을 련 辶부/총 11획 |

一 戸 戸 車 車 連 連

[連結연결] 서로 이어서 맺음.
[連絡연락] 정보 따위를 전함. 또는 그 정보.
[連續연속] 끊이지 않고 죽 이어지거나 지속함.
[連打연타] 연이어 침.
[連休연휴] 휴일이 계속되는 일.

| 0360 3급Ⅱ | 가지 지 木부/총 8획 |

一 十 才 木 木 朴 杙 枝

[枝幹지간] 가지와 줄기.
[枝葉지엽] 가지와 잎. 본체에서 갈라져 나간 중요하지 않은 부분.

한 나무가지(枝)에 연결(連)된 것이다.

 同氣連枝 [동기연지] 형제는 부모의 기운을 같이 받았으니 나무에 비하면 한 줄기에서 뻗어나온 나뭇가지와 같으므로 언제나 뜻이 통해야 한다.

孔懷兄弟・同氣連枝

0361 6급	사귈 교 ㅗ부/총 6획
	丶一ㅗ六方交

[交通교통] 사람이나 짐이 오가는 일.
[交代교대] 어떤 일을 여럿이 나누어서 차례에 따라 맡아 함.
[交信교신] 통신을 주고받음.
[近交근교] 가까운 나라와 친교를 맺음.

0362 5급	벗 우 又부/총 4획
	一ナ方友

[友軍우군] 자기와 한편인 군대.
[友情우정] 친구 사이의 정.
[友愛우애] 형제간이나 친구 사이의 도타운 정과 사랑.
[友邦우방] 서로 가까이 사귀고 있는 나라.

친구(友)와의 교제(交)는

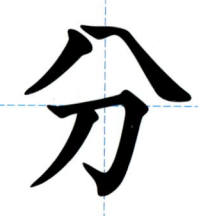

0363 4급	던질 투 手부/총 7획
	一十扌扌护抄投

[投手투수] 야구에서, 포수에게 공을 던지는 사람.
[投宿투숙] 여관·호텔 따위의 숙박 시설에 들어서 묵음.
[投票투표] 선거 또는 가부를 결정할 때에 투표 용지에 의사를 표시하여 일정한 곳에 내는 일.

0364 6급	나눌 분 刀부/총 4획
	丿八今分

[分母분모] 분수 또는 분수식에서, 가로줄의 아래에 적는 수.
[分數분수] 자기 신분에 맞는 한도.
[分身분신] 하나의 주체에서 갈라져 나온 것.
[分室분실] 본부가 아닌 곳에 따로 마련한 사무실.

분수(分)에 맞게 의기가 투합(投)

 交友投分 [교우투분] 벗을 사귐에 있어서는 서로 분수에 맞는 사람끼리 사귀어야 한다.

切

0365 | 끊을 절/온통 체
5급 | 刀부/총 4획

一 ╾ 切 切

[切上절상] 화폐의 대외 가치를 높임. ↔ 절하(切下)
[切望절망] 간절히 희망함. 절실한 소망.
[親切친절] 정성스럽고 정다움, 또는 그러한 태도.
[品切품절] 물건이 다 팔리어 없음. 절품(切品).
[一切일체] 모든 것.

磨

0366 | 갈 마
3급Ⅱ | 石부/총 16획

广 广 庐 庐 麻 磨 磨

[磨滅마멸] 갈리어 닳아서 없어짐.
[磨損마손] 서로 쓸리어 닳음.
[磨光마광] 옥이나 돌 따위를 갈아서 윤기를 냄.
[練磨연마] 학문이나 지식·기능 따위를 힘써 배우고 닦음. 연마(研磨).

절차탁마(切磨)로

"정신 집중!"
"학문과 기술을 열심히 갈고 닦아……."

箴

0367 | 경계 잠
1급 | 竹부/총 15획

⺮ ⺮ 竹 箚 箴 箴 箴

[箴諫잠간] 훈계하여 간함.
[箴言잠언] 훈계나 경계가 되는 짧은 말.
[箴規잠규] 경계하며 바로잡음.

規

0368 | 법 규
5급 | 見부/총 11획

二 ヰ 夫 却 規 規 規

[規定규정] 규칙으로 정함.
[規約규약] 조직체 안에서, 서로 지키도록 협의하여 정하여 놓은 규칙.
[規格규격] 일정한 규정에 들어맞는 격식.
[法規법규] '법률의 규정·규칙·규범'을 통틀어 이르는 말.

경계(箴)하고 규율(規)을 따라야 한다.

 切磨箴規 [절마잠규] 또한 벗은 열심히 학문과 기술을 갈고 닦아 사람의 도리를 지킬 수 있도록 이끌고, 서로 훈계하여 바로잡아 주어야 한다.

[仁政인정] 어진 정치.
[仁德인덕] 어진 덕.
[仁術인술] 어진 사람을 살리는 어진 기술이라는 뜻으로, '의술(醫術)'을 이르는 말.
[仁慈인자] 마음이 어질고 자애로움.

| 0369 | 어질 인 |
| 4급 | 人부/총 4획 |

[慈愛자애] 아랫사람에게 베푸는 도타운 사랑.
[慈悲자비] 사랑하고 불쌍히 여김.
[慈善자선] 가난하거나 불행한 처지에 있는 사람을 딱하게 여겨 도와줌.
▷慈의 俗字.

| 0370 | 사랑 자 |
| 3급Ⅱ | 心부/총 13획 |

인자(仁慈)하고

[隱密은밀] 생각이나 행동 따위를 숨겨서 겉으로 드러나지 아니함.
[隱退은퇴] 직책에서 물러나거나 사회 활동에서 손을 떼고 한가히 지냄.
[隱蔽은폐] 덮어 감추거나 가리어 숨김.

| 0371 | 숨을 은 |
| 4급 | 阜부/총 17획 |

[惻然측연] 보기에 딱하고 가엾음.
[惻隱측은] 형편이 딱하고 가엾음.

| 0372 | 슬퍼할 측 |
| 1급 | 心부/총 12획 |

측은(惻隱)한 마음이

해설 仁慈隱惻 [인자은측] 어질고 자애로운 마음으로 남을 사랑하고 불쌍한 사람을 보면 측은하게 여긴다.

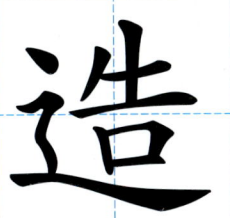

[造船조선] 배를 건조함.
[造作조작] 무슨 일을 지어내거나 꾸며 냄.
[造化조화] 만물을 창조하고 기르는 대자연의 이치.
[造語力조어력] 말을 만드는 힘.
[創造창조] 전에 없었던 것을 처음으로 만듦.

0373 4급Ⅱ 지을 조
辵부/총 11획
ノ ㅗ 生 牛 告 告 告 造

[次元차원] 어떤 일을 하거나 생각하거나 할 때의 처지.
[次男차남] 둘째 아들.
[次女차녀] 둘째 딸.
[次善차선] 최선의 다음, 또는 최선에 버금가는 좋은 방도.
[席次석차] 성적의 차례.

0374 4급Ⅱ 버금 차
欠부/총 6획
ᠵ ㄱ ㄱ 冫 次 次

잠시조차(造次)

[弗素불소] 할로겐 원소의 한 가지.
[弗那불나] 고구려 오부의 하나인 관노부의 다른 이름.
[弗貨불화] 달러. 미국 돈.
[弗鬱불울] 우울한 모양.
[一億弗일억불] 1억 달러

0375 2급 아닐 불
弓부/총 5획
ㅡ ㄱ 弓 弗 弗

[離散이산] 헤어져 흩어짐.
[離別이별] 서로 헤어짐.
[離職이직] 직업을 잃거나 직장을 떠남.
[流離유리] 다른 것에서 떨어짐, 또는 떨어져 존재함.
[分離분리] 서로 나뉘어 떨어짐.

0376 4급 떠날 리
隹부/총 19획
ㅗ 古 离 离 离 離 離

이탈(離)해서는 안된다(弗).

 造次弗離 [조차불리] 잠시라도 측은한 마음을 자신에게서 떠나게 해서는 안된다. 즉 남을 동정하는 마음을 항상 간직하도록 하라는 말이다.

節	[節電절전] 전기를 아껴 씀. [節氣절기] 한 해를 스물넷으로 나눈, 계절의 표준이 되는 것. [禮節예절] 예의와 절도. 예의범절. [名節명절] 전통적으로 해마다 일정하게 지키어 즐기는 날.	義	[義士의사] 나라와 민족을 위해 의로운 행동으로 목숨을 바친 사람. [意義의의] 의미. 뜻. [同義동의] 말의 뜻이 같음. 같은 뜻. ↔ 이의(異義) [定義정의] 어떤 말이나 사물의 뜻을 명백히 밝혀 규정함.
0377 5급 마디 절 竹부/총 15획 ㅅ ㅆ ㅆ ㅆ ㅆ 竹 箐 節 節		0378 4급Ⅱ 옳을 의 羊부/총 13획 ㅛ ㅛ 半 羊 羊 義 義 義	

절도(節)와 의리(義)

의형제를 맺은 유비·관우·장비

廉	[廉價염가] 싼값. 저가(低價). [廉恥염치] 결백하고 정직하며 부끄러움을 아는 마음. [低廉저렴] 물건 따위의 값이 쌈. [淸廉청렴] 마음이 고결하고 재물 욕심이 없음.	退	[退職퇴직] 현직에서 물러남. 직장을 그만둠. [退出퇴출] 물러나서 나감. [退院퇴원] 입원했던 환자가 병원에서 나옴. [退任퇴임] 임무에서 물러남. [退治퇴치] 물리쳐 다스림. [後退후퇴] 뒤로 물러감.
0379 3급 청렴할/쌀 렴 广부/총 13획 广 广 庐 庐 庐 庐 廉 廉		0380 4급Ⅱ 물러날 퇴 辵부/총 10획 ㄱ ㄱ 艮 艮 退 退 退	

청렴(廉)결백으로 퇴치(退)함은

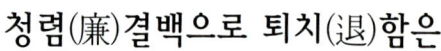

 節義廉退 [절의염퇴] 군자는 절개와 의리를 지키고, 청렴하여 불의와 부정 앞에서는 과감히 물러설 줄도 알아야 한다.

[顚沛전패] 엎어지고 자빠짐.
[顚覆전복] 뒤집혀 엎어짐.

[沛然패연] 비가 내리는 기세가 매우 세참.
[沛澤패택] 비의 은택. 우택(雨澤).

0381 1급	엎어질 전 頁부/총 19획

丨 𠂉 旨 直 眞 顚 顚 顚

0382 1급	자빠질 패 水부/총 7획

丶 丶 氵 氵 汀 沛 沛

전패(顚沛)하는 순간에도

[匪賊비적] 떼지어 다니며, 살인·약탈을 일삼는 도둑.
[匪徒비도] 도둑의 무리.
[匪席비석] 심지가 굳어서 흔들리지 않음.
[匪他비타] 살붙이. 골육.
[共匪공비] '공산당의 유격대'를 이르는 말.

[虧本휴본] 밑천이 줄어듦.
[虧蝕휴식] 해와 달이 이지러짐.

0383 2급	아닐/비적 비 匚부/총 10획

一 丆 尹 尹 羽 羽 匪 匪

0384	이지러질 휴 虍부/총 17획

广 卢 虍 虐 虐 虧 虧

이지러지면(虧) 안된다(匪).

 顚沛匪虧 [전패비휴] 이 절의와 염퇴는 아무리 엎어지고 자빠져도 이지러지지 않으니 항상 용기를 잃지 말라.

性	[理性이성] 사물의 이치를 논리적으로 생각하고 판단하는 성질. [感性감성] 느낌을 받아들이는 성질. 감수성. [急性급성] 병 따위가 갑작스럽게 일어나거나 급히 악화되는 성질. [人性인성] 사람의 성품.	靜	[靜態정태] 조용하게 머물러 있는 것. [動靜동정] 어떤 행동이나 상황 등이 전개되거나 변화되어 가는 낌새나 상태. [安靜안정] 편안하고 고요함. [鎭靜진정] 흥분이나 아픔 따위를 가라앉힘.
0385 5급	성품 성 心부/총 8획	0386 4급	고요할 정 靑부/총 16획

본성(性)이 고요하면(靜)

情	[情緖정서] 어떤 감정이나 상념. [感情감정] 느끼어 일어나는 심정. 마음. [溫情온정] 따뜻한 인정. 정다운 마음. [事情사정] 일의 형편이나 그렇게 된 까닭. [愛情애정] 사랑하는 정.	逸	[逸話일화] 어떤 사람이나 어떤 사건에 관련된 아직 세상에 널리 알려지지 않은 이야기. [逸品일품] 아주 뛰어난 물품, 또는 다시없는 물품. [安逸안일] 편안하고 한가로움. [放逸방일] 방자함.
0387 5급	뜻 정 心부/총 11획	0388 3급Ⅱ	편안할/뛰어날 일 辶부/총 12획

뜻(情)은 편안(逸)해지며

해설 性靜情逸 [성정정일] 성품이 고요한 사람은 항상 편안안 마음을 지닐 수 있다.

心	[民心민심] 백성들의 마음. [小心소심] 대담하지 못하고 겁이 많음. [中心중심] 한가운데. [同心동심] 같은 마음. [農心농심] 농부의 마음. [苦心고심] 몹시 애씀. [放心방심] 마음을 다잡지 아니하고 놓아 버림.	動	[動物동물] 생물을 크게 둘로 분류한 것의 하나. ↔ 식물(植物) [動力동력] 전력·수력·풍력 따위로 기계를 움직이게 하는 힘. [手動수동] 손으로 움직임. [活動활동] 몸을 움직여 행동함.
0389 7급 마음 심 心부/총 4획 ノ 心 心 心		0390 7급 움직일 동 力부/총 11획 스 ㅋ 후 ㅎ 重 重 動 動	

마음(心)이 동요(動)하면

神	[神通신통] 신기할 정도로 묘함. [神話신화] 설화의 한 가지. 국가의 기원이나 신의 사적(事績) 등의 이야기. [神明신명] 하늘과 땅의 신령. [鬼神귀신] 사람의 혼령. [失神실신] 정신을 잃음.	疲	[疲勞피로] 몸이나 정신이 지쳐 고단함, 또는 그런 상태. [疲弊피폐] 지치고 쇠약해짐.
0391 6급 귀신 신 示부/총 10획 ニ T 示 示 和 和 和 神 神		0392 4급 피곤할 피 疒부/총 10획 广 广 疒 疒 疒 疲 疲	

신경(神)도 피곤(疲)해진다.

해설 心動神疲 [심동신피] 마음이 불안하여 산란해지면 정신마저도 피곤해져 몸과 마음이 모두 편하지 못하게 된다.

守	[守節수절] 절의를 지킴. [守備수비] 지키어 막음. [死守사수] 목숨을 걸고 지킴. [固守고수] 굳게 지킴. 단단히 지킴. [保守보수] 오랜 습관·제도 등을 소중히 여겨 그대로 지킴.	眞	[眞理진리] 참된 도리. 바른 이치. [眞率진솔] 진실하고 솔직함. [眞實진실] 거짓이 없이 바르고 참됨. [寫眞사진] 사진기로 물체의 화상을 찍어 내는 기술.
0393 4급Ⅱ 지킬 수 宀부/총 6획 丶宀宁宁守		0394 4급Ⅱ 참 진 目부/총 10획 一广广广卢卢卢眞眞眞	

진리(眞)를 지키면(守)

志	[志操지조] 원칙과 신념을 굽히지 않는 꿋꿋한 의지. [有志유지] 어떤 일에 관심이나 뜻이 있는 사람. [意志의지] 목적이 뚜렷한 생각. 뜻. [寸志촌지] '자기의 선물'을 겸손하게 이르는 말.	滿	[滿足만족] 마음에 부족함이 없이 흐뭇함. [滿開만개] 많은 꽃이 한꺼번에 활짝 핌. 만발(滿發). [滿月만월] 이지러진 데가 없이 둥근 달. 보름달. [充滿충만] 어떤 한정된 곳에 가득하게 참.
0395 4급Ⅱ 뜻 지 心부/총 7획 一十士志志志志		0396 4급Ⅱ 찰 만 水부/총 14획 氵氵汁汁汁滿滿滿	

뜻(志)이 충만(滿)해지고

 守眞志滿 [수진지만] 사람으로서 올바른 도리를 지켜 나간다면 그 뜻이 충만해 만족스럽고 여유가 있을 것이다.

| 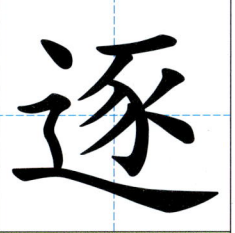 0397 3급 쫓을 축 辵부/총 11획 一丆丁豕豕豕豖逐 | [逐邪축사] 사악한 것을 물리쳐 내쫓음.
[逐出축출] 쫓아내거나 몰아냄.
[逐斥축척] 쫓아서 물리침.
[角逐戰각축전] 서로 이기려고 다투어 덤비는 싸움. |  0398 7급 물건 물 牛부/총 8획 ノ 广 ヰ 牜 牞 物 物 物 | [物心물심] 물질과 정신.
[物價물가] 물건 값.
[物件물건] 사고파는 물품.
[萬物만물] 온갖 물건.
[人物인물] 사람의 생김새.
[事物사물] 일이나 물건.
[植物식물] 생물계를 둘로 분류한 것의 하나. ↔ 동물(動物) |

물욕(物)을 좇으면(逐)

|  0399 6급 뜻 의 心부/총 13획 立 亠 亠 咅 音 意 意 | [意向의향] 어떻게 할 것인가에 대한 생각.
[同意동의] 제기된 주장, 의견 등에 대하여 의견을 같이함.
[自意자의] 자기 스스로의 생각이나 의견.
[表意표의] 말의 뜻을 글자로 나타냄. |  0400 4급Ⅱ 옮길 이 禾부/총 11획 二 千 禾 禾 秈 移 移 移 | [移動이동] 움직여서 자리를 바꿈.
[移民이민] 다른 나라의 땅으로 옮겨 가서 사는 일, 또는 그 사람.
[移住이주] 다른 곳이나 다른 나라로 옮아가서 삶.
[移記이기] 옮겨 기록함. |

의욕(意)이 이동(移)한다.

 逐物意移 [축물의이] 재물(財物)을 탐내는 욕심이 지나치게 되면 마음마저 안정되지 못하고 높이 세웠던 뜻마저도 잃게 된다.

堅 0401 4급 굳을 견 土부/총 11획 フ ヲ 臣 臥 取 堅 堅	[堅固견고] 굳고 튼튼함. [堅實견실] 사상이나 심성 따위가 미덥고 확실함. [堅持견지] 어떤 견해나 입장 따위를 굳게 지니거나 지킴. [堅剛견강] 성질 따위가 매우 굳세고 단단함. [堅忍견인] 굳게 참고 견딤.
持 0402 4급 가질 지 手부/총 9획 一 扌 扩 护 挂 持 持	[持論지론] 늘 주장하는 의견이나 이론. [持病지병] 잘 낫지 않아 늘 앓으면서 고통을 당하는 병. [持續지속] 어떤 상태가 오래 계속됨. [持參지참] 돈이나 물건을 가지고 참석함.

지론(持)이 견고(堅)하면

雅 0403 3급Ⅱ 바를 아 隹부/총 12획 一 ア ョ 剌 邪 雅 雅	[雅樂아악] 지난날, 궁중에서 연주되던 전통 음악. [雅量아량] 깊고 너그러운 마음씨. [高雅고아] 고상하고 우아함. [端雅단아] 단정하고 아담함.
操 0404 5급 잡을 조 手부/총 16획 一 扌 扩 押 掃 操	[操業조업] 기계 따위를 움직여 일을 함. [操作조작] 기계나 장치 따위를 다루어 움직이게 함. [體操체조] 신체의 이상적 발달을 꾀하고 신체의 결함을 교정 또는 보충시켜 주기 위해 행하는 운동.

지조(操)가 바르게(雅) 되고

 堅持雅操 [견지아조] 굳은 마음과 푸르른 절개를 지키고 살아가라. 그리하면 자연히 그 맑은 절조가 세상에 알려지게 될 것이다.

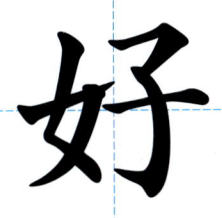

0405 4급Ⅱ	좋을 호 女부/총 6획

ㄣ ㄥ 女 女 好 好

[好惡호악] 좋음과 나쁨.
[好意호의] 남에게 보이는 친절한 마음씨. 선의(善意). ↔ 악의(惡意)
[好材호재] 시세의 상승 요인이 되는 조건. ↔ 악재(惡材)
[好感호감] 좋게 여기는 감정.

0406 3급	벼슬 작 爪부/총 18획

[爵位작위] 벼슬과 지위를 통틀어 이르는 말.
[官爵관작] 관직과 작위.
[伯爵백작] 다섯 등급으로 나눈 귀족의 작위 가운데 셋째 작위. 후작의 아래, 자작의 위.
[高官大爵고관대작] 높고 큰 벼슬 자리.

좋은(好) 벼슬(爵)이

0407 7급	스스로 자 自부/총 6획

ˊ ㄕ ㄒ 自 自 自

[自動자동] 기계 따위가 제 힘으로 움직임.
[自足자족] 스스로 만족하게 여김, 또는 그 만족.
[自主자주] 남의 도움이나 간섭을 받지 아니하고 자기 스스로 일을 처리함.
[自力자력] 스스로 생긴 힘.
[各自각자] 각각의 자기.

0408	얽을 미 糸부/총 17획

广 广 庁 庐 麻 麼 縻

[縻鎖미쇄] 쇠사슬로 비끄러 맴.

스스로(自) 이르게(縻) 된다.

 好爵自縻 [호작자미] 이처럼 맑은 절개를 지키고 살아가노라면 모두가 부러워하는 높은 벼슬이 자연히 나에게 내려지게 된다.

都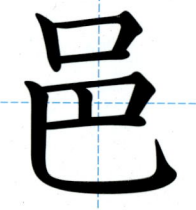

[都市도시] 일정한 지역의 정치·경제·문화의 중심이 되는, 사람이 많이 사는 지역.
[都心도심] 도시의 중심.
[都邑도읍] 서울.
[京都경도] 서울.
[古都고도] 옛 도읍.

0409 5급 도읍 도
邑부/총 12획
土耂者者者都都

邑

[邑民읍민] 읍내에 사는 사람.
[邑村읍촌] 읍에 속한 마을.
[邑長읍장] 읍의 행정 사무를 통할하는 책임자.
[邑內읍내] 읍의 구역 안.
[小邑소읍] 작은 읍. 작은 고을.

0410 7급 고을 읍
邑부/총 7획
丨ㅁㅁ吊吊吊邑

도읍(都邑)이 있는

古都

華

[華麗화려] 빛나고 아름다움.
[華婚화혼] 남의 '결혼'을 아름답게 이르는 말.
[繁華번화] 번성하고 화려함.
[榮華영화] 권력과 부귀를 마음껏 누리는 일.

0411 4급 빛날 화
艹부/총 12획

夏

[夏冬하동] 여름과 겨울.
[夏期하기] 여름철.
[立夏입하] 이십사절기의 하나. 5월 6일경.

※華夏(화하) : 중국 사람이 자기 나라를 높여 일컫는 말.

0412 7급 여름 하
夂부/총 10획
一丁丌丌百百夏夏

옛 중국(華夏)에는

으리으리하네요, 삿갓님.

해설 都邑華夏 [도읍화하] 도읍은 한 나라의 서울로 임금이 계신 곳이며, 화하(華夏)는 당시 중국을 지칭하는 말이다.

[東大門동대문] '흥인지문'의 다른 이름. 서울 도성의 동쪽 정문이라는 뜻임.
[東西동서] 동쪽과 서쪽. 동양과 서양.
[東門동문] 동쪽 문. 동쪽으로 난 문.
[東北동북] 동쪽과 북쪽.

0413 8급 | 동녘 **동** | 木부/총 8획
一 一 一 一 亘 車 東

[西南서남] 서쪽과 남쪽.
[西北서북] 서쪽과 북쪽.
[西山서산] 서쪽의 산.
[西便서편] 서쪽 편.
[西洋서양] 구미의 여러 나라를 이르는 말.
[東西南北동서남북] 동쪽·서쪽·남쪽·북쪽. 곧 사방.

0414 8급 | 서녘 **서** | 襾부/총 6획
一 一 一 一 一 一

동서(東西)에

동쪽에는
낙양

[二月이월] 한 해의 둘째 달.
[二十이십] 십의 두 배가 되는 수.

※ 二京(이경) : 옛 중국의 두 서울, 즉 동쪽에는 낙양인 동경(東京), 서쪽에는 장안인 서경(西京)을 가리킴.

0415 8급 | 두 **이** | 二부/총 2획
一 二

[京鄕경향] 서울과 시골.
[京畿경기] 서울을 중심으로 한 가까운 주위의 지방.
[上京상경] 시골에서 서울로 올라옴.
[開京개경] '개성(開城)'의 고려 시대 이름.

0416 6급 | 서울 **경** | 亠부/총 8획
一 一 一 亠 亠 京 京 京

서울(京)이 두(二) 곳 있었다.

서쪽에는 장안

都邑華夏·東西二京

107

 東西二京

[동서이경] 주나라 성왕(成王)은 동쪽 낙양에, 한나라 고조(高祖)는 서쪽 장안에 서울을 세우니 후세 사람들이 이를 이경이라 하였다.

| 背 | [背恩배은] 은혜를 저버림. ↔ 보은(報恩) [背景배경] 뒤쪽의 경치. [背書배서] 책장이나 어떤 문서의 뒷면에 글씨를 씀. [背信배신] 신의를 저버림. [背後배후] 등 뒤. 뒤쪽. | 邙  | [北邙山북망산] 중국 낙양 북쪽에 있으며, 귀인·명사 등의 무덤이 많음. |

0417 4급Ⅱ 등 배 肉부/총 9획
　　丿 ナ 才 北 北 背 背 背

0418 산이름 망 邑부/총 6획

북망산(邙)을 배경(背)으로

| 面  | [面民면민] 면(面)의 주민. [面長면장] 면의 행정을 주관하는 책임자. [邑面읍면] 읍과 면. 행정 단위. [場面장면] 어떤 장소에서 벌어진 광경. [全面전면] 모든 면. 하나의 면 전체. | 洛  | [洛陽낙양] 중국 허난성[河南省] 서부에 있는 도시. [洛東江낙동강] 영남지방 전역을 유역권으로 하여 그 중앙 저지대를 남류하여 남해로 흘러드는 강. [洛誦낙송] 문장을 되풀이하여 읽음. [洛水낙수] 중국의 강 이름. |

0419 7급 낯 면 面부/총 9획

0420 2급 물이름 락 水부/총 9획

낙양(洛)의 면모(面)가 보이고

 背邙面洛 [배망면락] 동경(東京)인 낙양(洛陽)은 북망산(北邙山)을 뒤에 두고, 황하(黃河)의 지류(支流)인 낙수(洛水)를 앞에 두고 있다.

[浮沈부침] 물 위에 떠오름과 물 속에 잠김.
[浮刻부각] 사물의 특징을 두드러지게 드러냄.
[浮上부상] 물 위로 떠오름.
[浮揚부양] 가라앉은 것이 떠오름.
[浮漂부표] 물 위에 떠서 이리저리 떠돌아다님.

0421 뜰 부
3급Ⅱ 水부/총 10획
氵汁浮浮浮浮

[渭水위수] 중국에 있는 강 이름.
[渭濁위탁] 흐림. 위수(渭水)는 물이 항상 흐려서 나온 말.

0422 물이름 위
2급 水부/총 12획
氵汜汨渭渭渭渭

위수(渭)가에 떠(浮) 있는

저기 보이는 곳이 장안이군요.

渭水

[證據증거] 어떤 사실을 증명할 수 있는 근거.
[根據근거] 어떤 일이나 의논, 의견에 그 근본이 됨.
[論據논거] 어떤 이론이나 논리, 논설 따위의 근거.
[準據준거] 어떤 일을 기준이나 근거로 하여 거기에 따름.

0423 의거할 거
4급 手부/총 16획
扌扩扩护护據據

[涇水경수] 강 이름.
[涇渭경위] 경수와 위수. 경수는 탁류(濁流), 위수는 청류(淸流). 구별이 확실함을 비유함.

0424 물이름 경
水부/총 10획
氵汀汧汧涇涇涇

장안은 경수(涇)가 거점(據)이다.

장안의 모습

 浮渭據涇 [부위거경] 서경(西京)인 장안(長安)은 위수(渭水)가에 떠 있는데, 섬서성(陝西省)에서 합류한 경수(涇水)를 의지하고 있다.

宮

집 궁
宀부/총 10획
4급Ⅱ / 0425

[宮中궁중] 대궐 안.
[古宮고궁] 옛 궁궐.
[王宮왕궁] 임금이 기거하는 궁전.
[尚宮상궁] 조선 시대에, 정오품 내명부의 칭호.
[景福宮경복궁] 서울특별시 종로구 세종로에 있는 조선 시대의 궁전.

殿

전각/큰집 전
殳부/총 13획
3급Ⅱ / 0426

[殿閣전각] 임금이 거처하던 궁전. 궁전과 누각.
[殿堂전당] 높고 크게 지은 화려한 집.
[聖殿성전] 신성한 전당.
[神殿신전] 신령을 모신 전각(殿閣).
[宮殿궁전] 임금이 거처하는 집. 궁궐(宮闕).

궁전(宮殿)은

盤

소반 반
皿부/총 15획
3급Ⅱ / 0427

[盤石반석] 넓고 편평한 바위. '아주 믿음직스럽고 든든함'을 비유하여 이르는 말.
[基盤기반] 기본이 되는 자리.
[音盤음반] 음성·음악 따위를 녹음한 소용돌이 모양의 원반.

鬱

답답할 울
鬯부/총 29획
2급 / 0428

[鬱蒼울창] 빽빽하게 들어서서 매우 무성하고 푸름.
[鬱憤울분] 분한 마음이 가슴에 가득함.
[鬱蒸울증] 무더움.
[抑鬱억울] 억눌리어 마음이 답답함.
[憂鬱우울] 답답하고 밝지 못함.

광대(盤)하고 울창(鬱)하며

웅장한 궁전의 모습

해설 宮殿盤鬱 [궁전반울] 반울은 뱀이 빙 둘러 서리듯 겹겹이 늘어선 모양을 나타낸다. 즉 2경에 선 궁전들의 웅장한 위용을 말하는 것이다.

樓 0429 3급Ⅱ 다락 루 木부/총 15획 十 木 杧 柑 柑 楔 樓	[樓閣누각] 사방이 탁 트이 게 높이 지은 다락집. [望樓망루] 망을 보기 위하 여 세운 높은 다락집. [慶會樓경회루] 서울 세종 로에 있는 경복궁의 서쪽 연못 안에 있는 누각. [水樓수루] 물가에 지은 누 각.
觀 0430 5급 볼 관 見부/총 25획 艹 艹 萉 萑 雚 雚 觀	[觀光관광] 다른 지방이나 다른 나라의 풍물·풍속 을 구경함. [客觀객관] 어떤 일에 직접 관계가 없는 제삼자. ↔ 주관(主觀) [主觀주관] 자기만의 생각, 또는 자기만의 치우친 생 각.

높은 누각(樓)을 관망(觀)하니

飛 0431 4급Ⅱ 날 비 飛부/총 9획 乁 乁 癶 癶 飛 飛 飛	[飛上비상] 날아오름. [飛行비행] 항공기 따위가 하늘을 날아다님. [飛報비보] 아주 빨리 보고 함.
驚 0432 4급 놀랄 경 馬부/총 23획 广 芍 苟 敬 驚 驚 驚	[驚氣경기] 한방에서, 어린 아이가 경련을 일으키는 병을 이르는 말. 경풍(驚 風). [驚歎경탄] 몹시 감탄함. [驚異경이] 놀라 이상스럽 게 여김, 또는 놀라움. [驚愕경악] 깜짝 놀람. [大驚대경] 크게 놀람.

새가 날아(飛) 경탄할(驚) 만하다.

높이 솟은 다락과 망루

해설 樓觀飛驚 [누관비경] 궁전의 다락과 망루는 하늘을 나는 듯 높이 솟아 그 장대한 기세는 보는 사람들이 놀랄 정도이다.

0433	그림/꾀할 도
6급	囗부/총 14획

冂冂冂冃冐圖圖

[圖書도서] 서적·글씨·그림 따위를 통틀어 이르는 말.
[圖畫도화] 도면과 그림. 그림 그리기.
[地圖지도] 지구 표면의 일부나 전부를 일정한 축척에 따라 평면 위에 나타낸 그림.

0434	그릴 사
5급	宀부/총 15획

宀宀宀宁宵寫寫

[寫生畫사생화] 실재하는 사물을 보고 모양을 간추려서 그린 그림.
[手寫수사] 직접 베낌.
[筆寫本필사본] 베껴 쓴 책. 수사본(手寫本).
[複寫복사] 사진·문서 따위를 본디 것과 똑같이 박는 일.

그곳에 그린(寫) 그림(圖)에는

0435	새 금
3급Ⅱ	内부/총 13획

人人今今余禽禽

[禽獸금수] 날짐승과 길짐승.
[禽鳥금조] 날짐승.
[家禽가금] 집에서 기르는 날짐승. 닭·오리·거위 따위. ↔ 야금(野禽)
[野禽야금] 산이나 들에 사는 야생의 새. 야조(野鳥).

0436	짐승 수
3급Ⅱ	犬부/총 19획

⺌⺍畄畾嘼獸獸

[獸心수심] 짐승처럼 사납고 모진 마음.
[野獸야수] 야생의 짐승. '몹시 거칠고 사나운 사람'을 이르는 말.
[怪獸괴수] 괴상하게 생긴 짐승.
[鳥獸조수] 새와 짐승.

금수(禽獸)도 있고

벽에 장식된 그림

해설 圖寫禽獸 [도사금수] 또한 궁전 안에는 새나 짐승을 그려 넣은 그림들이 벽을 장식하고 있다.

畫		綵	
0437 6급	그림 화/그을 획 田부/총 12획	0438	채색 채 糸부/총 14획

[畫家화가] 그림 그리는 일을 전문으로 하는 사람.
[畫面화면] 그림 따위를 그린 면.
[畫室화실] 화가 또는 조각가가 작품을 만드는 방.
[畫數획수] 글자의 획의 수.
[名畫명화] 썩 잘 그린 그림이나 영화.

[綵房채방] 화려한 빛으로 찬란하게 꾸민 방.
[綵衣채의] 때때옷.

채색된(綵) 그림(畫)에는

仙		靈	
0439 5급	신선 선 人부/총 5획	0440 3급Ⅱ	신령 령 雨부/총 24획

[仙女선녀] 선경(仙境)에 산다는 여자.
[仙桃선도] 신선과 복숭아.
[神仙신선] 선도(仙道)를 닦아 신통력을 얻은 사람. 속세를 떠나 선경에 살며, 늙지 않고 고통도 없이 산다고 함.

[靈光영광] 영묘(靈妙)한 빛. 성스러운 광채.
[靈感영감] 신령스러운 예감이나 느낌.
[靈驗영험] 사람의 기원대로 되는 신기한 징험.
[妄靈망령] 늙거나 정신이 흐리어 말이나 행동이 정상적인 상태가 아님.

신선(仙)의 영혼(靈)이 담겨 있다.

해설 畫綵仙靈 [화채선령] 뿐만 아니라 신선이나 신령을 그린 그림도 화려하게 채색되어 있다.

丙

0441	남녘 병
3급Ⅱ	一부/총 5획

一 丆 丙 丙 丙

[丙時병시] 오전 10시 30분 ~11시 30분.
[丙科병과] 조선 시대에, 과거 합격자를 성적에 따라 나누던 세 등급 가운데 셋째 등급.
[丙舍병사] 궁전 안의 신하들이 쉬는 곳.

舍

0442	집 사
4급Ⅱ	舌부/총 8획

人 𠆢 亼 全 会 舍 舍 舍

[舍監사감] 기숙사에서 기숙생들의 생활을 감독하는 사람.
[舍宅사택] '관사(官舍)' 또는 '사택(社宅)'을 흔히 이르는 말.
[校舍교사] 학교의 건물.
[廳舍청사] '관청의 건물'을 두루 이르는 말.

병사(丙舍)로 통하는

甲舍・丙舍・乙舍

傍

0443	곁 방
3급	人부/총 12획

亻 亻 广 𠂉 伫 侉 傍 傍

[傍觀방관] 어떤 일에 직접 나서서 관여하지 않고 곁에서 보기만 함.
[傍聽客방청객] 방청하는 사람. 방청인.
[傍系방계] 직접적이고 주(主)된 계통에서 갈라져 나가거나 벗어나 있는 관련 계통.

啓

0444	열 계
3급Ⅱ	口부/총 11획

一 丆 尸 戸 戸 改 啓

[啓蒙계몽] 인습에 젖거나 바른 지식을 가지지 못한 사람을 일깨워, 새롭고 바른 지식을 가지도록 함.
[啓導계도] 깨우치어 이끌어 줌.
[啓發계발] 지능을 깨우쳐 열어 줌.

곁(傍)은 열려 있고(啓)

해설 丙舍傍啓 [병사방계] 궁전에는 갑사(甲舍)・병사(丙舍)・을사(乙舍) 등 별채를 두었는데, 임금이 계신 정전(正殿) 곁으로 문을 내어 개방하였다.

0445 4급	갑옷 갑 田부/총 5획

一 口 日 日 甲

[甲富갑부] 첫째가는 큰 부자.
[甲板갑판] 군함·기선 위의, 나무나 철판으로 깔아 놓은 넓은 바닥.
[還甲환갑] '예순한 살'을 이르는 말. 회갑(回甲).
※甲帳(갑장) : 신이 있는 곳에 휘장을 침.

0446 4급	장막 장 巾부/총 11획

口 巾 巾' 巾戶 帳 帳 帳

[帳中장중] 장막의 안.
[帳幕장막] 한데에서 볕이나 비를 피할 수 있도록 둘러치는 막.
[揮帳휘장] 여러 폭의 피륙을 이어서 만든, 둘러치는 막.
[日記帳일기장] 일기를 적는 책.

갑장(甲帳)의

신을 모시는 곳

0447 6급	대할 대 寸부/총 14획

业 业 业 辛 쏖 對 對

[對話대화] 서로 마주 대하여 이야기함.
[對等대등] 낫고 못함이 없이 서로 걸맞음.
[對答대답] 묻는 말에 자기의 뜻을 나타냄, 또는 나타내는 그 말.
[對面대면] 얼굴을 마주 보고 대함.

0448	기둥 영 木부/총 13획

木 木' 杯 枢 枢 楹 楹

[楹柱영주] 기둥.
[楹鼓영고] 중앙에 기둥을 꿰어서 세운 북.

기둥(楹)과 대치(對)하고 있다.

여기서는 조용히 해야지.

 甲帳對楹 [갑장대영] 신을 섬기는 사당(祠堂)에 친 갑장이란 휘장은 크고 둥근 기둥에 맞서 늘어져 있다.

肆	[肆欲사욕] 자기 멋대로 욕심을 부림.		[筵席연석] 연회의 자리. 대자리. [酒筵주연] 술자리. [經筵경연] 임금 앞에서 경서를 강론하던 자리. [几筵궤연] 혼백·신주를 모셔 두는 곳.
0449 베풀 사 聿부/총 13획		0450 자리 연 1급 竹부/총 13획	
⺻ ⺻ ⺻ ⺻ ⺻ 肆 肆		⺮ ⺮ ⺮ ⺮ 筵 筵 筵	

돗자리(筵)를 늘어놓고(肆)

	[設置설치] 기계나 설비 따위를 마련하여 둠. [設備설비] 베풀어 갖춤. [設令설령] 그렇다 하더라도. [建設건설] 건물이나 그 밖의 시설물을 만들어 세움. [倂設병설] 함께 설치함.		[出席출석] 수업이나 회합·집회 따위에 나감. ↔ 결석(缺席) [空席공석] 비어 있는 좌석이나 직위. 빈자리. [立席입석] 서서 타거나 구경하는 자리. [合席합석] 한자리에 같이 앉음.
0451 베풀 설 4급Ⅱ 言부/총 11획		0452 자리 석 6급 巾부/총 10획	
⺇ ⺇ ⺇ 言 設 設 設		⺈ ⺈ ⺈ 庐 庐 席 席	

좌석(席)을 설정(設)하며

 肆筵設席 [사연설석] 임금이 궁전에서 신하를 불러 돗자리를 깔고 잔치를 베푸는 모습이다. 땅바닥에 까는 것을 연, 그 위에 까는 것을 석이라 한다.

鼓

[鼓吹고취] 용기를 북돋움.
[鼓舞고무] 남을 격려하여 힘이 나게 함.
[鼓行고행] 북을 치며 나감.
[鼓笛隊고적대] 북과 피리로 이루어진 행진용의 악대.
[擊鼓격고] 북을 침.
[鐘鼓종고] 종과 북.

0453	북 고
3급Ⅱ	鼓부/총 13획

士 吉 責 責 鼓 鼓 鼓

瑟

[琴瑟금슬] 거문고와 비파.
[膠瑟교슬] 고지식하여 조금도 변통성이 없음을 이름.
[蕭瑟소슬] 가을 바람이 쓸쓸하게 부는 모양.

0454	큰거문고 슬
2급	玉부/총 13획

王 王 珡 琴 瑟 瑟 瑟

거문고(瑟)를 뜯고(鼓)

吹

[吹入취입] 음반 따위에 소리를 녹음함.
[吹奏취주] 피리나 나팔 따위의 관악기를 입으로 불어 연주함.
[大吹打대취타] 취타와 세악을 갖춘 대규모의 군악.

0455	불 취
3급Ⅱ	口부/총 7획

丨 口 口 吖 吵 吹

笙

[笙簧생황] 아악에 쓰이는 관악기의 한 가지. 둥근 나무통 위의 둘레에 17개의 죽관(竹管)을 세우고, 나무통에 붙은 주전자 귀때 같은 부리로 불게 되어 있음.

0456	생황 생
	竹부/총 11획

ᅩ 竹 竺 笁 笙 笙

생황(笙)을 불었다(吹).

 鼓瑟吹笙 [고슬취생] 궁전의 연회에는 주악(奏樂)이 따르나니, 북 치고 비파 뜯고 생황을 불어 흥을 돋군다.

陞	[陞進승진] 지위가 오름. [陞級승급] 등급이 오름.
0457 오를 승 阜부/총 10획	
３ ３ ３- ３^ ３+ 陞 陞	

階	[階級계급] 지위나 관직 등의 등급. [階段계단] 층계. [段階단계] 일의 차례를 따라 나아가는 과정. [位階위계] 지위의 등급. [音階음계] 일정한 음정의 순서로 음을 차례로 늘어 놓은 것.
0458 섬돌 계 4급 阜부/총 12획	
３ ３ ３- ３^ ３+ 階 階	

층계(階)로 올라가(陞)

納	[納得납득] 남의 말이나 행동을 잘 알아차려 이해함. [納稅납세] 세금을 바침. [納期납기] 세금이나 공과금 따위를 바치는 기한. [滯納체납] 세금이나 공과금 등을 정한 기한에 내지 않음.
0459 들일 납 4급 糸부/총 10획	

陛	[陛下폐하] '황제나 황후'를 높여 일컫던 말. [納陛납폐] 남의 눈에 뛰지 않게 오르내릴 수 있는 계단. 비밀 출입 계단.
0460 섬돌 폐 1급 阜부/총 10획	

폐(陛)를 지나 들어가니(納)

 陞階納陛 [승계납폐] 신하가 임금을 뵙는 일에는 법도가 있으니, 의관을 정제하고 직위에 따라 구분되어 있는 층계를 올라 궁전으로 들어갔다.

[弁韓변한] 삼한(三韓) 중의 한 나라.
[弁冕변면] 관(冠). 고깔과 면류관.

| 0461 | 고깔 | 변 |
| 2급 | 廾부/총 5획 | |

ノ ム 스 夵 弁

[轉落전락] 나쁜 상태나 처지에 빠짐.
[轉移전이] 자리나 위치 따위를 다른 곳으로 옮김.
[轉入전입] 거주지나 학교의 소속을 다른 곳으로부터 옮겨 옴.
[轉職전직] 직업이나 직무를 바꾸어 옮김.

| 0462 | 구를 | 전 |
| 4급 | 車부/총 18획 | |

曰 車 軒 軒 軻 轉 轉

관(弁)이 굴러서(轉)

[疑心의심] 확실히 알지 못하거나 믿지 못하여 이상하게 생각함.
[疑問의문] 의심스러운 생각을 함, 또는 그런 일.
[疑惑의혹] 의심하여 수상히 여김, 또는 그 생각.
[質疑질의] 의심나는 점을 물어서 밝힘.

| 0463 | 의심할 | 의 |
| 4급 | 疋부/총 14획 | |

ヒ ㅏ 놋 뇿 疑 疑 疑

[星宿성수] 모든 별자리의 별들.
[星雲성운] 구름 모양으로 퍼져 보이는 천체.
[星座성좌] 별의 위치.
[流星유성] 지구의 대기권에 들어와 공기의 압축과 마찰로 빛을 내며 떨어지는 작은 물체.

| 0464 | 별 | 성 |
| 4급Ⅱ | 日부/총 9획 | |

口 日 尸 曱 르 星 星

별(星)인가 의심(疑)한다.

 弁轉疑星 [변전의성] 입궐하는 대신들의 관에 장식된 보석이 구르는 듯 찬란하여 하늘의 별인가 의심할 정도였다.

右	[右軍우군] 지난날, 중군(中軍)의 오른쪽에 진을 친 군대, 곧 우익의 군대. 우익군(右翼軍)의 준말. [右翼우익] 오른쪽 날개. 보수적이고 점진적인 당파, 또는 거기에 딸린 사람. [右側우측] 오른쪽.	通	[通話통화] 전화로 말을 주고받음. [通風통풍] 바람을 잘 통하게 함. [通學통학] 기숙사가 아닌 자기 집이나 유숙하는 집에서 학교까지 다님. [共通공통] 여럿 사이에 두루 통용되거나 관계됨.
0465 7급 오른 우 口부/총 5획 ノナ𠂇右右		0466 6급 통할 통 辶부/총 11획 → 甬甬甬通通	

우측(右) 통로(通)는

오른쪽으로……

廣	[廣橋광교] 청계천에 있던 조선시대 다리. [廣場광장] 넓은 곳. 특히 도시 안의, 건물이 없이 넓게 비어 있는 곳. [廣野광야] 아득하게 너른 벌판. [廣板광판] 폭이 넓은 나무 판자.	内	[内外내외] 안과 밖. [内面내면] 안쪽. 안쪽을 향한 면. [内室내실] 부녀자가 거처하는 방. 안방. [市内시내] 도시의 안. ↔ 시외(市外) [室内실내] 방 안. 집 안. ↔ 실외(室外)
0467 5급 넓을 광 广부/총 15획 广广产庐庐廣廣		0468 7급 안 내 入부/총 4획 丨冂内内	

광내전(廣內)으로 통하고

국립 도서관

해설 右通廣內 　[우통광내] 궁전의 오른쪽은 광내전(廣內殿)으로 통한다. 광내전은 도서를 취급하는 국립 도서관이었다.

0469 7급	왼 좌
	工부 / 총 5획

一 ナ ナ 左 左

[左右좌우] 왼쪽과 오른쪽. 곁, 또는 옆.
[左翼좌익] 왼쪽 날개. 사회주의나 공산주의적인 과격한 혁신 사상에 물들어 있는 사람.
[左遷좌천] 지금보다 낮은 지위나 직위로 옮김.
[左側좌측] 왼쪽.

0470 4급Ⅱ	통달할 달
	辶부 / 총 13획

十 土 幸 幸 幸 達 達

[傳達전달] 상대에게 무엇을 전하여 이르게 함.
[到達도달] 정한 곳이나 어떤 수준에 이르러 다다름. 도착(到着).
[發達발달] 신체·정서·지능 따위가 성장하거나 성숙함.

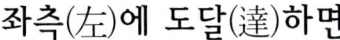

좌측(左)에 도달(達)하면

왼쪽으로 가자.

0471 4급Ⅱ	이을 승
	手부 / 총 8획

一 了 了 手 手 承 承 承

[承認승인] 정당하거나 사실임을 인정함.
[承諾승낙] 청하는 바를 들어줌.
[承明승명] 휴게실.
[傳承전승] 문화·풍속 따위를 대대로 전해 이어감.
[繼承계승] 조상이나 선임자의 뒤를 이어받음.

0472 6급	밝을 명
	日부 / 총 8획

丨 日 日 日 明 明 明 明

[明月명월] 밝은 달.
[明日명일] 내일.
[明暗명암] 밝음과 어두움.
[發明발명] 새로 생각해 내거나 만들어 냄.
[分明분명] 틀림없이 확실하게.
[失明실명] 시력을 잃음.
[鮮明선명] 산뜻하고 밝음.

승명려(承明)가 있다.

承明廬

 左達承明 [좌달승명] 또한 왼쪽은 승명려(承明廬)에 이른다. 이곳은 국사를 담당하는 대신들의 휴게실과 신하들의 숙직실을 겸하던 곳이었다.

旣 0473 3급 이미 기 无부/총 11획 白 皀 皀 皀 皀 旣 旣	[旣存기존] 이미 존재함. [旣約기약] 이미 해 놓은 약속. [旣婚기혼] 이미 결혼함. ↔ 미혼(未婚) [旣得權기득권] 특정한 개인이나 법인 또는 국가가 정당한 절차를 밟아 이미 얻은 법률상의 권리.
集 0474 6급 모을 집 隹부/총 12획 亻 亻 亻 亻 隹 隹 集 集	[集合집합] 한군데로 모임, 또는 한군데로 모음. [集中집중] 한군데로 모이거나 한군데로 모음. [集會집회] 많은 사람이 일정한 때에 일정한 자리에 모임, 또는 그 모임. [採集채집] 무엇을 캐거나 찾아서 모음.

이미(旣) 수집(集)한 것은

墳 0475 3급 무덤 분 土부/총 15획 土 圹 圹 坤 坤 墳 墳	[墳墓분묘] 무덤. [墳上분상] 무덤에서 조금 소복하게 높은 부분. [墳山분산] 무덤을 쓴 산. [古墳고분] 옛 무덤. [封墳봉분] 흙을 둥글게 쌓아 무덤을 만듦. ※墳典(분전) : 무덤 속에서 출토된 고전 『삼황오제』의 경전.
典 0476 5급 법/책 전 八부/총 8획 丨 冂 冃 曲 曲 典 典 典	[法典법전] 어떤 법규를 체계적으로 정리한 책. [古典고전] 오랫동안 많은 사람에게 널리 읽히고 모범이 될 만한 문학이나 예술 작품. [事典사전] 여러 가지 사항을 모아 일정한 순서로 배열해 설명·해설한 책.

분전(墳典)이며

해설 旣集墳典 [기집분전] 광내전에 이미 분과 전을 모았으니, 분전이란 삼분오전으로, 중국의 성군들인 삼황오제(三皇五帝)의 경전을 일컫는다.

[亦是역시] 또한.
[亦然역연] 또한 그러함.

| 0477 3급Ⅱ | 또 역 亠부/총 6획 |

丶亠亍亦亦亦

[聚落취락] 인가가 모여 있는 곳.
[聚合취합] 모아서 하나로 합침.
[鳩聚구취] 한데 모아 합침.

| 0478 2급 | 모을 취 耳부/총 14획 |

王耳耴取聚聚聚

또(亦)한 모인(聚)

인재들을 / 모아 모아……

[群衆군중] 한곳에 모인 많은 사람.
[群居군거] 떼를 지어 있음.
[群集군집] 사람이나 동물 등이 한곳에 떼를 지어 모임.
[群落군락] 떼. 무리.
[拔群발군] 여럿 가운데서 특히 뛰어남.

| 0479 4급 | 무리 군 羊부/총 13획 |

フヨ尹君君群群

[英特영특] 뛰어나게 영명함.
[英國영국] 유럽 대륙 서쪽에 있는 섬나라.
[英語영어] 영국을 비롯한 미국·캐나다 등에서 사용하는 언어.
[英才영재] 재능이 뛰어난 사람.

| 0480 6급 | 꽃부리 영 艹부/총 9획 |

一艹艹艹苎英英

군중(群)에는 영재(英)도 많았다.

영웅호걸

 해설 亦聚群英 [역취군영] 또한 전국 방방곡곡에서 뛰어난 인재들을 모아 분전을 강론하여 치국(治國)의 도를 밝히었다.

杜

| 0481 2급 | 막을 두 木부/총 7획 |

一 十 才 木 札 杜

- [杜甫두보] 중국 당나라 때의 시인.
- [杜詩두시] 당나라 시인인 두보의 시.
- [杜鵑두견] 두견새. 진달래.

※杜伯度(두백도) : 중국 후한 때의 정치가로 붓글씨의 초서를 잘 썼음.

藁

| 0482 | 짚 고 艹부/총 18획 |

艹 莎 莒 蒿 藁 藁 藁

- [藁稻고도] 벼.
- [藁魚고어] 말린 물고기. 건어(乾魚).
- [藁人고인] 짚으로 만든 허수아비.
- [藁葬고장] 시체를 짚이나 거적에 싸서 장사를 지냄. 또는 그렇게 지내는 장사.

두백도(杜)의 초서(藁)와

鍾

| 0483 4급 | 쇠북 종 金부/총 17획 |

𠂉 金 金 鉅 鈩 鍾 鍾

- [鍾路종로] 서울의 종각이 있는 네거리.
- [自鳴鍾자명종] 일정한 시간이 되면 스스로 울려서 시각을 알려 주는 시계.
- [梵鍾범종] 절에서 사용하는 큰 종.

※鍾繇(종요) : 중국 위나라 정치가로 예서를 잘 썼음.

隸

| 0484 3급 | 종/서체 례 隶부/총 16획 |

士 幸 素 靑 隶 隸 隸

- [隸書예서] 한문 서체의 이름.
- [隸屬예속] 남의 지배나 지위 아래 매임.
- [隸臣예신] 신하.
- [奴隸노예] 남의 소유물로 되어 부림을 당하는 사람. ↔ 자유민(自由民)
- ▷隷(17획)와 同字.

종요(鍾)의 예서(隷)가 있고

해설 杜藁鍾隸 [두고종례] 후한의 두백도(杜伯度)는 초서(草書)에, 위나라의 서예가이자 정치가였던 종요(鍾繇)는 예서(隸書)에 뛰어난 명필이었다.

[漆器칠기] 칠그릇.
[漆板칠판] 검정색이나 초록색 칠을 하여 그 위에 분필로 글씨를 쓰게 만든 널조각.
[漆黑칠흑] 옻칠처럼 검고 광택이 있음.

0485 3급Ⅱ 옻 칠
水부/총 14획
氵汁汁汰淬漆漆

※漆書(칠서) : 대나무 쪽에 옻나무의 옻으로 쓴 글.

[書記서기] 문서의 관리나 기록을 맡아보는 사람.
[書式서식] 서류의 양식.
[書畵서화] 글씨와 그림을 아울러 이르는 말.
[文書문서] 실무상 필요한 사항을 문장으로 적어서 나타낸 글.
[親書친서] 몸소 글씨를 씀.

0486 6급 글/책 서
曰부/총 10획
フヲ쿠쿠書書書

칠서(漆書)로는

[壁報벽보] 벽이나 게시판 등에 붙이는 글.
[壁畵벽화] 벽에 장식으로 그린 그림.
[絶壁절벽] 바위 같은 것들이 깎아 세운 것처럼 솟았거나 내리박힌 벼랑.

0487 4급Ⅱ 벽 벽
土부/총 16획

※壁經(벽경) : 공자가 죽은 후 벽 속에서 나온 경서.

[經過경과] 시간이 지나감.
[經歷경력] 겪어 지내 온 여러 가지 일.
[經路경로] 지나는 길.
[經典경전] 성현의 말이나 행실을 적은 책.
[經濟경제] 인간 생활에 필요한 재화를 획득·이용하는 활동.

0488 4급Ⅱ 지날/글 경
糸부/총 13획
幺幺糸糸 經經經

벽경(壁經)이 있다.

 漆書壁經 [칠서벽경] 옛날에는 대나무에 옻으로 글씨를 썼는데, 공자(孔子)의 집 벽에서 발견한 『논어』와 『효경』도 이것으로 쓴 것이었다.

府

[府院君부원군] 조선 시대에, 왕비의 아버지나 정일품 공신의 작호(爵號).
[政府정부] 입법부·사법부에 대하여 국가의 정책을 집행하는 행정부.

0489 4급Ⅱ 마을/관청 부
广부/총 8획

一广广广广府府府

羅

[羅列나열] 죽 벌여 놓음, 또는 죽 벌여 있음.
[羅城나성] 로스엔젤레스. LA.
[新羅신라] 우리나라의 고대 왕국 중의 하나. 박혁거세가 한반도의 동남쪽에 자리잡아 세운 나라.

0490 4급Ⅱ 벌일 라
网부/총 19획

一 罒 罗 罗 罗 羅 羅

관청(府)에 나열(羅)한 사람은

將

[將來장래] 앞으로 닥쳐올 날. 뒷날. 앞날. 미래.
[將兵장병] 장교와 사병.
[將帥장수] 군사를 지휘 통솔하는 장군.
[大將대장] 국군의 장관 계급의 하나. 중장의 위.
[月將월장] 달마다 내용이나 정도가 차차 향상됨.

0491 4급Ⅱ 장수/장차 장
寸부/총 11획

丨 丬 爿 爿 將 將 將

相

[相對상대] 서로 마주 대함, 또는 그 대상.
[相爭상쟁] 서로 다툼.
[相通상통] 서로 마음과 뜻이 통함.
[相談상담] 서로 의논함.
[首相수상] 내각의 우두머리.
[樣相양상] 모습. 모양.

0492 5급 서로/정승 상
目부/총 9획

一 十 木 相 相 相 相

장수(將)와 재상(相)이 있었고

난 재상이외다.

나는 장수요.

해설 府羅將相 [부라장상] 국방을 맡은 장수와 국정을 살피는 정승이 부에 늘어서 임금을 알현한다. 부(府)는 관청 사무를 처리하는 곳이다.

路	[路線노선] 버스·기차·항공기 따위가 정해 놓고 다니도록 되어 있는 길. [道路도로] 사람이나 차들이 다니는 비교적 큰 길. [通路통로] 통해서 다닐 수 있게 트인 길. [活路활로] 살아 나갈 방법. [旅路여로] 여행하는 길.	俠	[俠客협객] 협기가 있는 사람. [義俠心의협심] 남의 어려움을 돕거나 억울함을 풀어 주기 위하여 자신을 희생하려는 의로운 마음.
0493 6급	길 로 足부/총 13획	0494 1급	낄 협 人부/총 9획
	⠀⠀⠀⠀⠀⠀⠀路		⠀⠀⠀⠀⠀⠀俠

도로(路)를 끼고(俠)

槐	[槐山郡괴산군] 충청북도 중앙부에 있는 지명. [槐位괴위] 삼공(三公)의 지위. [槐卿괴경] 삼공의 벼슬아치들.	卿	[卿相경상] 재상. 육경(六卿)과 삼상(三相)을 아울러 이르는 말. [公卿大夫공경대부] 지난날, 벼슬이 높은 사람을 이르던 말. [六卿육경] '육조의 판서'를 예스럽게 일컫던 말.
0495 2급	홰나무 괴 木부/총 14획	0496 3급	벼슬 경 卩부/총 12획

괴경(槐卿)의 집들이 있었다.

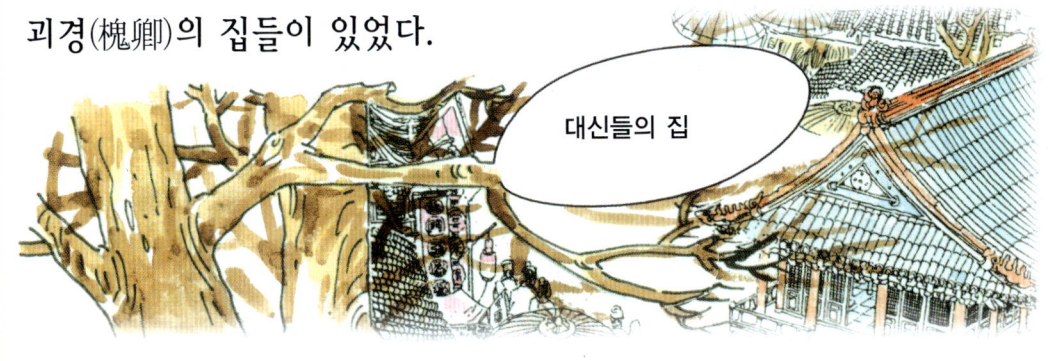

대신들의 집

 路俠槐卿　[노협괴경] 대신들의 집이 큰 길을 끼고 들어선 모습을 그린 것이다. 옛날 주나라에서는 홰나무를 심어 3공(三公)의 좌석을 표시하였다.

戶	[戶主호주] 한 집안의 주장이 되는 사람. 가장(家長). 집주인. [戶口호구] 가족. [門戶문호] '외부와 교류하기 위한 통로나 수단'을 비유하여 이르는 말. [窓戶창호] 창과 문을 아울러 이르는 말.	封	[封建봉건] 군주가 직접 관할하는 땅 이외의 땅을 제후에게 나누어 주어 그 봉토를 다스리게 하던 일. [封印봉인] 봉한 자리에 도장을 찍음. 또는 그 도장. [開封개봉] 봉한 것을 떼어 엶.
0497 4급Ⅱ 집/지게문 호 戶부/총 4획 ㄧ ㄏ ㄕ 戶		0498 3급Ⅱ 봉할 봉 寸부/총 9획 ㄧ + 土 丰 丰 圭 封 封	

호구(戶)의 수를 봉할(封) 때

八	[八十팔십] 여든. [八九月팔구월] 팔월과 구월, 또는 팔월이나 구월. [八旬팔순] 여든 살. [八面팔면] 여덟 개의 평면, 또는 방면. [八縣팔현] 여덟 고을.	縣	[縣監현감] 조선시대 때 작은 현의 원. 종육품. [縣令현령] 조선시대 때 큰 현의 원. 종오품. [縣吏현리] 현의 벼슬아치.
0499 8급 여덟 팔 八부/총 2획 ㄧ 八		0500 3급 고을 현 糸부/총 16획 丨 目 且 県 県 縣 縣	

팔현(八縣)을 두고

해설 戶封八縣 [호봉팔현] 진시황(秦始皇)은 공신들에게 8현의 호(곧 민가)에서 나는 조세를 수입으로 삼도록 하였다.

| 家
 0501 / 7급
 집 가
 宀부/총 10획
 宀宀宀宀宇家家家 | [家門가문] 집안. 가족.
 [家長가장] 한 가정을 이끌어 나가는 사람.
 [家屋가옥] 사람이 사는 집.
 [家族가족] 친족으로서 한 집안에 사는 사람.
 [家産가산] 집안의 재산.
 [喪家상가] 초상집.
 [國家국가] 나라. | 給
 0502 / 5급
 줄 급
 糸부/총 12획
 幺幺糸糸糸給給 | [給食급식] 음식물을 공급함.
 [自給자급] 필요한 것을 자기 힘으로 마련해서 씀.
 [供給공급] 요구나 필요에 따라 물품 따위를 제공함.
 [發給발급] 발행하여 줌.
 [配給배급] 나누어 줌. |

가옥(家)과 급여(給)와

공신에게 가옥과 급여, 그리고 군사 천 명을 내려주시니…….

| 千
 0503 / 7급
 일천 천
 十부/총 3획
 一二千 | [千年천년] '어느 세월에' 라는 뜻으로 나타내는 말.
 [千萬천만] 만의 천 배가 되는 수.
 [千萬金천만금] 아주 많은 돈이나 값어치.
 [數千萬수천만] 천만의 두서너 배가 되는 수. | 兵
 0504 / 5급
 병사 병
 八부/총 7획
 一丘斤丘乒乓兵 | [兵卒병졸] 군사(軍士).
 [兵力병력] 군대의 힘.
 [兵士병사] 군사(軍士). 사병(士兵).
 [兵法병법] 군사 작전의 방법.
 [新兵신병] 새로 입대한 병사.
 [千兵천병] 많은 수의 병사. |

천병(千兵)을 주었다.

성은이 망극하나이다.

 해설 家給千兵 [가급천병] 또한 공신에게는 천 명이나 되는 군사들을 주어 그의 명령에 따르도록 하였다.

高	[高級고급] 높은 등급. [高度고도] 높이의 정도. [高等고등] 등급이 높음. ↔ 하등(下等) [高山고산] 높은 산. [高價고가] 값이 비쌈. [高低고저] 높고 낮음. [崇高숭고] 존엄하고 거룩함.	冠	[冠帶관대] 갓과 띠. [弱冠약관] 남자의 나이 스무 살. 젊은 나이. [衣冠의관] 옷과 갓. [高冠고관] 높고 훌륭한 벼슬아치. 고관대작(高冠大爵)의 준말.
0505 높을 고 6급 高부/총 10획		0506 갓 관 3급Ⅱ 冖부/총 9획	

고관(高)이 관대(冠)를 하고

陪	[陪席배석] 어른을 모시고 자리를 같이 함. [陪審員배심원] 배심 재판에 참여하는 사람.	輦	[輦轂연곡] 천자가 타는 수레. [輦道연도] 궁중의 길. 임금의 수레가 왕래하는 길. [扈輦호련] 임금이 탄 수레를 뒤따라감.
0507 모실 배 1급 阜부/총 11획		0508 손수레 련 1급 車부/총 15획	

임금의 수레(輦)에 배석(陪)하니

해설 高冠陪輦 [고관배련] 높은 관을 쓴 대신이 임금의 수레를 모시는 모습으로, 임금 행차의 위엄 있는 거둥을 말한다. 연(輦)은 임금이 타는 수레를 일컫는다.

驅	[驅逐구축] 어떤 세력이나 해로운 것을 몰아냄. [驅除구제] 해충 따위를 몰아내어 없앰. [驅迫구박] 못 견디게 괴롭힘. 들볶음. [驅使구사] 사람이나 동물을 마구 몰아쳐 부림. [驅步구보] 뛰어감.	轂	[轂轉곡전] 바퀴통처럼 돎.
0509 3급 몰 구 馬부/총 21획 厂 戸 馬 馬 馬 驅 驅		0510 바퀴통 곡 車부/총 17획 士 吉 吉 壹 軎 軎 轂	

마차(轂)를 몰(驅) 때마다

어휴, 흙먼지!

振	[振動진동] 같은 모양으로 반복하여 흔들려 움직임. [振興진흥] 학술이나 산업 따위가 떨쳐 일어남. [不振부진] 세력이나 성적 또는 활동 따위가 움츠러들거나 떨어져 활발하지 못함.	纓	[纓絡영락] 구슬을 꿴 목걸이. [纓紳영신] 갓끈과 큰 띠. 존귀하고 현달한 사람을 이름.
0511 3급Ⅱ 떨칠 진 手부/총 10획 十 扌 扩 抔 护 振 振		0512 갓끈 영 糸부/총 23획 糸 紿 紳 纓 纓 纓	

갓끈(纓)까지 진동(振)한다.

크 르 르 르 ―― 振動

해설 驅轂振纓 [구곡진영] 임금께서 타신 이 옥연(玉輦)이 달리면 바퀴 소리 또한 요란하고, 대신들 머리의 갓끈마저 흔들리니 그 위의(威儀)가 하늘을 찌른다.

世	[世上세상] 사회. [世界세계] 모든 나라. [世紀세기] 100년을 단위로 하여 세는 시대 구분. [出世출세] 사회적으로 높이 되거나 유명해짐. [中世중세] 고대와 근대의 중간 시대. [後世후세] 뒤의 세상.	祿	[祿米녹미] 녹봉으로 주는 쌀. [祿俸녹봉] 벼슬아치에게 주는 봉급. [福祿복록] 복과 녹(祿). [國祿국록] 나라에서 주는 녹봉. [貫祿관록] 몸에 갖추어진 위엄이나 무게.
0513 7급	인간 세 一부/총 5획 一十卅卋世	0514 3급Ⅱ	녹 록 示부/총 13획 千禾祀祀祀祀祿

세대(世)에 주는 복록(祿)은

侈	[侈放치방] 오만하고 방자함. [奢侈사치] 신분에 지나치게 치레함.	富	[富貴부귀] 재산이 많고 사회적 지위가 높음. ↔ 빈천(貧賤) [富強부강] 나라의 재정이 넉넉하고 군사력이 튼튼함. [豊富풍부] 넉넉하고 많음. [貧富빈부] 가난함과 넉넉함.
0515 1급	사치할 치 人부/총 8획 亻亻亻侈侈侈侈	0516 4급Ⅱ	부자 부 宀부/총 12획 宀宀宀宇宙富富富

부유하고(富) 사치스럽고(侈)

 世祿侈富 [세록치부] 임금께서는 공신들에게 자자손손 풍부하게 살 수 있도록 세록을 내려 예우하였다.

0517 7급	수레 거/차 車부/총 7획

一 ┌ 厅 丐 厈 亘 車

[車道차도] 주로 차가 다니게 마련한 길.
[乘車승차] 차를 탐.
[馬車마차] 말이 끄는 수레.
[下車하차] 승객이 기차나 자동차 따위에서 내림.
[電車전차] 전력을 이용하여 궤도 위를 달리는 차량.

0518 1급	탈것 가 馬부/총 15획

カ 加 卯 智 智 駕 駕

[駕洛國가락국] 가야.
[駕轎가교] 임금이 타는 가마.
[御駕어가] 임금이 타는 수레.
[車駕거가] 임금이 타는 수레. 왕가(王駕).

임금의 마차는(車駕)

엄청 빨리 달리네요.

0519 3급Ⅱ	살찔 비 肉부/총 8획

丿 刀 刀 月 月' 月" 肝 肥

[肥肉비육] 살져 기름진 고기.
[肥料비료] 경작지에 뿌리는 영양 물질. 거름.
[肥滿비만] 살이 쪄서 몸이 뚱뚱함.
[肥大비대] 몸에 살이 쪄서 크고 뚱뚱함.
[堆肥퇴비] 거름. 두엄.

0520 5급	가벼울 경 車부/총 14획

一 厂 亘 車 輕 輕 輕

[輕重경중] 가벼움과 무거움, 또는 그 정도.
[輕量경량] 가벼운 무게.
[輕油경유] 콜타르를 증류할 때, 맨 처음 얻는 가장 가벼운 기름.
[輕工業경공업] 부피에 비해 무게가 가벼운 물건을 만드는 공업.

비대하고도(肥) 가볍다(輕).

이랴! 이랴!

다가닥 다가닥 다다다다

 車駕肥輕 [거가비경] 수레를 끄는 말은 살이 찌고 튼튼해져 아무리 무거운 물건도 가볍게 끌 수 있었다. 거가(車駕)란 임금들이 타고 다니는 수레이다.

| 策
 0521 3급Ⅱ 꾀 책
竹부/총 12획
` ` ` ` 竹 竿 笁 笳 第 第 策 | [策略책략] 책모(策謀). 일을 처리하는 꾀와 방법.
[政策정책] 정치에 관한 방침과 그것을 이루기 위한 수단.
[計策계책] 꾀나 방책을 생각해 냄.
[散策산책] 이리저리 거닒. 산보(散步). | 功
 0522 6급 공 공
力부/총 5획
` ` ` 丁 巧 功 | [功勳공훈] 드러나게 세운 공로.
[功績공적] 쌓은 공로.
[功名心공명심] 공을 세워 이름을 떨치려는 데 급급한 마음.
[成功성공] 뜻을 이룸. ↔ 실패(失敗).
[恩功은공] 은혜와 공로. |

책략(策)의 공적(功)이

| 茂
 0523 3급Ⅱ 무성할 무
艸부/총 9획
` ` ` 艹 产 序 茂 茂 | [茂盛무성] 초목이 우거져 있음.<br>[茂林무림] 나무가 우거진 숲.<br>[茂生무생] 초목이 무성하게 우거져 자람.<br>[茂勳무훈] 훌륭한 공훈. | 實 <br> 0524 5급 열매 실 <br>宀부/총 14획<br>` ` 宀 宊 宲 實 實 實 | [實感실감] 실제로 대하고 있는 것처럼 느낌.
[實效실효] 실제의 효과.
[果實과실] 열매. 과일.
[現實현실] 바로 눈앞에 사실로서 나타나 있는 사물이나 상태.
[事實사실] 실제로 있거나 실제로 있었던 일. |

실효(實)를 거두고 무성(茂)해지자

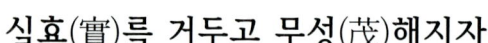

 策功茂實 [책공무실] 공신에게는 이렇듯 그 공을 기려 부귀영화를 내리니 다른 신하들도 이를 본받아 공을 많이 세웠다.

勒	[羈勒기륵] 잡아매어 자유를 속박함. [彌勒미륵] 미륵보살, 돌부처. [銜勒함륵] 재갈.		[碑石비석] 돌에 글자를 새겨서 세워 놓은 비. [碑銘비명] 비면(碑面)에 새긴 글. [記念碑기념비] 어떤 일을 기념하기 위하여 세운 비. [墓碑묘비] 무덤 앞에 세우는 비석.
05.25 1급	새길 륵 力부/총 11획	05.26 4급	비석 비 石부/총 13획

一 艹 丱 丱 革 革 靪 勒 　　　一 ア 石 石' 矿 砰 碑 碑

비석(碑)에 새겨(勒)

刻	[刻苦각고] 고생을 견디며 몹시 애씀. [刻印각인] 도장을 새김. [寸刻촌각] 썩 짧은 시간. 촌음(寸陰). [時刻시각] 시간의 흐름 속의 어느 순간. [深刻심각] 매우 중대하고 절실함.		[銘心명심] 잊지 않도록 마음에 깊이 새겨 둠. [銘記명기] 마음에 새기어 잊지 않음. 명심(銘心). [碑銘비명] 비석에 새긴 글. [座右銘좌우명] 늘 가까이 두고 가르침으로 삼는 말이나 글.
05.27 4급	새길 각 刀부/총 8획	05.28 3급Ⅱ	새길 명 金부/총 14획

丶 亠 亥 歹 亥 亥 刻 　　　ノ 人 全 金 釒 釒' 鉻 銘

조각(刻)해 명심(銘)했다.

 勒碑刻銘 [늑비각명] 그가 죽으면 임금께서는 그가 세운 공적을 비석에 새겨 후세에까지 전하도록 하였다.

磻	※磻溪(반계) : 위수(渭水)로 흘러 들어가는 섬서성에 있는 강. 주 문왕을 도와서 제후에 봉해진 강태공이 낚시질하던 곳.	溪	[溪谷계곡] 물이 흐르는 골짜기. [退溪퇴계] 조선 중기의 학자·문신인 이황의 호. [碧溪벽계] 물이 푸른 시내. [淸溪川청계천] 서울의 한복판인 종로구와 중구와의 경계를 흐르는 하천.
0529 2급	물이름 반 石부/총 17획	0530 3급Ⅱ	시내 계 水부/총 13획
厂石石石石石石磻		ㆍㆍㆍ氵氵氵汐汐浘溪溪溪	

문왕은 반계(磻溪)에서
강태공을 얻었고

磻溪

伊	[伊太利이태리] 이탈리아의 한자음. [伊時이시] 그 때. ※伊尹(이윤) : 중국 은나라의 어진 재상으로서 탕왕을 도와 걸왕을 쳐서 천하를 평정한 일등공신.	尹	[尹潽善윤보선] 우리나라 제2대 대통령. [尹奉吉윤봉길] 독립운동가. [尹祭윤제] 종묘의 제사에 쓰는 포.
0531 2급	저 이 人부/총 6획	0532 2급	다스릴 윤 尸부/총 4획
ㆍ亻亻伊伊伊		그コㅋ尹	

이윤(伊尹)은

공격하라!

해설 磻溪伊尹 [반계이윤] 주나라 문왕(文王)은 반계에서 강태공을 맞이했고, 은나라 탕왕(湯王)은 신야(新野)에서 이윤을 맞아 나라를 다스렸다.

佐	[補佐보좌] 윗사람 곁에서 사무를 도움. 보좌(輔佐). [贊佐찬좌] 뜻을 같이하여 도움. 찬조(贊助). [弼佐필좌] 도움.	時	[時間시간] 어떤 시각에서 다른 시각까지의 동안. [時空시공] 시간과 공간. [時事시사] 그때그때의 세상의 정세나 일어난 일. [時代시대] 어떤 길이를 지닌 연월(年月). [午時오시] 오전 11시~오후 1시.
0533 3급 도울 좌 人부/총 7획 ノ亻仁仲佐佐佐		0534 7급 때 시 日부/총 10획 日 日 日＾ 日土 日土 日土 時 時	

탕왕을 적시(時)에 보좌(佐)하고

阿	[阿片아편] 양귀비의 덜 익은 열매껍질을 칼로 에어서, 흘러나오는 진을 모아 말린 갈색 물질. [阿房宮아방궁] 중국의 진시황이 지은 궁전. '광대하고 으리으리하게 지은 집'을 비유하여 이름. ※阿衡(아형) : 이윤의 호.	衡	[衡平형평] 균형이 맞음, 또는 그런 상태. 수평(水平). [度量衡도량형] 길이·부피·무게 따위의 단위를 재는 법. [均衡균형] 어느 한쪽으로 기울거나 치우치지 아니하고 고른 상태.
0535 3급Ⅱ 언덕 아 阜부/총 8획 ⁷ 阝 阝 阝 阿 阿 阿		0536 3급Ⅱ 저울대 형 行부/총 16획 彳 彳 彳 律 律 衡 衡	

아형(阿衡)이란 존칭을 얻었다.

 佐時阿衡 [좌시아형] 은나라의 재상 이윤이 하나라 폭군 걸왕(桀王)을 내몰고 국태민안(國泰民安)을 가져오니 탕왕이 그를 일러 아형이라 하였다.

奄	[奄然엄연] 갑작스러운 모양. [奄忽엄홀] 매우 급작스러움.	宅	[宅地택지] 집을 지을 땅. 집터. [住宅주택] 사람이 들어 살 수 있게 지은 집. [自宅자택] 자기의 집. [舍宅사택] 거주하는 '집'의 존칭. [邸宅저택] 지난날, 왕후의 집. 규모가 아주 큰 집.
0537 1급 문득/오랠 엄 大부/총 8획 一ナ大ѫ杏存存奄		0538 5급 집 택/댁 宀부/총 6획 ,宀宀宅宅	

주공이 큰 저택(宅)에서 오랫동안(奄) 산 곳은

邸宅

曲	[曲直곡직] 굽음과 곧음. 사리의 옳고 그름. [曲線곡선] 부드럽게 굽은 선. ↔직선(直線) [歌曲가곡] 우리나라 전통 성악곡의 하나. [作曲작곡] 악곡을 지음. [愛唱曲애창곡] 즐겨 부르는 노래.	阜	[阜康부강] 풍족하고 편안함. ※曲阜(곡부): 중국 산동성에 있는 지명. 공자의 산소가 있음. 공자의 고향으로도 유명한 이곳은 성왕이 천하를 위해 일한 공로로 주공에게 준 땅임.
0539 5급 굽을 곡 曰부/총 6획 一冂日日曲曲		0540 2급 언덕 부 阜부/총 8획 ノ丨ㄅ自自皁阜	

곡부(曲阜)이다.

曲阜

해설 奄宅曲阜 [엄택곡부] 주나라의 성왕(成王)이 어려서 임금이 된 자신을 오랫동안 보필해준 주공(周公)에게 보답하고자 곡부에 큰 집을 지어 주었다.

| 0541 3급Ⅱ | 작을 미 / 彳부/ 총 13획 |

彳 彳' 彳'' 徉 微 微 微

[微笑미소] 소리를 내지 않고 빙긋이 웃음.
[微動미동] 아주 조금 움직임.
[微妙미묘] 섬세하고 묘함.
[微細미세] 분간하기 어려울 만큼 매우 가늘고 작음.
[微少미소] 아주 작음.

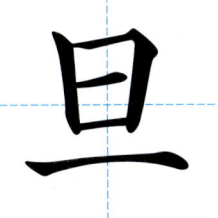

| 0542 3급Ⅱ | 아침 단 / 日부/ 총 5획 |

丨 冂 日 旦

[旦夕단석] 아침과 저녁.
[旦朝단조] 아침.
[旦暮단모] 아침 저녁.
[元旦원단] 설날 아침.

※旦(단) : 여기서 旦은 주공의 이름임.

주공(旦)이 아니면(微)

누가 감히…….

| 0543 3급 | 누구 숙 / 子부/ 총 11획 |

亠 古 亨 享 孰 孰 孰

[孰慮숙려] 곰곰이 잘 생각함.
[孰成숙성] 곡식이 익음. 숙성(熟成).
[孰視숙시] 눈여겨 자세히 봄.
[孰是孰非숙시숙비] 누가 옳고 누가 그른지 가리기 어려움.

| 0544 4급 | 경영할 영 / 火부/ 총 17획 |

丷 火 炏 烎 營 營 營

[營生영생] 삶을 영위함.
[營爲영위] 일을 함.
[營業영업] 이익을 얻을 목적으로 사업을 경영함.
[經營경영] 이익이 나도록 회사나 사업을 운영함.
[公營공영] 공공 단체 또는 지방 자치 단체에서 경영함.

누가(孰) 그곳을 경영(營)하겠는가.

주공의 집

 微旦孰營　[미단숙영] 단이 아니었다면 누가 곡부의 그 거대한 집을 잘 경영할 수 있었겠는가. 단은 주공의 이름이다.

[桓雄환웅] 우리나라의 건국 시조.
[桓桓환환] 굳센 모양. 힘세고 날랜 모양.

※桓公(환공) : 춘추시대의 제나라 15대 임금. 제후들을 규합해 맹주가 되었는데 제위 기간이 42년이란 긴 세월이었음.

0545 2급 굳셀 환
木부/총 10획
十 木 木 桁 栢 桓 桓

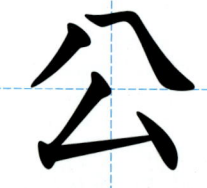

[公開공개] 일반에게 개방함.
[公式공식] 공적으로 규정한 형식.
[公用공용] 공공의 목적으로 씀, 또는 그런 물건.
[公休日공휴일] 국가나 사회에서 정하여 다 함께 쉬는 날.

0546 6급 공평할 공
八부/총 4획
ノ 八 公 公

환공(桓公)은

만세! 만세! 만만세!

[匡輔광보] 군주를 바르게 도움.
[匡濟광제] 바르게 고쳐 구제함.
[匡正광정] 바로잡아 고침.
[匡合광합] 바로잡아 끌어모음.

0547 1급 바로잡을 광
匚부/총 6획
一 一 三 干 El 匡

[合同합동] 둘 이상이 모여 하나가 되거나, 모아서 하나로 함.
[合心합심] 두 사람 이상이 마음을 한데 합함.
[合成합성] 둘 이상이 합하여 하나가 되거나 하나를 만듦.
[合格합격] 시험에 붙음.

0548 6급 합할 합
口부/총 6획
ノ 人 厶 合 合 合

천하를 광합(匡合)해

초나라를 물리치고

천하를 바로잡았노라.

桓公匡合 [환공광합] 제나라 환공은 작은 나라의 왕들을 굳게 뭉치게 하여 초나라를 물리치고 천하를 바로잡았다.

濟

[濟民제민] 모든 백성을 구제함.
[百濟백제] 우리나라의 고대 왕국 중의 하나.
[救濟구제] 어려운 처지에 있는 사람을 도와줌.
[決濟결제] 일을 처리하여 끝을 냄.

0549 4급Ⅱ
건널/건질 **제**
水부/총 17획

氵氵氵浐浐浐浐济濟

弱

[弱國약국] 힘이 약한 나라. ↔ 강국(强國)
[弱小약소] 약하고 작음.
[弱者약자] 약한 사람.
[强弱강약] 강함과 약함.
[衰弱쇠약] 쇠퇴하여 약함.
[幼弱유약] 어리고 약함.
[老弱者노약자] 늙은이와 연약한 어린이.

0550 6급
약할 **약**
弓부/총 10획

弓弓弓弱弱弱

약자(弱)를 구제(濟)하고

扶

[扶助부조] 잔칫집이나 상가 따위에 돈이나 물건을 보내어 도와줌.
[扶餘부여] 중국 동북 지방에 살던 고대 민족의 하나.
[扶持부지] 고생을 참고 어려움을 버티어 나감.
[相扶상부] 서로 도움.

0551 3급Ⅱ
도울/붙들 **부**
手부/총 7획

一二才才扌扶扶

傾

[傾聽경청] 귀를 기울여 주의해 들음.
[傾向경향] 마음이나 형세 따위가 어떤 방향으로 기울어 쏠림.
[傾注경주] 정신이나 힘을 한곳에만 기울임.
[左傾좌경] 좌익의 경향을 띰. ↔ 우경(右傾)

0552 4급
기울 **경**
人부/총 13획

亻仁仁仆仍傾傾傾

기운(傾) 것을 도왔다(扶).

환공은 천하를 바로잡아 기울어져 가는 나라를 구제해 주었다.

해설 濟弱扶傾 [제약부경] 또한 그는 약하고 기울어져 가는 나라를 도와 구제해 주었다.

綺

비단 기
0553 / 1급
糸부/총 14획

乡 糸 糸 糸 綺 綺

[綺媚기미] 화려함.
[綺羅星기라성] 밤하늘에 반짝이는 무수한 별.

※綺里季(기리계) : 한고조가 척부인 소생을 총애하여 태자를 폐하려고 할 때, 한고조의 마음을 돌려 태자를 황제에 오르게 한 일등공신.

回

돌아올 회
0554 / 4급Ⅱ
口부/총 6획

丨 冂 冂 回 回 回

[回答회답] 물음에 대하여 대답함, 또는 그 대답.
[回想회상] 지난 일을 돌이켜 생각함.
[回復회복] 이전의 상태로 돌아옴, 또는 이전의 상태로 돌이킴.
[回送회송] 도로 돌려보냄. 반송(返送).

기리계(綺)가 기사회생(回)시킨 사람은

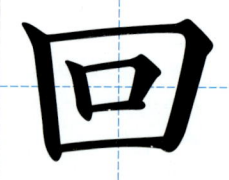

기사회생(起死回生)!

漢

한수/한나라/놈 한
0555 / 7급
水부/총 14획

丶 氵 氵 沽 渲 漢 漢

[漢文한문] 한자로 씌어진 글.
[漢江한강] 우리나라의 중부에 있는 강.
[門外漢문외한] 어떤 일에 대한 전문적인 지식이 없거나 관계가 없는 사람.

惠

은혜 혜
0556 / 4급Ⅱ
心부/총 12획

一 戸 百 申 車 惠 惠

[惠澤혜택] 은혜와 덕택을 아울러 이르는 말.
[天惠천혜] 하늘이 베풀어 준 은혜, 곧 자연의 은혜.
[特惠특혜] 특별히 베푸는 혜택.
[恩惠은혜] 자연이나 남에게서 받는 고마운 혜택.

※惠帝(혜제) : 한고조의 아들.

한나라(漢)의 혜제(惠)이며

그대의 공을 잊지 않겠소.

해설 綺回漢惠 [기회한혜] 진나라 네 현인(賢人) 가운데 한 사람인 기리계(綺里季)가 위험에 빠진 한나라 태자 혜를 도와 주었다.

[說明설명] 어떤 일이나 대상의 내용을 알기 쉽게 밝혀서 말함.
[說話설화] 각 민족 사이에 전승되어 온 이야기.
[小說소설] 작가의 경험과 상상력을 기초로 허구적으로 쓴 문학.

0557 5급 **말씀 설/기뻐할 열**
言부/총 14획

言言言言計計說說

※傅說(부열) : 은나라의 명재상.

[感動감동] 깊이 느끼어 마음이 움직임.
[感氣감기] 주로 바이러스로 말미암아 걸리는 호흡기 계통의 병.
[使命感사명감] 맡겨진 임무를 수행하려는 책임감.
[交感교감] 서로 접촉해 따라 움직이는 느낌.

0558 6급 **느낄 감**
心부/총 13획

厂厅咸咸咸感感

부열(說)을 감동(感)시킨 사람은

[武功무공] 전쟁에서 세운 공적.
[武器무기] 적을 치거나 막는 데 쓰이는 온갖 도구.
[武力무력] 군사상의 힘.
[尚武상무] 무예를 중히 여겨 받듦.

0559 4급Ⅱ **호반/무사 무**
止부/총 8획

一二千千千五武武

[壯丁장정] 성년에 이른, 혈기가 왕성한 남자.
[兵丁병정] 병역을 치르고 있는 장정.

0560 4급 **고무래/장정 정**
一부/총 2획

一丁

※武丁(무정) : 은나라 2대 왕으로 은나라의 중흥을 꾀하다가 꿈 속에서 성인으로부터 '부열'을 소개받았다 함.

은나라의 왕 무정(武丁)이다.

 해설 說感武丁 [열감무정] 은나라 고종(高宗) 때의 부열(傅說)은 토목 공사장의 일꾼이었다가 재상으로 발탁, 중흥의 위업을 달성하여 무정을 감동시켰다.

[俊傑준걸] 재주와 슬기가 매우 뛰어남, 또는 그런 사람.
[俊秀준수] 재주와 슬기가 남달리 뛰어남.
[俊骨준골] 준수하게 생긴 골격, 또는 그러한 골격을 가진 사람.
[俊敏준민] 슬기롭고 날쌤.

0561 3급 준걸 준 人부/총 9획
亻伂伂伂俊俊

[乂安예안] 평안하게 다스려짐.
[俊乂준예] 천 명 중에 뛰어난 사람은 '俊', 백 명 중에 뛰어난 사람은 '乂'이므로 매우 훌륭한 인재를 이름.

0562 벨/어진이 예 丿부/총 2획
丿乂

준예(俊乂)들이

준예님들!

[密約밀약] 남몰래 약속함.
[密接밀접] 관계가 썩 가까움.
[精密정밀] 아주 잘고 자세함.
[細密세밀] 자세하고 빈틈없음.
[親密친밀] 지내는 사이가 아주 친하고 가까움.

0563 4급Ⅱ 빽빽할 밀 宀부/총 11획
宀宀宓宓宓宓密

[勿驚물경] 놀라지 말라는 뜻으로, 엄청난 것을 이를 때 미리 내세우는 말.
[勿論물론] 말할 필요가 없음.

0564 3급Ⅱ 말 물 勹부/총 4획
丿勹勺勿

숨김(密)이 없었으니(勿)

천하의 인재들이 다 여기에……

해설 俊乂密勿 [준예밀물] 준걸과 재사들이 모여 열심히 일한다. 준(俊)은 천 사람 중에서, 예(乂)는 백 사람 중에서 가장 뛰어난 이를 가리킨다.

	[多少다소] 많음과 적음. 조금. 약간. 어느 정도. [多讀다독] 책을 많이 읽음. [多才다재] 여러 방면에 재주가 많음. [多數다수] 수효가 많음. 또는 많은 수효. ↔ 소수(少數) [許多허다] 매우 많음.	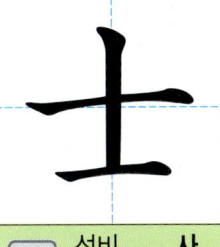	[士氣사기] 의욕이나 자신감 따위로 충만하여 굽힐 줄 모르는 기세. [力士역사] 뛰어나게 힘이 센 사람. [軍士군사] 군대에서 장교의 지휘를 받는 군인. [人士인사] 사회적인 지위가 있는 사람.
0565 6급 많을 다 夕부/총 6획 ノクタタ多多		0566 5급 선비 사 士부/총 3획 一十士	

다재다능한 많은(多) 명사(士)들이

	▷ 진실로 식[實] 이 식[是] 멈출 식[止]	寧	[寧邊영변] 평안북도 남동부에 있는 군. [康寧강녕] 몸이 건강하고 마음이 편안함. [會寧회령] 함경북도 북부, 두만강에 면한 군. [安寧안녕] 사회가 평화롭고 질서가 흐트러지지 않음.
0567 진실로 식 宀부/총 12획 宀宁宣宣宣宣寔		0568 3급Ⅱ 편안할 녕 宀부/총 14획 丶宀宁宵寍寍寧寧	

진실(寔)로 편안했다(寧).

 多士寔寧 [다사식녕] 이처럼 바른 인재들이 많아 각자 맡은 일을 훌륭히 처리해 나가니 나라는 저절로 편안하고 태평스러웠다.

晋	[晋州진주] 경상남도 남서부에 있는 시. [晋文公진문공] 춘추시대 진나라 임금. 오패(五覇)의 한 사람. ▷ 晉의 俗字.	楚 	[楚漢초한] 초나라의 항우와 한나라의 유방. [楚辭초사] 중국 초나라의 굴원 등의 작품을 모아 엮은 책. [楚莊王초장왕] 초나라의 임금. 오패(五覇)의 한 사람.
0569 2급	진나라 **진** 日부/총 10획	0570 2급	초나라 **초** 木부/총 13획
一 丁 丌 兀 兀 栗 晋 晋 晋		木 林 梺 梺 梺 楚 楚	

진나라(晋)와 초나라(楚)는

更	[更新갱신/경신] 이미 있던 제도나 기구 따위를 고쳐 새롭게 함. [更生갱생] 다시 살아남. 죄악의 구렁에서 벗어나 바른 삶을 되찾음. [變更변경] 바꾸어 고침. [夜三更야삼경] 한밤중.	覇 	[覇王패왕] 중국 춘추 전국 시대에, 제후를 거느리고 천하를 다스리던 사람. [覇權패권] 패자의 권력. 곧, 우두머리나 승자의 권력. [制覇제패] 운동·바둑 따위의 경기에서 우승함. [爭覇쟁패] 우승을 다툼.
0571 4급	다시 **갱**/번갈아 **경** 日부/총 7획	0572 2급	으뜸 **패** 襾부/총 19획
一 ㄇ 丙 丙 更 更 更		一 雨 雪 雪 雪 覇 覇	

번갈아(更) 패자(覇)가 되었고

 晋楚更覇 [진초경패] 진(晋)나라의 문공(文公)과 초(楚)나라의 장왕(莊王)이 제의 환공 이후 새로운 강자로 등장, 차례로 패자(覇者)가 되었다.

[趙光祖조광조] 조선시대의 학자.
[趙岐조기] 중국 후한 때의 학자.

| 0573 2급 | 조나라 조 走부/총 14획 |

土 キ 走 走 走 趙 趙

[魏闕위궐] 높고 큰 문이란 뜻으로, 대궐의 정문.
[魏相위상] 한나라 선제 때의 재상.

| 0574 2급 | 위나라 위 鬼부/총 18획 |

二 禾 禾 귀 魏 魏 魏

조나라(趙)와 위나라(魏)는

[困難곤란] 처리하기 어려움.
[困窮곤궁] 가난하고 구차함. ↔ 부유(富裕)
[困境곤경] 곤란한 처지.
[疲困피곤] 몸이나 마음이 지쳐서 고단함.
[貧困빈곤] 살림살이가 어려움.

| 0575 4급 | 곤할 곤 口부/총 7획 |

丨 冂 冃 月 困 困 困

[橫暴횡포] 제멋대로 굴며 난폭함.
[橫斷횡단] 가로로 지나감.
[橫列횡렬] 가로로 늘어섬.
[橫領횡령] 남의 재물을 불법으로 가로챔.

| 0576 3급Ⅱ | 가로 횡 木부/총 16획 |

木 杧 杧 楷 楷 橫 橫

※ 連橫說(연횡설) : 전국시대에 6국을 연합해 진나라에 복종시키려는 진나라 장의(張儀)의 책략.

연횡설(橫)에 곤욕(困)을 치렀다.

 趙魏困橫 [조위곤횡] 진(秦)나라 사람 장의(張儀)는 연횡설(連橫說)을 주장하여 약소국인 조나라와 위나라를 곤란하게 만들었다.

假	[假定가정] 논리를 진행시키기 위하여, 어떤 조건을 임시로 설정하는 일. [假面가면] 얼굴 모양을 본떠 만든 탈. [假裝가장] 거짓으로 꾸밈. [假橋가교] 임시로 놓은 다리. [眞假진가] 진짜와 가짜.	途	[途中도중] 길을 걷고 있는 때. 길을 가는 동안의 어느 지점. [別途별도] 딴 방도나 방면. [用途용도] 쓰이는 곳이나 쓰는 법. 효용(效用). [開途國개도국] '개발도상국'의 준말.
0577 4급Ⅱ 빌릴 가 人부/총 11획 亻伊伊伊伊'假假		0578 3급Ⅱ 길 도 辶부/총 11획 人 人 今 余 余 途 途	

진나라가 길(途)을 빌려(假)

滅	[滅亡멸망] 망하여 없어짐. [滅種멸종] 생물의 씨가 없어짐, 또는 씨를 없앰. [消滅소멸] 사라져 없어짐. [全滅전멸] 전부 멸망함. 모두 패함. [破滅파멸] 파괴되어 없어짐. [潰滅궤멸] 무너져 망함.	虢	[虢國夫人괵국부인] 양귀비의 언니. 화장을 하지 않은 미모의 얼굴로 천자를 뵈었다 함.
0579 3급Ⅱ 멸할 멸 水부/총 13획 氵氵氵氵沪滅滅		0580 나라 괵 虍부/총 15획 虍虍虍虍虢虢	

괵나라(虢)를 멸망(滅)시켰고

 假途滅虢 [가도멸괵] 진(晋)나라의 헌공(獻公)은 우(虞)나라의 길을 빌려 괵나라를 치고는 돌아가는 길에 우나라도 멸망시켰다.

践	[踐踏천답] 발로 짓밟음. [踐行천행] 실지로 행함. [踐言천언] 말한 대로 실천함. [實踐실천] 실제로 이행함. ↔ 이론(理論) ※踐土(천토) : 지역 이름.
0581 3급Ⅱ 밟을 천 足부/총 15획	
ㅁ 𠯿 𧾷 跂 跂 跂 踐	

土	[土人토인] '미개한 지역에 정착하여 원시적인 생활을 하고 있는 종족'을 얕잡아 이르는 말. 또는 어떤 지방에 대대로 붙박이로 사는 사람. [泥土이토] 진흙.
0582 8급 흙 토 土부/총 3획	
一 十 土	

천토(踐土)에 제후들을

踐 土

會	[會社회사] 영리 행위를 목적으로 설립된 사단 법인. [會意회의] 뜻을 알아챔. 육서의 하나. [會話회화] 서로 만나서 이야기함. 또는 그 이야기. [開會개회] 회의나 회합 따위를 시작함.
0583 6급 모일 회 曰부/총 13획	
人 亼 命 侖 侖 會 會	

盟	[盟約맹약] 굳게 맹세하여 약속함. 또는 그 약속. [加盟가맹] 동맹이나 연맹에 듦. [同盟동맹] 둘 이상의 개인이나 단체가 동일한 목적을 이루기 위해 공동 행동을 취하기로 함. [結盟결맹] 맹약을 맺음.
0584 3급Ⅱ 맹세 맹 皿부/총 13획	
日 日月 明 明 盟 盟	

회합해(會) 맹약(盟)하게 했다.

 踐土會盟 [천토회맹] 진(晋)나라 문공은 천토에서 천자(天子)인 주나라 양왕(梁王)을 모시고 작은 나라들에게서 천자를 섬기겠다는 맹세를 받았다.

何	[何等하등] '아무런', '얼마만큼'의 뜻을 나타내는 말. [何必하필] 다른 방도를 취하지 아니하고 어찌하여 꼭. [何事하사] 무슨 일. 어떠한 일. ※蕭何(소하) : 한고조 유방의 신하.	遵	[遵據준거] 전례나 명령 따위에 의거하여 따름. [遵守준수] 규칙이나 명령 따위를 그대로 좇아서 지킴. [遵法준법] 법령을 지킴. 법을 따름. [遵用준용] 그대로 좇아서 씀.
0585 3급Ⅱ 어찌 하 人부/총 7획	ノ イ 仁 仃 何 何 何	0586 3급 좇을 준 辵부/총 16획	丷 酋 酋 酋 尊 尊 遵

소하(何)가 준수(遵)한 것은

約	[約法약법] 법규를 약속함. [節約절약] 아끼어 씀. 아낌. [要約요약] 말이나 글에서 중요한 것만을 추려 냄. [公約공약] 정부, 정당, 입후보자 등이 어떤 일에 대해 국민에게 실행할 것을 약속함.	法	[法式법식] 법도와 양식. [方法방법] 어떤 목적을 달성하기 위하여 취하는 수단. [合法합법] 법령이나 규칙에 맞음. ↔ 불법(不法) [公法공법] 국가 간 또는 국가와 개인 간의 관계를 규정하는 법.
0587 5급 맺을 약 糸부/총 9획	ˊ ㄠ ㄠ 糸 糸 糹 約 約	0588 5급 법 법 水부/총 8획	丶 氵 氵 汁 汢 法 法 法

약법(約法)이었고

해설 何遵約法 [하준약법] 한나라 고조가 진나라를 멸한 후 나라에 범법 사건이 늘자 명신 소하(蕭何)는 세 가지 간소화된 법을 만들어 다스렸다.

韓	[韓國한국] '대한민국'의 준말. [韓藥한약] 한방에서 쓰는 약. [大韓民國대한민국] 우리나라의 국호(國號). [南北韓남북한] 남한과 북한. ※韓非(한비): 한나라 법가.	弊	[弊端폐단] 옳지 못한 경향이나 해로운 현상. [弊習폐습] 나쁜 풍습. [弊政폐정] 못된 정치. 악정(惡政). [弊害폐해] 폐단으로 생기는 해. [病弊병폐] 그 사물의 내부에 생긴 폐해.
0589 8급	한국/나라 한 韋부/총 17획 一 古 卓 乾 韓 韓 韓	0590 3급Ⅱ	폐단/해질 폐 廾부/총 15획 丷 冫 市 甬 敝 敝 弊

한비(韓)는 폐단(弊)이 많았다

煩	[煩雜번잡] 번거롭게 뒤섞여 어수선함. [煩惱번뇌] 마음이 시달려서 괴로움. [煩悶번민] 마음이 번거로워 답답함. [煩多번다] 번거롭게 많음. [煩羅번라] 조용하지 못하고 어수선함.	刑	[刑罰형벌] 국가가 죄를 범한 자에게 제재를 가함. [刑法형법] 형벌의 법칙. [死刑사형] 범죄인의 생명을 끊는 형벌. [減刑감형] 형의 선고를 받은 사람의 형벌을 줄여 주는 일. [處刑처형] 형벌에 처함.
0591 3급	번거로울 번 火부/총 13획 丶 ゾ 火 灯 煩 煩 煩	0592 4급	형벌 형 刀부/총 6획 一 二 F 开 刑 刑

번잡한(煩) 형법(刑) 때문에.

 韓弊煩刑 [한폐번형] 반면에 춘추시대 말의 법학자 한비자(韓非子)가 제정한 법은 번거롭고 가혹하여 도리어 많은 폐해를 가져왔다.

起 0593 4급Ⅱ 일어날 기 走부/총 10획	[起動기동] 몸을 일으켜 움직임. [起立기립] 일어섬. [起因기인] 무슨 일을 일으키는 원인이 됨. [起案기안] 초를 잡음. 안을 세움. [想起상기] 지난 일을 생각해 냄.
翦 0594 자를 전 羽부/총 15획	[翦斷전단] 끊음. [翦刀전도] 가위. [翦伐전벌] 나무를 벰. ※白起(백기)·王翦(왕전) : 전국시대 진나라의 명장(名將).

백기(起)와 왕전(翦)은

頗 0595 3급 자못 파 頁부/총 14획	[頗多파다] 매우 많음. [偏頗편파] 생각이나 처사 따위가 공정하지 못하고 어느 한쪽으로 치우쳐 있음. ※廉頗(염파)·李牧(이목) : 진나라에 끝까지 맞섰던 조나라의 명장.
牧 0596 4급Ⅱ 칠/기를 목 牛부/총 8획	[牧場목장] 일정한 시설을 갖추어 소나 말 등을 놓아 기르는 곳. [牧童목동] 풀을 뜯기며 가축을 치는 아이. [牧草목초] 가축에게 먹이는 풀. [放牧방목] 소나 말·양 따위의 가축을 놓아기름.

염파(頗)와 이목(牧)은

해설 起翦頗牧 [기전파목] 명장으로는 조나라를 격파한 백기(白起), 초나라를 정벌한 왕전(王翦), 제나라를 친 염파(廉頗), 그리고 이목(李牧)을 꼽는다.

| 0597 6급 | 쓸 용 用부/총 5획 |

丿 几月月用

[用語용어] 일정한 전문 분야에서 주로 많이 사용하는 말.
[登用등용] 인재를 뽑아 씀.
[有用유용] 쓸모가 있음. ↔ 무용(無用)
[全用전용] 온통 다 씀.
[通用통용] 세상에 두루 쓰임.

| 0598 8급 | 군사 군 車부/총 9획 |

冖冖冎月月宣軍

[軍人군인] 군대에 복무하는 사람.
[軍中군중] 군대의 안.
[軍紀군기] 군대의 기율.
[軍隊군대] 일정한 규율과 질서 아래 조직 편제된 군인의 집단.
[女軍여군] 여자 군인. 여자로 조직된 군대.

군인(軍)으로 용병(用)이

| 0599 5급 | 가장 최 日부/총 12획 |

日旦早무무무무最最

[最古최고] 가장 오래됨. ↔ 최신(最新)
[最小최소] 가장 작음. ↔ 최대(最大)
[最高최고] 가장 높음.
[最近최근] 얼마 안 되는 지나간 날. 요즘.
[最短최단] 가장 짧음. ↔ 최장(最長)

| 0600 4급Ⅱ | 정할 정 米부/총 14획 |

丷丷米米米精精

[精神정신] 사고나 감정의 작용을 다스리는 인간의 마음.
[精度정도] 측정 등의 정밀함을 나타내는 정도.
[精練정련] 잘 단련함.
[精誠정성] 온갖 성의를 다하려는 참되고 거짓이 없는 마음.

최고(最)로 정교(精)했다.

 用軍最精 [용군최정] 이 네 장수는 군략(軍略)과 용병(用兵)에 뛰어나 군대를 잘 훈련시켰고, 그 전략은 한치의 빈틈도 없었다.

宣	[宣教선교] 종교를 전하여 널리 펼침. [宣言선언] 자신의 뜻을 널리 펴서 나타냄. [宣布선포] 세상에 널리 알림. [宣誓선서] 여러 사람 앞에서 공개하여 맹세하는 일.	威	[威勢위세] 위엄이 있는 기세. [威力위력] 강대한 힘이나 권력. [威信위신] 위엄과 신망. [權威권위] 절대적인 것으로서 남을 복종시키는 힘. [示威시위] 위력이나 기세를 드러내어 보임.
0601 4급 베풀 선 宀부/총 9획 丶宀宀宁宁宜宣宣		0602 4급 위엄 위 女부/총 9획 厂厂厂反反威威威	

선포(宣)된 그 위력(威)은

沙	[沙果사과] 사과나무의 열매. [沙器사기] 백토로 빚어서 구워 만든 매끄럽고 단단한 그릇. 사기그릇. [黃沙황사] 중국 대륙의 사막에 있는 가는 모래가 강한 바람에 날려 온 하늘에 누렇게 끼는 현상.	漠	[漠然막연] 아득함. 똑똑하지 못하고 어렴풋함. [漠漠막막] 끝없이 넓고 아득함. [廣漠광막] 끝없이 넓음. 아득하게 넓음. [沙漠사막] 자갈과 모래로 뒤덮인 매우 넓은 불모의 땅.
0603 3급Ⅱ 모래 사 水부/총 7획 丶丶氵沙沙沙沙		0604 3급Ⅱ 아득할 막 水부/총 14획 氵氵汁汁洋漠漠	

사막(沙漠)에까지 전해졌고

해설 宣威沙漠 [선위사막] 이 장수들은 싸울 때마다 이겨 그 위세를 북방 오랑캐들이 사는 사막에까지 떨쳤다.

馳

[馳詣치예] 어른 앞으로 달려옴.
[驅馳구치] 말을 몰아 빨리 달림.

0605	달릴 치
1급	馬부/총 13획

厂FE馬馬馬馳馳

譽

[名譽명예] 세상에서 훌륭하다고 인정되는 이름이나 자랑, 또는 그런 존엄이나 품위.
[榮譽영예] 빛나는 명예.

0606	기릴/명예 예
3급Ⅱ	言부/총 21획

그 명예(譽)가 전해져(馳)

丹

[丹精단정] 거짓 없는 참된 정성.
[丹楓단풍] 기후 변화로 식물의 잎이 붉은빛이나 누런빛으로 변하는 현상.
[丹靑단청] 빨간빛과 푸른빛. 채색하여 그린 그림.
[丹田呼吸단전호흡] 하단전으로 하는 호흡 방법.

0607	붉을 단
3급Ⅱ	丶부/총 4획

丿几月丹

靑

[靑年청년] 신체적·정신적으로 한창 성장하거나 무르익은 시기에 있는 사람.
[靑山청산] 풀과 나무가 무성한 푸른 산.
[靑軍청군] 운동 경기 등에서, 여러 편으로 갈라 겨룰 때, 푸른 빛깔의 상징물을 사용하는 쪽의 편.

0608	푸를 청
8급	靑부/총 8획

一十丰丰青青青

단청(丹靑)으로 그려졌다.

해설 馳譽丹靑 [치예단청] 한나라 선제는 기린각(麒麟閣)에 11명의 공신을, 후한의 명제는 운대(雲臺)에 32명의 공신을 그리도록 하여 명예를 기렸다.

| 九
 0609 아홉 구
 8급 乙부/총 2획
 ノ 九 | [九月구월] 한 해의 아홉째 달.
 [九泉구천] 땅속 깊은 밑바닥이라는 뜻으로, 죽은 뒤에 넋이 돌아가는 곳을 이르는 말.
 [九萬里구만리] 매우 먼 거리. | 州
 0610 고을 주
 5급 巛부/총 6획
 丶 丿 廾 州 州 州 | [光州광주] 전라남도 중앙에서 북쪽으로 치우쳐 있는 광역시.
 [全州전주] 전라북도 중부에 있는 시.
 [清州청주] 충청북도 중앙부에 있는 도청소재지.
 [慶州경주] 경상북도 남동부에 있는 시. |

아홉(九) 고을(州)은

九州

| 禹
 0611 우임금 우
 2급 内부/총 9획
 一 ㄏ ㄕ 禺 禹 禹 禹 | [禹王우왕] 중국 고대의 제왕.
 [禹域우역] 중국 본토를 다르게 부르는 말.
 [舜禹순우] 중국 고대의 순 임금과 우 임금. 모두 성왕(聖王)임. | 跡
 0612 자취 적
 3급Ⅱ 足부/총 13획
 口 呈 趴 趵 趵 跡 跡 | [人跡인적] 사람이 다닌 발자취.
 [潛跡잠적] 종적을 아주 감추어 버림.
 [行跡행적] 평생에 한 일.
 [奇跡기적] 상식으로는 생각할 수 없는 기이한 일.
 [筆跡필적] 손수 쓴 글씨나 그림의 형적. |

우 임금(禹)의 행적(跡)이며

하나라의 우 임금.

해설 九州禹跡 [구주우적] 하(夏)나라의 우(禹) 임금은 나라를 9주로 나누어 다스렸는데, 그 발자취가 닿지 않은 곳이 없었다.

|  일백 **백**
0613 7급 白부/총 6획
一 ア ア 万 百 百 | [百姓백성] '국민'의 예스러운 말.
[百年백년] 한 해의 백 배. 한평생. 오랜 세월.
[百萬백만] 만의 백 배.
[百方백방] 온갖 방법. 여러 방면.
[百花백화] 온갖 꽃.
[萬百姓만백성] 모든 백성. |  고을 **군**
0614 6급 邑부/총 10획
丨 ㄱ ㄹ 尹 君 君 郡 郡 | [郡民군민] 행정 구역의 하나인 군(郡) 안에 사는 사람.
[郡守군수] 군(郡)의 행정을 맡아보는 군청의 책임자.
[市郡시군] 시와 군.
※百郡(백군) : 진시황이 천하를 통일하면서 흡수한 103군의 행정 구획을 말함. |

백군(百郡)을

|  나라 **진**
0615 2급 禾부/총 10획
一 三 丰 未 夫 麦 奉 秦 秦 | [秦始皇진시황] 중국 최초의 중앙집권적 통일제국인 진나라를 건설한 전제 군주. | 아우를 **병**
0616 干부/총 8획
丶 丷 ㅛ 并 并 并 并 并 | [幷合병합] 아울러 하나로 만듦. 합병(合併).
[幷吞병탄] 아울러 삼킴. 남의 물건을 모두 제것으로 삼음.
[合幷합병] 합하여 하나로 함.
▷并는 俗字. |

진시황제(秦)가 합병(幷)했다.

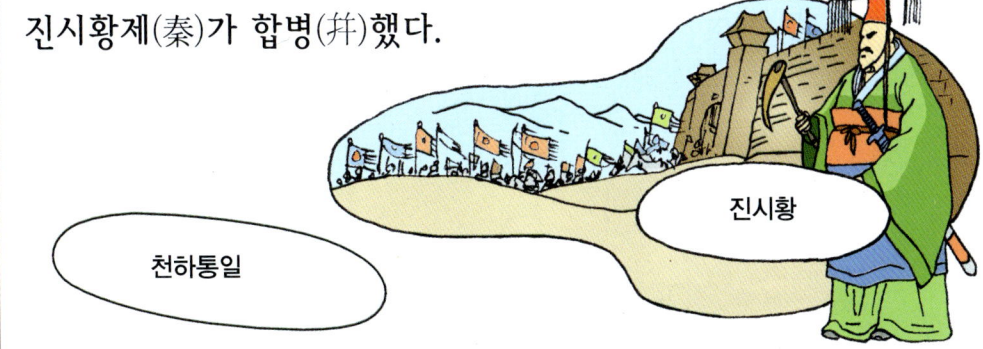

해설 百郡秦幷 [백군진병] 진시황은 천하를 통일하고 각각의 군주가 통치하고 있던 6국을 합쳐 전국을 100개의 군(郡)으로 나누어 다스렸다.

嶽 0617 큰산 악 山부/총 17획 一 产 屵 斧 嶽 嶽	[嶽神악신] 산신령. 산신(山神). [山嶽산악] 육지 가운데 다른 곳보다 두드러지게 솟아 있는 높고 험한 부분. [五嶽오악] 중국의 다섯 영산(靈山). 곧, 태산·화산·형산·항산·숭산.
宗 0618 마루 종 4급Ⅱ 宀부/총 8획 丶 宀 宀 宁 宇 宗 宗	[宗教종교] 신을 숭배하고 받듦으로써 마음의 평안과 행복을 얻고자 하는 정신 문화의 한 체계. [宗臣종신] 왕조 때, 나라에 큰 공을 세운 신하. [宗家종가] 한 문중에서 맏이로만 이어 온 큰집. [宗孫종손] 종가의 맏손자.

큰 산(嶽)의 으뜸(宗)은

恒 0619 항상 항 3급Ⅱ 心부/총 9획 丶 忄 忄 忉 恒 恒 恒	[恒常항상] 늘. 매상(每常). [恒時항시] 상시(常時). 늘. [恒星항성] 천구 위에서 서로의 상대 위치가 변하지 않는 별. 태양 따위. [恒性항성] 언제나 변하지 않는 성질. [恒山항산] 중국 오악(五嶽)의 하나.
岱 0620 대산 대 山부/총 8획 丿 亻 仁 代 代 代 岱	[岱山대산] 중국 오악(五嶽)의 하나. 태산(泰山)의 다른 이름임.

항산(恒)과 대산(岱)이며

해설 嶽宗恒岱 [악종항대] 옛날 중국에는 큰 산이 다섯 있었는데, 그중 항산(恒山)과 태산(泰山)을 근본으로 삼았다. 태산은 대산(岱山)의 다른 이름이다.

禪	[禪房선방] 참선하는 방. [禪宗선종] 참선을 통해 불도를 터득하려는 종파. [參禪참선] 좌선하여 불도를 닦는 일. [坐禪좌선] 고요히 앉아서 참선함. ※封禪(봉선): 옛날 중국의 천자가 하늘에 제사지내는 의식.	主	[主人주인] 한 집안을 꾸려 나가는 주되는 사람. [主動주동] 어떤 일에 주장이 되어 행동함. [主食주식] 평소의 끼니에서 주되는 음식. [主部주부] 주되는 부분. [車主차주] 차의 주인. [社主사주] 회사의 주인.
0621 3급Ⅱ	봉선 **선** 示부/총 17획	0622 7급	임금/주인 **주** 丶부/총 5획
	二 宀 示 示 神 神 禪 禪		丶 亠 二 キ 主

봉선(禪)의 주(主)는

云	[云云운운] 글이나 말을 인용하거나 중도에서 끊어 생략할 때, '이러이러함'의 뜻으로 쓰는 말. [云爲운위] 말과 행동을 아울러 이르는 말. [云謂운위] 일러 말함.	亭	[亭閣정각] 놀거나 쉬기 위하여, 주로 경치나 전망이 좋은 곳에 아담하게 지은 집. 정자(亭子). [亭子정자] 정각(亭閣). [八角亭팔각정] 여덟모가 지게 지은 정자. 팔모정. [料亭요정] 요릿집.
0623 3급	이를 **운** 二부/총 4획	0624 3급Ⅱ	정자 **정** 亠부/총 9획
	一 二 云 云		亠 古 古 卢 亭 亭 亭 亭 亭

운운산(云)과 정정산(亭)이다.

 禪主云亭 [선주운정] 먼저 태산에서 천신(天神)에게 제사를 드리고, 운운산과 정정산에서 지신(地神)에게 제사를 드려 나라의 안녕을 빌었다.

鴈

0625 3급	기러기 안 鳥부/총 15획

[鴈行안행] 기러기가 줄지어 낢.
[鴈書안서] 편지.
[鴈陣안진] 줄지어 날아가는 기러기의 행렬. 기러기 행렬 모양의 진법(陣法).
[孤鴈고안] 외로운 기러기.
▷ 雁과 同字.

厂厂厅厢鴈鴈鴈

門

0626 8급	문 문 門부/총 8획

[門中문중] 성(姓)과 본(本)이 같은 가까운 집안.
[大門대문] 큰 문. 집의 정문.
[校門교문] 학교의 정문.
[窓門창문] 채광이나 통풍을 위해 벽에 낸 작은 문.
※ 안문(鴈門) : 중국 산서성에 있는 지명.

丨冂冂冂門門門門

북방에는 안문(鴈門)산이

紫

0627 3급Ⅱ	자줏빛 자 糸부/총 11획

[紫色자색] 자주색.
[紫外線자외선] 파장이 가시광선보다 짧고 엑스선보다 긴 전자기파.
[紫石자석] '자석영(紫石英)'의 준말.
[朱紫주자] 붉은빛과 자줏빛.

⺊⺊此紫紫紫紫

※ 紫塞(자새) : 만리장성의 딴 이름.

塞

0628 3급Ⅱ	변방 새/막힐 색 土부/총 13획

[要塞요새] 군사적으로 중요한 곳에 튼튼하게 만들어 놓은 방어 시설.
[窮塞궁색] 말의 이유나 근거 따위가 부족함.
[閉塞폐색] 닫아 막음.
[塞源색원] 근원을 아주 없애 버림.

宀宀宀宔宲寒塞塞

동서로는 만리장성(紫塞)이 있고

 鴈門紫塞 [안문자새] 산서성(山西省) 북쪽으로는 기러기가 쉬어가는 안문관이, 동서로는 흙빛이 붉은 만리장성이 둘러 있다.

鷄	[鷄卵계란] 달걀. [鷄鳴계명] 닭의 울음. [鷄舍계사] 닭장. [養鷄양계] 닭을 침. [鬪鷄투계] 싸움닭. [晨鷄신계] 새벽을 알리는 닭. ※鷄田(계전) : 중국 산서성 회락현 경계에 있는 땅 이름.	田	[田園전원] 논밭과 동산. 시골. [油田유전] 석유가 나는 곳. [私田사전] 개인 소유의 논밭. ↔ 공전(公田) [桑田상전] 뽕나무 밭. [鹽田염전] 바닷물로 소금을 만드는 넓은 모래밭.
0629 4급 닭 계 鳥부/총 21획		0630 4급Ⅱ 밭 전 田부/총 5획	

ㅇ ㅋ 奚 奚 鷄 鷄 鷄   丨 冂 日 用 田

계전(鷄田)과

북쪽에는 계전

鷄田

赤	[赤色적색] 붉은빛. 빨강. [赤字적자] 수지 결산 등에서, 지출이 수입보다 많은 일. ↔ 흑자(黑字) [赤道적도] 지구 중심을 지나는 지축에 직각인 평면과 지표가 교차되는 선. ※赤城(적성) : 만리장성 밖 오늘날의 선부(宣府)인 옛 지명.	城	[城壁성벽] 성곽의 벽. [城郭성곽] 성, 또는 성의 둘레. [築城축성] 성을 쌓음. [開城개성] 경기도 북서부에 있는 시. [萬里長城만리장성] 중국 본토의 북변, 몽골 사이에 축조된 성벽.
0631 5급 붉을 적 赤부/총 7획		0632 4급Ⅱ 성/재 성 土부/총 10획	

一 十 土 耂 赤 赤 赤   土 圵 圹 圻 城 城 城

적성(赤城)도 있다.

남쪽에는 적성

 해설   鷄田赤城   [계전적성] 변두리에 있는 땅들을 설명한 것으로, 북쪽에는 계전이 있고, 남쪽에는 붉은 돌이 많아 이름 붙여진 적성이 있다.

昆	[昆鳴곤명] 함께 욺. [昆蟲곤충] 벌레를 흔히 이르는 말. ※昆池(곤지) : 곤명지(昆明池). 한 무제 때 수군을 훈련시키기 위해 장안(長安) 서남쪽에 판 큰 못.	池	[天池천지] 백두산 꼭대기에 있는 못. [乾電池건전지] 휴대하거나 다루기에 편리하게 만든 일차 전지. [貯水池저수지] 인공으로 둑을 쌓아 물을 모아 두는 못. [園池원지] 정원과 못.
0633 1급 맏/많을 곤 日부/총 8획 口日日日尸尸昆昆		0634 3급Ⅱ 못 지 水부/총 6획 丶丶丶氵氵汁池池	

곤지(昆池)와

碣	[墓碣묘갈] 무덤 앞에 세우는 둥그스름한 작은 돌비석. 묘비(墓碑). [碑碣비갈] 비(碑)와 갈(碣). ※碣石(갈석) : 중국 하북성 창려현 북쪽에 있는 큰 산 이름.	石	[石油석유] 천연으로 지하에서 솟아나는 탄화수소류의 혼합물. [齒石치석] 이의 표면에 엉겨 붙어서 굳은 물질. [自然石자연석] 인공을 가하지 않은 자연 그대로의 돌. 천연석.
0635 우뚝솟은돌 갈 石부/총 14획 一丆石石囗碣碣碣		0636 6급 돌 석 石부/총 5획 一丆ナ石石	

갈석(碣石)이 있고

하북성 갈석 / 碣石

 해설 昆池碣石 [곤지갈석] 곤지는 한나라 무제(武帝)가 수군(水軍)을 훈련시키기 위해 장안 서남쪽에 파놓은 연못이요, 갈석산은 동해가에 있었다.

鉅

[鉅公거공] 천자의 존칭. 존귀한 사람이나 한 방면에 조예가 깊은 사람을 일컬음.
[鉅費거비] 많은 비용.
※鉅野(거야) : 중국 산동성에 있는 큰 들.

0637 클 거
金부/총 13획

丿𠂉𠂊金金釒釒釕鉅鉅

野

[野生야생] 동식물이 산이나 들에서 절로 나고 자람.
[野外야외] 들판.
[平野평야] 넓게 펼쳐진 들.
[山野산야] 산과 들을 아울러 이르는 말.
[林野임야] 숲이 있거나 개간되지 않은 땅.

0638 들 야
6급 里부/총 11획

丨曰甲里里野野野

거야(鉅野)와

洞

[洞口동구] 마을 어귀.
[洞里동리] 마을.
[洞長동장] 동의 사무를 통할하는 사람.
[洞窟동굴] 안이 텅 비어, 넓고 깊은 큰 굴.
※洞庭湖(동정호) : 중국 호남성에 있는 큰 호수.

0639 골 동/꿰뚫을 통
7급 水부/총 9획

丶氵氵洞洞洞洞

庭

[庭球정구] 바닥에 네트를 치고 라켓으로 공을 주고받아 승패를 겨루는 경기.
[家庭가정] 가족이 함께 생활하는, 사회의 가장 작은 집단.
[親庭친정] 시집간 여자의 본집. 본가(本家).
[校庭교정] 학교의 운동장.

0640 뜰 정
6급 广부/총 10획

广广庐庄庭庭庭

동정호(洞庭)가 있다.

 鉅野洞庭 [거야동정] 거야는 중국 북방 산동성(山東省)에 있는 광활한 들이며, 동정호는 호남성(湖南省)에 위치한 중국 제일의 호수이다.

0641 1급	빌/넓을 광 日부/총 19획

日 日⁻ 旷 旷 旷 曠 曠

[曠茫광망] 한없이 너름.
[曠野광야] 아득하게 너른 벌판.

0642 6급	멀 원 辶부/총 14획

土 吉 吉 声 袁 袁 遠

[遠近원근] 멀고 가까움, 또는 먼 곳과 가까운 곳.
[遠大원대] 계획이나 희망 따위의 규모가 큼.
[遠洋원양] 뭍에서 멀리 떨어진 바다.
[遠交원교] 먼 나라와 친교를 맺음.
[遠路원로] 먼 길.

광야(曠)는 원대(遠)하고

어마어마하게 넓네요!

0643 3급Ⅱ	솜 면 糸부/총 14획

ㄴ 幺 糸 紅 綿 綿 綿

[綿密면밀] 자세하여 빈틈이 없음.
[綿毛면모] 솜털.
[綿花면화] 목화(木花).
[綿絲면사] 무명실.
[綿延면연] 끊임없이 이어서 늘임.
[繰綿조면] 목화의 씨를 앗아 틀어 솜을 만듦.

0644	멀 막 辶부/총 18획

夕 彡 豸 豸ᐩ 貌 邈

[邈然막연] 아득히 먼 모양. 똑똑하지 못하고 어렴풋한 모양.

아득히(綿) 멀며(邈)

끝이 보이지 않는구먼……

 해설 曠遠綿邈 [광원면막] 중국 대륙은 매우 넓고 광활한데, 산과 호수 그리고 평야 등이 솜에서 뽑아낸 실처럼 아득하고 멀리 이어져 있다.

巖

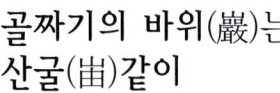

바위 **암**
0645 · 3급II
山부/총 23획

[巖石암석] 바위. 바윗돌.
[巖壁암벽] 벽처럼 깎아지른 듯이 높이 솟은 바위.
[巖盤암반] 땅속에 있는 큰 암석층.
[巖居암거] 속세를 떠나 산야에 숨어 삶.
[奇巖기암] 기묘하게 생긴 바위.

岫

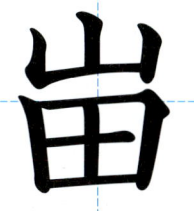

산굴 **수**
0646
山부/총 8획

[岫居수거] 산의 동굴에서 삶.
[岫室수실] 산의 동굴 속의 방.
[巖岫암수] 바위 동굴.

▷ 岬와 同字.

골짜기의 바위(巖)는 산굴(岫)같이

杳

아득할 **묘**
0647 · 1급
木부/총 8획

[杳然묘연] 그윽하고 멀어서 눈에 아물아물함.
[杳冥묘명] 그윽하고 어두움.

冥

어두울 **명**
0648 · 3급
冖부/총 10획

[冥想명상] 고요히 눈을 감고 깊이 생각함.
[冥福명복] 죽은 뒤 저승에서 받는 복.
[冥沐명목] 가는 비, 또는 조금씩 오는 비.
[幽冥유명] 그윽하고 어두움. 저승.

어둡고(冥) 아득하구나(杳).

 巖岫杳冥 [암수묘명] 9주에 솟은 산들의 우람한 모습을 나타낸 것으로, 이 산들에 있는 골짜기의 암석과 암석 사이는 동굴과도 같이 깊고 어둡다.

[治安치안] 국가와 사회의 안녕 질서를 보전하고 지켜 감.
[治粧치장] 매만져서 잘 꾸미거나 모양을 냄.
[統治통치] 나라나 지역을 도맡아 다스림.
[政治家정치가] 정치를 맡아서 하는 사람.

0649 4급Ⅱ 다스릴 치
水부/총 8획
丶 氵 氵 氵 冶 治 治

[本部본부] 어떤 조직의 중심이 되는 곳.
[本社본사] 그 회사의 중심이 되는 사업체.
[本業본업] 주가 되는 직업.
[本然본연] 자연 그대로의 상태.
[日本일본] 아시아 대륙 동쪽에 있는 나라.

0650 6급 근본 본
木부/총 5획
一 十 才 木 本

치안(治)의 근본(本)은

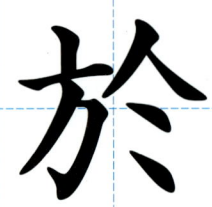

[於此彼어차피] 이렇게 하든지 저렇게 하든지, 또는 이렇게 되든지 저렇게 되든지.
[於青島어청도] 전라북도 군산시 옥도면에 있는 섬.
[於中間어중간] 거의 중간쯤 되는 곳이나 상태.

0651 3급 어조사 어
方부/총 8획
丶 亠 方 方 方 於 於 於

[農村농촌] 농업으로 생업을 삼는 주민이 대부분인 마을.
[農土농토] 농사를 짓는 데 쓰이는 땅.
[農家농가] 농업을 생업으로 삼는 사람의 집.
[農民농민] 농업에 종사하는 사람.

0652 7급 농사 농
辰부/총 13획
口 曲 曲 芦 芦 農 農

농사(農)에(於) 있으며

 해설 治本於農   [치본어농] 옛날부터 임금은 농사로써 나라 다스리는 근본을 삼았다.

務	[任務임무] 맡은 일. [義務의무] 사람으로서 마땅히 해야 할 일. [實務실무] 실제의 업무. [業務업무] 직장 같은 곳에서 맡아서 하는 일. [休務휴무] 늘 하던 일을 하루나 한동안 쉼.	兹	[今兹금자] 금년. [來兹내자] 내년.
0653 4급Ⅱ 힘쓸 무 力부/총 11획 ㇐㇋㇋㇋㇋務務務		0654 3급 이 자 玄부/총 10획 ㇐㇋㇋㇋㇋㇋㇋兹	

이것(兹)에 힘쓰고(務)

稼	[稼動가동] 사람이나 기계가 움직여 일함. [稼穡가색] 곡식을 심고 거둠.	穡	[穡夫색부] 농사를 짓는 사람. 농부.
0655 1급 심을 가 禾부/총 15획		0656 거둘 색 禾부/총 18획	

곡식을 심고(稼) 거두어야(穡) 한다.

 務兹稼穡 [무자가색] 심고 거두는 것은 백성들의 임무이니 봄에는 씨뿌려 가꾸고 가을에는 그 곡식을 거두어들이는 데 힘써야 한다.

俶	[俶然숙연] 삼가 공경하는 마음.	載	[連載연재] 신문이나 잡지 따위에, 소설이나 기사·논문·만화 따위를 연속해서 싣는 일. [積載적재] 차나 선박 따위에 짐을 실음. [記載기재] 문서에 기록하여 실음.
0657 비로소 숙 人부/총 10획	亻 亻 仁 什 仹 俶 俶 俶	0658 3급Ⅱ 실을 재 車부/총 13획	十 直 吉 吉 査 車 載 載

비로소(俶) 일을 하는 것은(載)

南	[南山남산] 서울시 중구와 용산구 사이에 있는 산. [南大門남대문] 서울에 있는 '숭례문(崇禮門)'의 다른 이름. [南東남동] 남쪽과 동쪽의 사이인 방향. 동남. [南韓남한] 중부 이남의 한국. ↔북한(北韓)	畝	[田畝전묘] 밭이랑.
0659 8급 남녘 남 十부/총 9획	一 十 冂 内 内 内 南 南 南	0660 1급 이랑 무/묘 田부/총 10획	亠 亡 亩 亩 亩 畝 畝

남향(南)의 밭이랑(畝)부터이고

 俶載南畝 [숙재남무] 봄이 되면 비로소 농부들은 들로 나가 남쪽 양지 바른 이랑부터 씨를 뿌리기 시작한다.

0661 3급Ⅱ	나 아 戈부/총 7획

一 二 千 手 我 我 我

[我軍아군] 우리 편의 군사나 선수. ↔ 적군(敵軍)
[我執아집] 자기 중심의 좁은 생각이나 소견 또는 그것에 사로잡힌 고집.
[自我자아] 자기. 자기 자신.
[沒我몰아] 자기를 잊고 있는 상태.

0662 4급Ⅱ	재주/심을 예 艹부/총 19획

艹 艺 藝 藝 藝 藝

[藝術예술] 기예와 학술을 아울러 이르는 말.
[藝能예능] 재주와 기능을 아울러 이르는 말.
[文藝문예] 학문과 예술을 아울러 이르는 말.
[曲藝곡예] 줄타기·요술 따위의 연예를 통틀어 이르는 말.

나(我)는 씨를 뿌리고 심겠다(藝)

0663 1급	기장 서 黍부/총 12획

一 禾 禾 秂 黍 黍 黍

[黍粟서속] 기장과 조.
[黍穀서곡] 조·수수·옥수수 따위의 잡곡.
[黍稷서직] 기장과 피.

0664 2급	피 직 禾부/총 15획

禾 和 秆 稈 稷 稷 稷

[稷山직산] 충청남도 천안시 서쪽에 있는 지명.
[稷神직신] 곡식을 맡아본다는 신.
[稷蜂직봉] 곡신을 모시는 사당에 있는 벌. 임금 곁의 간신을 비유하는 말.

서직(黍稷)을.

 我藝黍稷 [아예서직] 농부는 농사가 잘 되기를 빌며 정성껏 기장과 피를 심는다. 옛날 중국에서는 이 둘을 오곡의 으뜸으로 쳤다.

稅	[稅金세금] 국가나 지방 공공 단체가 조세로서 징수하는 돈. [稅制세제] 조세에 관한 제도. [課稅과세] 세금을 매김, 또는 그 세금. [重稅중세] 부담이 큰 조세. [血稅혈세] 가혹한 조세.	熟	[熟達숙달] 무엇에 익숙하고 통달함. [熟練숙련] 무슨 일에 숙달하여 능숙해짐. [熟知숙지] 익히 앎. [未熟미숙] 일에 익숙하지 아니하여 서투름. [親熟친숙] 친밀하고 흉허물이 없음.
0665 4급Ⅱ 구실/거둘 세 禾부/총 12획 ´ 千 禾 利 利 秒 稅		0666 3급Ⅱ 익을 숙 火부/총 15획 亠 亡 享 孰 孰 熟	

익힌(熟) 곡식은 세금(稅)으로

올해는 풍년인가 보구나……

貢	[貢獻공헌] 이바지함. [貢納공납] 백성이 지방에서 나는 특산물을 조정에 바치던 일. [貢物공물] 지난날, 백성이 궁중이나 나라에 세금으로 바치던 지방 특산물. [朝貢조공] 속국이 종주국에게 예물을 바치던 일.	新	[新人신인] 어떤 분야에 새로 나서서 활동을 시작한 사람. [新年신년] 새해. 설. [新生신생] 새로 생겨남. [新式신식] 새로운 형식. [新鮮신선] 새롭고 산뜻함. [新築신축] 새로 건축함. [新穀신곡] 햇곡식.
0667 3급Ⅱ 바칠 공 貝부/총 10획 一 丁 千 千 育 貢		0668 6급 새 신 斤부/총 13획 亠 立 辛 亲 新 新 新	

신곡(新)은 공물(貢)로 바치고

곡식이 많이 쌓였네요.

해설 稅熟貢新 [세숙공신] 곡식이 익으면 세금을 내었고, 햇곡식으로는 조상이나 종묘에 제사를 지내 추수가 무사히 끝났음을 고하였다.

0669 4급	권할 권 力부/총 20획

- [勸善권선] 착한 일을 하도록 권장함.
- [勸告권고] 어떤 일을 하도록 타이르며 권함.
- [勸奬권장] 권하고 장려(奬勵)함.
- [勸誘권유] 어떤 일을 하도록 권함.

0670 5급	상줄 상 貝부/총 15획

- [賞品상품] 상으로 주는 물품.
- [賞金상금] 상으로 주는 돈.
- [賞罰상벌] 상과 벌.
- [大賞대상] 경연 대회 등에서, 가장 우수한 사람이나 단체에게 주는 상. 그랑프리.

권장(勸)해 상(賞)을 주고

171

0671 1급	물리칠 출 黑부/총 17획

- [黜陟출척] 무능한 사람을 물리치고 유능한 사람을 등용함.
- [黜斥출척] 물리쳐 쓰지 아니함.
- [廢黜폐출] 벼슬을 떼고 내쫓음.

0672 2급	오를 척 阜부/총 10획

- [三陟삼척] 강원도 남동부에 있는 시.
- [進陟진척] 일이 진행되어 나아감.

출척(黜陟)한다.

 勸賞黜陟 [권상출척] 또한 나라에서는 농사를 잘 지은 이에게는 상을 주고, 권농 지도를 게을리한 관리는 내쫓아 농사일의 소중함을 일깨웠다.

孟	[孟子맹자] 중국 전국시대의 유교 사상가. [孔孟공맹] 공자와 맹자.	軻	[丘軻구가] 공자와 맹자. [孟軻맹가] 맹자의 이름.
0673 3급Ⅱ 맏 맹 子부/총 8획 一 了 子 孟 孟 孟 孟 孟		0674 2급 수레 가 車부/총 12획 一 亘 車 車 軒 軒 軻 軻	

맹자(孟軻)는

"나도 커서 맹자 같은 분이 되야지……"

敦	[敦厚돈후] 인정이 두터움. [敦化門돈화문] 창덕궁의 정문. [敦睦돈목] 사이가 두텁고 화목함. ※敦素說(돈소설) : 하늘에서 받은 소성(素性)을 온전히 하려고 자기의 마음을 돈독하게 기르는 것이라는 맹자의 설명.	素	[素質소질] 본디부터 가지고 있는 성질. [素材소재] 어떤 것을 만드는 데 바탕이 되는 재료. [素朴소박] 꾸밈이나 거짓이 없이 있는 그대로임. [素服소복] 상복(喪服). [素養소양] 평소의 교양. [素性소성] 타고난 성품.
0675 3급 도타울 돈 攴부/총 12획 一 宀 亨 亨 享 郭 敦		0676 4급Ⅱ 본디/흴 소 糸부/총 10획 一 十 主 丰 素 素 素 素	

돈소설(敦素)을

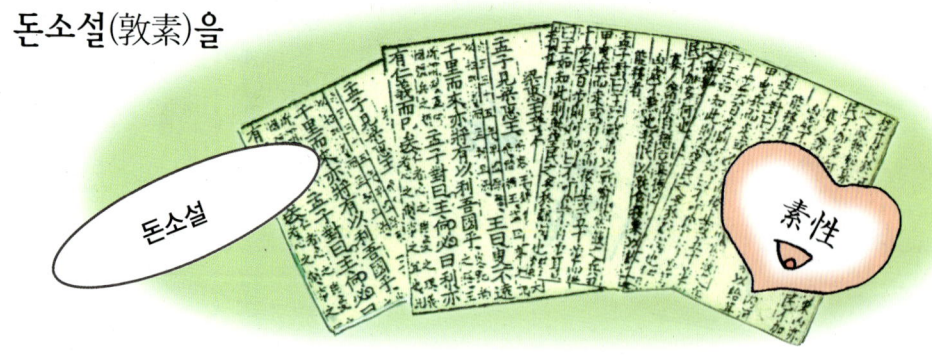

해설 孟軻敦素 [맹가돈소] 전국시대 성인 맹자의 이름은 가(軻)인데, 하늘로부터 받은 인간의 본심을 도탑게 하고자 하는 돈소설(敦素說)을 주장하였다.

| 0677 5급 | 사기 사 口부/총 5획 |

丿 口 口 史 史

[史記사기] 역사적 사실을 적은 책.
[史料사료] 역사의 연구와 편찬에 필요한 자료.
[國史국사] 나라의 역사.
[人類史인류사] 인류가 형성하여 온 역사.

※史魚(사어) : 춘추시대의 정직함으로 유명한 위나라 사람.

| 0678 5급 | 고기/물고기 어 魚부/총 11획 |

ク 々 冬 冬 角 魚 魚 魚

[魚族어족] 물고기의 종족. 어류(魚類).
[魚類어류] 물속에 살며 온 몸이 비늘로 덮여 있고 아가미로 호흡을 하는 것, 곧 물고기를 통틀어 이르는 말.
[乾魚物건어물] 생선·조개류 따위를 말린 식품.

사어(史魚)는
아닙니다. 절대 받을 수 없습니다.
방금 잡은 것인데 드셔 보세요.

| 0679 2급 | 잡을 병 禾부/총 8획 |

一 二 千 千 手 垂 秉 秉

[秉權병권] 권력을 잡음.
[秉政병정] 정권을 잡음.

| 0680 7급 | 곧을 직 目부/총 8획 |

一 十 广 市 育 直 直 直

[直入직입] 목적하는 곳에 곧장 들어감.
[直面직면] 어떠한 사태에 직접 부닥침.
[直前직전] 바로 앞.
[直角직각] 서로 수직인 두 직선이 이루는 각.
[正直정직] 마음이 바르고 곧음.

정직(直)함을 지켰다(秉).
히히, 신난다.
어린이보호

 史魚秉直 [사어병직] 위(衛)나라의 태부(太傅) 사어는 매우 곧고 바른 사람으로, 어떤 일에도 정직함을 잃지 않았다.

|  0681 3급 무리 서 广부/총 11획 丶亠广广庐庐庶 | [庶民서민] 아무 벼슬이나 신분적 특권을 갖지 못한 일반 사람.
[庶務서무] 특별한 명목이 없는 일반적인 사무.
[庶政서정] 여러 방면에 걸친 정사(政事).
[庶幾서기] 가까움. 희망함. 바라건대. |  0682 3급 몇/거의 기 幺부/총 12획 幺幺幺幺幺幺幾幾幾 | [幾年기년] 몇 해.
[幾日기일] 며칠.
[幾何기하] 얼마.
[幾何級數기하급수] 등비수열로 벌여 놓은 각 항을 더하기표(+)로 이어 놓은 식, 또는 그 합. 등비급수. |

여러(庶) 사람이 원하는 것은(幾)

|  0683 8급 가운데 중 丨부/총 4획 丨口口中 | [中國중국] 아시아 동부에 있는 나라. 수도는 베이징.
[中學生중학생] 중학교에 다니고 있는 학생.
[中年중년] 청년과 노년의 중간을 이름.
[中間중간] 두 사물이나 현상의 사이. | 庸 0684 3급 떳떳할 용 广부/총 11획 广广户户庐庐庸 | [庸劣용렬] 용렬하고 졸렬함.
[庸人용인] 어리석고 변변하지 못한 사람.
[中庸중용] 지나치거나 모자라지도 아니하고 한쪽으로 치우치지도 아니한, 떳떳하며 변함이 없는 상태나 정도. |

중용(中庸)이니

 庶幾中庸 [서기중용] 사람이란 언제나 넘치지도 않고 모자라지도 않은 중용의 도를 지켜 행동하여야 한다.

勞 **0685** 5급 수고할 로 力부/총 12획 `` `` 炒 炒 炒 燃 勞 勞	[勞使노사] 노동자와 사용자. [勞動노동] 몸을 움직여 일을 함. [勞苦노고] 어떤 일을 이루기 위하여 심신을 괴롭히며 애쓰는 일. [過勞과로] 지나치게 일하여 지침.
謙 **0686** 3급Ⅱ 겸손할 겸 言부/총 17획 言 訁 訏 訏 訏 謙 謙	[謙讓겸양] 겸손하게 사양함. [謙虛겸허] 겸손하며 삼가는 태도가 있음. [謙退겸퇴] 겸손히 사양하고 물러남. [謙遜겸손] 남을 높이고 자기를 낮추는 태도가 있음.

노동(勞)으로 겸손(謙)하고

謹 **0687** 3급 삼갈 근 言부/총 18획 言 訁 訏 訏 訏 謹 謹	[謹愼근신] 언행을 삼가고 조심함. [謹弔근조] 사람의 죽음에 대하여 삼가 슬픈 마음을 나타냄. [謹嚴근엄] 매우 점잖고 엄함. [謹呈근정] 삼가 증정함.
勅 **0688** 1급 신칙할 칙 力부/총 9획 一 一 戸 束 束 束 勅 勅	[勅命칙명] 임금의 명령. 칙령(勅令). [勅書칙서] 임금이 훈계하거나 알릴 일을 적은 글. [申勅신칙] 단단히 타일러 삼가게 함. 신칙(申飭).

경계해(勅) 근신(謹)한다.

 勞謙謹勅 [노겸근칙] 이 중용의 도를 지키기 위한 노력은 언제나 필요하며 태도는 겸손하고 모든 일을 함에 있어 침착하고 조심스러워야 한다.

聆		音
[聆音영음] 소리를 듣는 일. [聆聆영령] 깨닫는 모양.		[音樂음악] 인간의 사상이나 감정을 목소리나 악기를 통해 나타내는 예술. [音色음색] 그 음이 지닌 특유한 성질이나 울림. [表音표음] 말의 소리를 그대로 표시함. [淸音청음] 맑고 깨끗한 소리.
0689 들을 령 귀부/총 11획		0690 6급 소리 음 音부/총 9획
「下下耳耳耳耶耶聆聆聆		丶亠立产音音音

남의 음성(音)을 듣고(聆)

察		理
[觀察관찰] 사물의 동태 따위를 주의 깊게 살펴봄. [省察성찰] 자신이 한 일을 돌이켜 보고 깊이 생각함. [監察감찰] 감시하고 감독함. [檢察검찰] 범죄를 수사하고 그 증거를 모으는 일. [査察사찰] 조사하여 살핌.		[理由이유] 까닭. 사유. [理致이치] 사물의 정당한 조리. [道理도리] 사람이 마땅히 지켜야 할 바른길. [地理지리] 어떤 곳의 지형이나 길 따위의 형편. [合理합리] 이치에 맞음. [料理요리] 음식을 만듦.
0691 4급Ⅱ 살필 찰 宀부/총 14획		0692 6급 다스릴/이치 리 玉부/총 11획
宀宀宀宀宀宁宁宓宓宓察察		二 F 王 理理理理

그 이치(理)를 관찰(察)하며

해설 聆音察理 [영음찰리] 남의 말은 성의 있게 들어 깊은 속마음까지 살펴야 그 이치, 즉 생각하는 바를 알 수 있다는 말이다.

鑑 0693 3급Ⅱ 거울 감 金부/총 22획	[鑑賞감상] 주로 예술 작품을 이해하여 즐기고 평가함. [鑑別감별] 보고 식별함. [鑑識감식] 어떤 사물의 가치나 진위 따위를 알아냄. [鑑定감정] 사물의 값어치, 좋고 나쁨 등을 살펴서 판정함.

0694 3급Ⅱ 모양 모 豸부/총 14획	[貌樣모양] 겉으로 본 생김새나 형상. [面貌면모] 얼굴의 모양. [美貌미모] 아름다운 얼굴 모습. [外貌외모] 겉에 나타난 모습이나 용모. 겉모습. [容貌용모] 사람의 얼굴 모양.

자기 모양(貌)을 감정(鑑)하고

辨 0695 3급 분별할 변 辛부/총 16획	[辨別변별] 서로 다른 점을 구별함. 식별. [辨明변명] 어떤 잘못이나 실수에 대하여 구실을 대며 그 까닭을 말함. [辨償변상] 남에게 입힌 손해를 돈이나 물건 따위로 물어 줌. [辨濟변제] 변상(辨償).

0696 7급 빛 색 色부/총 6획	[青色청색] 푸른빛. [月色월색] 달빛. [同色동색] 같은 빛깔. [黑色흑색] 검은빛. [氣色기색] 얼굴에 나타난 생각이나 감정 따위. [各色각색] 여러 가지 빛깔. [變色변색] 빛깔이 변하여 달라짐.

안색(色)을 분별(辨)해야 한다.

 鑑貌辨色 [감모변색] 중용을 지키는 사람은 남의 겉모습만 보아도 그 마음을 분별할 수 있다.

貽 **0697** 끼칠 이 貝부/총 12획 丿 冂 日 貝 貯 貽 貽	[貽厥이궐] 자손, 또는 자식을 위하여 남기는 계책.

厥 **0698** 3급 그 궐 厂부/총 12획 一 厂 厃 厈 厥 厥 厥	[厥女궐녀] '그 여자'를 낮잡아 이르는 말. [厥角궐각] 이마가 땅에 닿도록 경례를 함.

그것(厥)이 끼친(貽) 것은

嘉 **0699** 1급 아름다울 가 口부/총 14획 十 吉 青 壴 壴 喜 嘉 嘉	[嘉禮가례] 임금의 성혼·즉위 때 하던 예식. [嘉賞가상] 칭찬함. [嘉釀가양] 맛있는 술. [嘉客가객] 좋은 손님. [嘉話가화] 아름다운 이야기. [嘉會가회] 경사스러운 모임.

猷 **0700** 꾀 유 犬부/총 13획 台 酋 酋 酋 酋 猷 猷	[猷念유념] 곰곰이 생각함. [嘉猷가유] 나라를 다스리는 좋은 계책.

아름다움(嘉)을 꾀한(猷) 것이다

해설 貽厥嘉猷 [이궐가유] 사람은 누구나 모범이 될 만한 일을 하여 자손에게 길이길이 남겨야 하는데, 그러자면 항상 올바른 행동을 하여야 한다.

[勉學면학] 학문에 힘씀.
[勉强면강] 힘씀. 힘써 함.
[勉勵면려] 힘써 함.
[勤勉근면] 부지런히 일하며 힘씀.

0701	힘쓸 면
4급	力부/총 9획

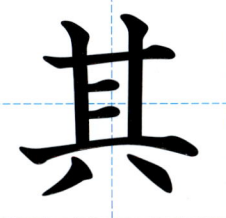

[其他기타] 그것 밖의 또 다른 것. 그 밖.
[其次기차] 그 다음.

0702	그 기
3급Ⅱ	八부/총 8획

그(其) 근면성(勉)을

[祗服지복] 공경하여 복종함.
[祗奉지봉] 공경하여 받듦.
[祗順지순] 삼가 복종함. 공경하여 따름.

0703	공경할 지
	示부/총 10획

[植木식목] 나무를 심음, 또는 그 나무.
[植木日식목일] 산림녹화 등을 위하여 해마다 나무를 심도록 정한 날. 매년 4월 5일.
[植民地식민지] 본국의 밖에 있으면서 본국의 특수한 지배를 받는 지역.

0704	심을 식
7급	木부/총 12획

심고(植) 공경해야(祗) 한다.

 勉其祗植 [면기지식] 올바른 행동을 자기 몸에 익히도록 힘써야 한다. 즉 항상 과오가 없도록 조심하고 덕을 갖추도록 힘써야 한다는 뜻이다.

省	[省墓성묘] 조상의 산소를 찾아 살피는 일. [反省반성] 자기의 언행에 대해서 잘못이나 부족함이 없는지 돌이켜 봄. [自省자성] 스스로 반성함. [內省내성] 속으로 반성함. [省略생략] 한 부분을 덜어서 줄임.	躬	[躬稼궁가] 직접 자기가 곡식을 심음. [躬行궁행] 몸소 실행함.
0705 6급	살필 성/덜 생 目부/총 9획	0706 1급	몸 궁 身부/총 10획
ノ ノ 小 少 尓 省 省		' 丨 冂 冃 月 身 身 躬 躬	

자기가 몸소(躬) 성찰(省)하고

譏	[譏弄기롱] 희롱함. [譏察기찰] 탐사함. 사찰함. [譏笑기소] 욕하고 비난함. [譏評기평] 비난함. 나쁘게 평함.	誡	[誡嚴계엄] 비상 사태에 대하여 경계를 엄중히 함. [誡命계명] 훈계나 경계의 명령.
0707 1급	나무랄 기 言부/총 19획	0708	경계 계 言부/총 14획
言 訁 訁 誀 訟 諧 譏 譏		言 訁 訐 訙 誡 誡 誡	

나무람(譏)을 경계(誡)하여

해설 省躬譏誡 [성궁기계] 지위가 높아질수록 남이 나의 잘못을 꾸짖고 타이르면 더욱 몸가짐을 조심하여 자신을 살펴야 한다.

寵

0709	고일 총
1급	宀부/총 19획

宀宀宷宷宷寵寵

[寵愛총애] 남달리 귀여워하고 사랑함.
[寵兒총아] 사람들에게 특별히 귀여움을 받는 아이.
[恩寵은총] 높은 사람에게서 받는 특별한 사랑.

增

0710	더할 증
4급Ⅱ	土부/총 15획

土圹圹圹增增

[增加증가] 수나 양이 많아짐. ↔ 감소(減少)
[增進증진] 점점 더하여 가거나 나아감.
[增强증강] 더 늘려 강화함.
[增産증산] 생산량이 늚, 또는 늘림. ↔ 감산(減産)
[增設증설] 시설이나 설비 등을 늘려 설치함.

총애(寵)가 증가(增)하면

抗

0711	겨룰/항거할 항
4급	手부/총 7획

一 亅 扌 扩 扩 抗

[抗爭항쟁] 맞서 다투는 일, 또는 그 다툼.
[抗告항고] 결정·명령에 불복하여 상급 법원에 상소하는 일.
[抗議항의] 반대하는 뜻을 주장함, 또는 그 주장.
[反抗반항] 순순히 따르지 아니하고 맞서거나 대듦.

極

0712	다할 극
4급Ⅱ	木부/총 13획

木 杧 杧 杧 柯 極 極

[極端극단] 극도에 이르러 더 나아갈 수 없는 상태.
[極度극도] 더할 수 없는 정도.
[極樂극락] 더없이 안락하고 걱정이 없는 경우.
[極貧극빈] 몹시 가난함.
[極秘극비] 더없이 중요한 비밀.

항거심(抗)이 극치(極)를 이룬다.

 寵增抗極 [총증항극] 윗사람의 총애를 받을수록 교만해져 남의 질투와 항거가 극도에 달할지 모르니 더욱 몸가짐을 조심해야 한다.

殆	[殆半태반] 거의 절반. [危殆위태] 어떤 형세가 마음을 놓을 수 없을 만큼 위험함.	辱	[辱說욕설] 욕하는 말. [榮辱영욕] 영예와 치욕을 아울러 이르는 말. [困辱곤욕] 심한 모욕, 또는 참기 힘든 일. [逢辱봉욕] 욕된 일을 당함. [屈辱굴욕] 남에게 억눌리어 업신여김을 받는 모욕.
0713 3급Ⅱ 위태할 태 歹부/총 9획 一ㄱㄅㄸ歹歹 殆殆		0714 3급Ⅱ 욕될 욕 辰부/총 10획 厂厂尸尸辰辰辱辱	

위태함(殆)과 욕됨(辱)

近	[近代근대] 지나간 지 얼마 안 되는 가까운 시대. [近者근자] 요즈음. 근일(近日). [近年근년] 가까운 해. 요 몇 해 사이. [近來근래] 요즈음. [親近친근] 사귀어 지내는 사이가 매우 가까움.	恥	[恥辱치욕] 수치와 모욕. [恥部치부] 남에게 알리고 싶지 않은 부끄러운 부분. [國恥日국치일] 1910년 8월 29일, 일본에 국권을 강탈당한 치욕적인 날. [羞恥수치] 부끄러움.
0715 6급 가까울 근 辶부/총 8획 ノㄷ斤斤斤近近近		0716 3급Ⅱ 부끄러울 치 心부/총 10획 一ㄷㄏㅌ耳耳耳恥恥	

치욕(恥)이 근처(近)에 있으면

 殆辱近恥 [태욕근치] 또한 윗사람의 총애를 받는다 하여 혹 방심하다 위태로워지면 치욕을 면치 못할 경우도 있으니 항상 겸손하여야 한다.

林	[農林농림] 농업과 임업. [山林산림] 산과 숲. 산에 있는 숲. [竹林죽림] 대나무 숲. [國有林국유림] 국가 소유의 산림. ↔ 사유림(私有林) ※林皐(임고) : 숲이 있는 시냇가 언덕 같은 한가로운 데를 뜻함.		[皐鼓고고] 큰 북. [皐陶고요] 중국 순 임금의 신하.
0717 7급 수풀 림 木부/총 8획 十 才 木 术 材 材 林		0718 2급 언덕 고 白부/총 11획 白 白 白 白 白 皐 皐	

임고(林皐)로 피함이

幸	[幸運행운] 좋은 운수. 행복한 운수. [不幸불행] 행복하지 아니함. 운수가 나쁨. 불운(不運). [多幸다행] 뜻밖에 일이 잘 되어 운이 좋음.		[卽刻즉각] 당장에 곧. [卽決즉결] 그 자리에서 결정하거나 해결함. [卽發즉발] 곧 출발함. 즉시 폭발함. [卽效즉효] 즉시 나타나는 효험. [卽興즉흥] 즉석에서 일어나는 흥취.
0719 6급 다행 행 干부/총 8획 一 十 土 士 夫 去 幸 幸		0720 3급Ⅱ 곧 즉 卩부/총 9획 ' 亇 白 白 自 皀 卽	

곧(卽) 행운(幸)일 것이다.

 林皐幸卽 [임고행즉] 혹 치욕스러운 일을 당하게 되면 사양하고 물러나 자연 속으로 은둔하여 한가롭게 지내는 것이 나을 것이다.

| 兩
 07.21 4급Ⅱ 두 량
 入부/총 8획
 一 「 雨 雨 雨 兩 兩 | [兩面양면] 양쪽 면. 앞면과 뒷면.
 [兩家양가] 양쪽 집.
 [兩國양국] 양편의 두 나라.
 [兩親양친] 아버지와 어머니. 부모(父母).
 ※兩疏(양소) : 한나라 때 청렴결백한 소광(疏廣)과 소수(疏受)를 말함. | 疏
 07.22 3급Ⅱ 트일/성 소
 疋부/총 11획
 丁 子 疋 `` 疏 疏 疏 | [疏遠소원] 친분이 가깝지 못하고 멂.
 [疏外소외] 주위에서 꺼리며 따돌림.
 [疏通소통] 막히지 않고 잘 통함.
 [疏忽소홀] 대수롭지 아니하고 예사로움. |

양소(兩疏) 씨가

184

| 見
 07.23 5급 볼 견/뵈올 현
 見부/총 7획
 丨 冂 冂 目 目 貝 見 | [見聞견문] 보고 들어서 얻은 지식.
 [見學견학] 구체적인 지식을 얻기 위하여 실제로 보고 배움.
 [意見의견] 어떤 일에 대한 생각.
 [卓見탁견] 뛰어난 의견이나 견식. | 機
 07.24 4급 틀 기
 木부/총 16획
 木 杉 松 松 榉 機 機 | [機會기회] 어떤 일이 이루어지는 데에 알맞은 때.
 [機能기능] 사물의 작용이나 활용.
 [機密기밀] 외부에 드러내서는 안 될 중요한 비밀.
 [投機투기] 확신도 없이 큰 이익을 노리고 무슨 짓을 함. |

기회(機)를 보아(見)

 兩疏見機 [양소견기] 한나라 성제(成帝) 때 소광(疏廣)과 소수(疏受)는 태자를 가르쳤던 국사(國師)로, 때를 알아 스스로 물러난 사람들이었다.

解

풀 해
0725 4급Ⅱ 角부/총 13획
″ 冇 角 角´ 角″ 解 解

[解氷해빙] 얼음이 풀림.
[解語花해어화] 말하는 꽃. 양귀비를 비유한 말.
[見解견해] 어떤 사물이나 현상에 대한 의견.
[和解화해] 다툼을 그치고 풂.
[理解이해] 사리를 분별하여 앎.

組

끈 조
0726 4급 糸부/총 11획
幺 幺 糸 糽 絀 組 組

[組織조직] 일정한 지위와 역할을 지닌 사람이나 물건이 모여서 질서 있는 하나의 집합체를 이룸.
[組合조합] 어떤 공동 목적을 위해 조직한 사단 법인의 한 형태.

※인끈 : 벼슬 이름을 새긴 도장을 묶은 끈.

인끈(組)를 풀었으니(解)

誰

누구 수
0727 3급 言부/총 15획
言 訁 訁´ 訁″ 誰 誰

[誰何수하] 누구. 어두워서 상대편의 정체를 식별하기 어려울 때 경계하는 자세로 상대편의 정체나 아군끼리 약속한 암호를 확인함, 또는 그런 일.
[誰某수모] '아무개'를 문어적으로 이르는 말.
[孰誰숙수] 누구.

逼

핍박할 핍
0728 1급 辶부/총 13획
一 丂 丆 畐 畐 逼 逼

[逼迫핍박] 바싹 죄어서 괴롭게 함.

누가(誰) 핍박(逼)하겠는가.

해설 解組誰逼 [해조수핍] 벼슬 이름을 새긴 도장에 달린 끈을 풀고 돌아가니 그 누가 그들을 핍박할 수 있으리오.

索	[索引색인] 찾아보기. [檢索검색] 검사하고 수색함. [探索탐색] 감추어진 사물을 이리저리 더듬어 찾음. [索莫삭막] 황폐하여 쓸쓸함. [索道삭도] 공중 케이블카.	居	[居留거류] 어떤 곳에 임시로 머물러 삶. [居室거실] 가족이 모여 생활하는 공간. [居處거처] 한 군데 자리잡고 삶, 또는 그곳. [居住거주] 머물러 삶. [隱居은거] 세상을 피하여 숨어 삶.
0729 3급Ⅱ 찾을 색/홀로 삭 糸부/총 10획 一 十 ㄗ ㄗ 玄 索 索 索		0730 4급 살 거 尸부/총 8획 ㄱ ㄕ ㄕ 足 足 居 居	

한적한 거처(居)를 찾아(索)

閑	[閑散한산] 한가하고 쓸쓸함. [閑良한량] '돈 잘 쓰고 잘 노는 사람'을 흔히 이름. [閑職한직] 늘 한가한 벼슬자리. [閑暇한가] 시간의 여유가 있음. [閑居한거] 한가히 지냄.	處	[處事처사] 일을 처리함. [處斷처단] 결단하여 처리함. [處身처신] 몸가짐. [處分처분] 처리하여 치움. [處理처리] 정리하여 치우거나 마무리를 지음. [對處대처] 적당한 조처를 취함, 또는 그 취한 조처.
0731 4급 한가할 한 門부/총 12획 ㅣ ㄗ ㄗ' 門 門 閑 閑		0732 4급Ⅱ 곳 처 虍부/총 11획 一 广 声 虎 虎 處 處	

한가하게(閑) 처신(處)하니

해설 索居閑處 [색거한처] 벼슬에서 물러나면 한가로운 곳을 찾아 자연을 벗 삼아서 조용히 살아가야 한다.

0733	잠길 **침**/성 심
3급Ⅱ	水부/총 7획

[**沈**沒침몰] 물에 빠져 가라앉음.
[**沈**默침묵] 아무 말 없이 잠잠히 있음.
[**沈**痛침통] 근심이나 슬픔이 깊어 마음이 몹시 괴로움.
[擊**沈**격침] 배를 공격하여 가라앉힘.

0734	잠잠할 묵
3급Ⅱ	黑부/총 16획

[**默**念묵념] 마음속으로 빎.
[**默**認묵인] 말 없는 가운데 승인함.
[**默**秘權묵비권] 피고나 피의자가 자기에게 불리한 진술을 거부하고 침묵할 수 있는 권리.
[寡**默**과묵] 말수가 적고 침착함.

침묵(沈默)과

0735	고요할 적
3급Ⅱ	宀부/총 11획

[**寂**寂적적] 조용하고 쓸쓸함.
[**寂**滅적멸] 사라져 없어짐.
[閑**寂**한적] 한가하고 고요함.
[靜**寂**정적] 고요하고 괴괴함.
[入**寂**입적] 불교에서, 수도승의 죽음을 이르는 말.

0736	쓸쓸할 료
1급	宀부/총 14획

[**寥**寥요요] 괴괴하고 쓸쓸함.
[**寥**闊요활] 고요하고 쓸쓸함.

적막함(寂)이 공허하구나(寥).

 沈默寂寥 [침묵적요] 세상의 번뇌를 피해 자연으로 돌아와 조용히 사노라면 마음 또한 고요하도다.

求	[求職구직] 일자리를 구함. [求道구도] 진리나 종교적인 깨달음의 경지를 구함. [求人구인] 필요한 사람을 구함. [求愛구애] 이성에게 사랑을 구함. [希求희구] 바라며 구함.	古	[古今고금] 옛날과 지금을 아울러 이르는 말. [古代고대] 옛 시대. [古文고문] 옛 글. ↔ 현대문(現代文) [古木고목] 오래 묵은 나무. [上古상고] 오랜 옛날. [考古고고] 유물·유적에 의하여 옛일을 연구함.
0737 4급Ⅱ 구할 구 水부/총 7획 一十十于求求求		0738 6급 예 고 口부/총 5획 一十十古古	

옛(古) 것을 구해(求)

尋	[尋訪심방] 방문하여 찾아봄. 심문(尋問). [尋常심상] 대수롭지 않고 예사로움. [尋究심구] 찾아서 밝힘. [尋問심문] 사람을 찾아봄. [推尋추심] 찾아내서 가지거나 받아 냄.	論	[論語논어] 공자의 언행, 공자와 제자·제후 등과의 문답 등을 모아 엮은 책. [論議논의] 어떤 문제에 대하여 서로 의견을 말하며 의논함. [理論이론] 어떠한 문제에 관한 특정한 학자의 견해나 학설.
0739 3급 찾을 심 寸부/총 12획 ㄱㅋㅋ尋尋尋尋		0740 4급Ⅱ 논할 론 言부/총 15획 言 訡 訡 論 論 論 論	

심문(尋)하고 논의(論)하며

해설 求古尋論 [구고심론] 또한 옛 성현들의 글에서 진리를 구하고 그 마땅한 도리를 찾아 토론하고 연구하여야 한다.

0741 흩어질 산 4급 攵부/총 12획
一 十 廿 브 쑴 쑴 背 散

[散步산보] 이리저리 거닒. 산책(散策).
[散文산문] 글자의 수나 운율 따위에 구애됨이 없이, 자유롭게 쓴 보통의 문장. ↔ 운문(韻文)
[發散발산] 밖으로 퍼져 흩어짐.
[分散분산] 갈라져 흩어짐.

0742 생각할 려 4급 心부/총 15획
一 广 卢 店 虍 虑 盧 慮

[配慮배려] 여러모로 자상하게 마음을 씀.
[考慮고려] 생각하고 헤아려 봄.
[思慮사려] 여러 가지로 신중하게 생각함.
[心慮심려] 근심함.
[念慮염려] 마음을 놓지 못함. 걱정함.

산만함(散)을 염려(慮)하며

0743 거닐 소 1급 辶부/총 11획
丨 丬 ㅗ 屮 肖 肖 逍

[逍遙소요] 슬슬 거닐어 돌아다님.
[逍風소풍] 산책. 학교에서, 자연 관찰이나 역사 유적 따위의 견학을 겸하여 야외로 갔다 오는 일.

0744 거닐/멀 요 3급 辶부/총 14획
ク 夕 夅 夅 夅 夅 遙 遙

[遙遠요원] 아득히 멂.
[遙望요망] 멀리 바라봄.
[遙拜요배] 대상이 멀리 떨어져 있을 때 연고 있는 쪽을 바라보고 절을 함, 또는 그렇게 하는 절.
[遙度요탁] 남의 심정 따위를 먼 곳에서 미루어 헤아림.

소요(逍遙)한다.

 散慮逍遙 [산려소요] 마음속의 번뇌망상을 다 흩어 버리면 달인(達人)의 경지에 도달하여 유유자적 거닐 수도 있다.

欣	[欣諾흔낙] 기꺼이 승낙함. [欣快흔쾌] 기쁘고도 상쾌함. [欣然흔연] 기뻐하는 모양.	奏	[奏請주청] 임금에게 아뢰어 청함. [演奏연주] 남 앞에서 악기를 다루어 음악을 들려주는 일. [獨奏독주] 악기를 가지고 혼자서 연주함, 또는 그 연주. 솔로.
0745 1급	기뻐할 흔 欠부/총 18획	0746 3급Ⅱ	아뢸 주 大부/총 9획
′ ⌒ ⌒ ⌒ 欣 欣 欣		一 三 丰 夫 奏 奏 奏	

기쁨(欣)은 아뢰어지고(奏)

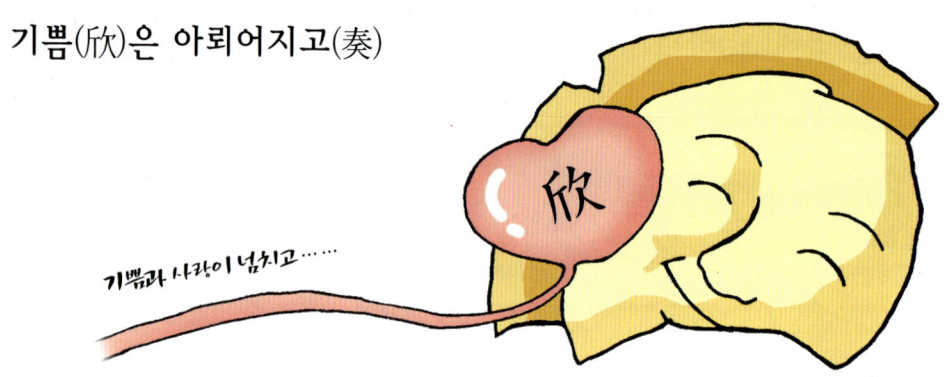
기쁨과 사랑이 넘치고……

累	[累計누계] 부분 부분의 합계를 차례차례 가산함. [累積누적] 포개져 쌓임. [累進누진] 수량·가격이 많아짐에 따라 그 비율도 점점 높아짐. [累次누차] 여러 차례. [連累연루] 남이 저지른 범죄에 연관됨.	遣	[派遣파견] 어떤 일이나 임무를 맡겨, 어느 곳에 보냄. [差遣차견] 공적인 일로 사람을 보냄. 차송(差送). 파견(派遣).
0747 3급Ⅱ	포갤/누 루 糸부/총 11획	0748 3급	보낼 견 辶부/총 14획
′ ⌒ 田 甲 累 累 累		一 中 串 声 冑 冑 遣	

걱정(累)은 사라지니(遣)

해설 欣奏累遣 [흔주누견] 세상을 살면서 번거롭고 귀찮은 일들을 보내버린다면 기쁘고 즐거운 일들이 모여든다.

[感顔척안] 근심스러운 얼굴.

0749	슬플 척
	心부/총 15획

厂厂厂戚戚感感

[謝過사과] 잘못에 대하여 용서를 빎.
[謝禮사례] 언행이나 금품으로 고마운 뜻을 나타내는 인사.
[謝恩사은] 입은 은혜에 대하여 감사함.
[感謝감사] 고마움을 나타내는 인사.

0750 4급Ⅱ	물러갈 사
	言부/총 17획

言訁訶詢謝謝謝

근심(感)은 물러가고(謝)

[歡樂환락] 아주 즐거워함.
[歡談환담] 정답고 즐겁게 이야기함.
[歡待환대] 기쁘게 맞아 정성껏 대접함.
[歡聲환성] 기뻐서 크게 지르는 소리.
[歡迎환영] 기쁘게 맞음.
[歡喜환희] 크게 기뻐함.

0751 4급	기쁠 환
	欠부/총 22

艹䓊萨莑雚歡歡

[招待초대] 남을 청하여 대접함.
[招請초청] 남을 청하여 부름.
[招請狀초청장] 초청하는 내용을 적은 글월.
[招來초래] 어떤 결과를 가져오게 함.
[招魂초혼] 혼을 부름.

0752 4급	부를 초
	手부/총 8획

一十扌扌扪招招招

환희(歡)만 초래(招)한다.

 感謝歡招 [척사환초] 위와 같이 행하면 마음 속의 슬픔은 어느덧 사라지고 즐거움은 부르듯이 찾아온다.

渠	[渠帥거수] 악당의 두목. [渠魁거괴] 악당의 우두머리. 괴수, 거수.		[荷役하역] 배의 짐을 싣고 부리는 일. [荷置場하치장] 짐을 부리는 곳. [荷花하화] 연꽃. [負荷부하] 짐을 짐, 또는 그 짐. [手荷物수하물] 여객이 손수 나를 수 있는 작은 짐.
0753 1급 도랑 거 水부/총 12획 氵汇沪沔渠渠渠		0754 3급Ⅱ 연꽃/멜 하 艹부/총 11획 艹艹芢苛荷荷	

도랑(渠)에 핀 연꽃(荷)은

的	[的歷적력] 또렷하고 선명함. [目的목적] 이룩하거나 도달하려는 목표나 방향. [感情的감정적] 쉽게 감정에 좌우되는 것. [相對的상대적] 다른 것과의 관계나 대립·상관 등으로 존재하는 것.	歷	[歷史역사] 인간 사회가 거쳐 온 변천의 모습. [歷代역대] 대대로 이어 내려온 여러 대. [歷任역임] 여러 직위를 두루 거쳐 지냄. [學歷학력] 교육을 통하여 얻은 지식이나 기술 따위의 능력.
0755 5급 과녁 적 白부/총 8획 丿丶白白白的的		0756 5급 지날 력 止부/총 16획 厂厂厂厤厤歷歷	

또렷하고 분명하며(的歷)

연꽃의 그윽한 향기

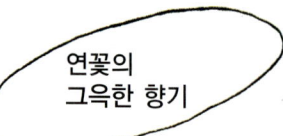 渠荷的歷 [거하적력] 개천에 만발한 연꽃은 향기 또한 그윽하여 그 아름다움이 어느 것에도 비길 데가 없다.

園	
0757 6급	동산 원 □부/총 13획

冂冂円囲周園園園園

[園藝원예] 화초 등을 가꾸는 일.
[庭園정원] 뜰, 특히 잘 가꾸어 놓은 넓은 뜰.
[花園화원] 꽃을 심은 동산.
[公園공원] 정원·유원지·동산 등의 사회 시설.
[桃園도원] 복숭아나무가 많은 정원.

莽	
0758	풀 망 艸부/총 12획

艹艹艹莽莽莽莽

[莽莽망망] 풀이 우거진 모양. 넓은 모양.
[莽蒼망창] 푸릇푸릇한 근교의 경치.
[莽蕩망탕] 초원이 넓은 모양.

동산(園)의 풀(莽)이 우거지고

抽	
0759 3급	뽑을 추 手부/총 8획

扌扌扌扣扣抽抽

[抽象추상] 여러 가지 사물이나 개념에서 공통되는 특성이나 속성 따위를 추출하여 파악하는 작용. ↔ 구체(具體)
[抽出추출] 전체 속에서 어떤 물건·생각·요소 따위를 뽑아냄.

條	
0760 4급	가지 조 木부/총 11획

亻亻伫伫修修條

[條件조건] 어떤 일이 성립되거나 발생하는 데 갖춰야 할 요소.
[條例조례] 조목조목 적어 놓은 규칙이나 명령.
[條理조리] 앞뒤가 들어맞고 체계가 서는 갈피.
[條約조약] 문서에 의한 국가 간의 합의.

가지(條)가 변천한다(抽).

 園莽抽條 [원망추조] 집 뒤의 동산에는 풀들이 무성하여 추조, 즉 초목의 작은 가지들이 사방으로 쭉쭉 뻗어 있다.

枇	[枇杷비파] 비파나무, 또는 그 열매.	杷	[杷車파거] 전쟁에 쓰이는 수레의 한 가지. 쇠뇌를 장치한 수레. [杷土파토] 땅을 평평하게 고름.
0761 비파나무 **비** 木부/총 8획 十 才 木 朴 朴 朴 枇		0762 비파나무 **파** 木부/총 8획 十 才 木 朽 朽 朽 杷	

비파나무(枇杷)는

晚	[晚成만성] 늦게 이루거나 이루어짐. ↔ 속성(速成) [晚年만년] 노년. 일생의 끝 시기. [晚秋만추] 늦가을. [晚學만학] 나이가 들어서 공부를 시작함, 또는 그 사람. [早晚조만] 이름과 늦음.	翠	[翠玉취옥] 에메랄드. 비취옥. [翠簾취렴] 푸른 대오리로 엮어 만든 발. [翠影취영] 파란 초목의 그림자. [翠鳥취조] 물총새. 비취. [翠扇취선] 파란빛의 부채.
0763 3급Ⅱ 늦을 **만** 日부/총 11획 日 日' 日'' 昤 晓 晚 晚		0764 1급 비취색 **취** 羽부/총 14획	

늦게(晚)까지 푸르고(翠)

해설 枇杷晚翠 [비파만취] 비파나무는 그다지 아름답지는 않지만 늦게까지 그 푸르름을 지니고 있어 곧은 절개를 상징하기도 한다.

| 梧
 0765 2급 오동나무 **오**
 木부/총 11획
 一十十十杯杯杯梧梧梧 | [梧柳洞오류동] 서울특별시 구로구에 있는 지명.
 [梧右오우] 책상 오른쪽이라는 뜻으로, 편지에서 수신인의 이름 밑에 쓰는 말.
 [梧月오월] 음력 7월의 별칭. | 
 0766 2급 오동나무 **동**
 木부/총 10획
 一十十十十十十十十桐桐 | [桐油동유] 유동(油桐)의 씨에서 짜낸 건성의 기름.
 [桐君동군] 거문고.
 [碧梧桐벽오동] 벽오동과에 딸린 갈잎큰키나무.
 [刺桐자동] 엄나무.
 [梧桐오동] '오동나무'의 준말. |

오동나무(梧桐)는
오동잎 한 잎 두 잎 가을 바람…….

| 早
 0767 4급Ⅱ 일찍 **조**
 日부/총 6획
 一口日日旦早 | [早起조기] 아침에 일찍 일어남.
 [早期조기] 이른 시기. 이른 때.
 [早死조사] 젊어서 일찍 죽음.
 [早朝조조] 이른 아침.
 [早老조로] 나이에 비하여 일찍 늙음. | 
 0768 1급 시들 **조**
 冫부/총 10획
 冫 冫 冫冂 冂冋 凋 凋 凋 凋 | [凋落조락] 초목의 잎이 시들어 떨어짐.
 [枯凋고조] 말라 시듦. |

일찍(早) 시들어(凋) 떨어진다.

 梧桐早凋 [오동조조] 오동나무는 그 잎이 크고 무성하지만 비파나무와 반대로 일찍 시들어 말라 버린다.

陳	[陳列진열] 여러 사람에게 보이려고 물건을 죽 벌여 놓음. 나열(羅列). [陳述진술] 자세히 벌여 말함, 또는 그 말. [陳情書진정서] 실정이나 사정을 진술해 적은 글. [開陳개진] 자기의 의견이나 생각 등을 말함.	根	[根本근본] 사물이 생겨나는 데 바탕이 되는 것. [根源근원] 어떤 일이 생겨나는 본바탕. [根幹근간] 사물의 중심이 되는 부분. [草根초근] 풀의 뿌리. [球根구근] 알뿌리. [蓮根연근] 연뿌리.
0769 3급Ⅱ	베풀/묵을 진 阜부/총 11획	0770 6급	뿌리 근 木부/총 10획
｜ ｜ 阝 阿 阿 阿 陣 陳 陳		一 十 木 杧 杧 杧 柙 根 根 根	

진부한(陳) 뿌리(根)는

委	[委員위원] 특정한 사항의 처리나 심의를 위임받은 자로서 임명되거나 선출된 사람. [委託위탁] 남에게 맡김. [委任狀위임장] 다른 사람에게 어떤 사항에 관한 대리권을 줄 것을 표시하는 문서.	翳	[翳朽예후] 나무가 저절로 죽어 썩어서 문드러짐. [翳昧예매] 흐림. 가리어 어두움.
0771 4급	맡길 위 女부/총 8획	0772	가릴 예 羽부/총 17획
一 二 千 禾 禾 委 委 委			

말라 쓰러져(翳) 내버려지고(委)

해설 陳根委翳 [진근위예] 시든 나무의 뿌리는 오래 내버려 두면 저절로 말라 죽어 버린다.

落	[落葉낙엽] 나뭇잎이 떨어짐. [落花낙화] 꽃이 짐. [落第낙제] 진학 또는 진급을 못함. [落後낙후] 기술이나 생활 따위의 수준이 뒤떨어짐. [登落등락] 시험 따위에 붙고 떨어지는 일.	葉	[葉書엽서] '우편엽서'의 준말. [葉錢엽전] 옛날 돈. [葉茶엽차] 차나무의 어린 잎을 따서 달인 물. [中葉중엽] 어떠한 시대를 처음·가운데·끝의 셋으로 나눌 때 그 가운데 부분을 이르는 말.
0773 5급	떨어질 **락** 艸부/총 13획 艹艹艹艹茨茨落落	0774 5급	잎 **엽** 艸부/총 13획 艹艹艹葦葦葉葉

낙엽(落葉)은

떨어지는 낙엽

飄	[飄泊표박] 흘러 떠돎. [飄然표연] 바람에 나부끼는 모양이 가벼움.	颻	[颻颻요요] 바람이 부는 모양.
0775 1급	나부낄 **표** 風부/총 20획 覀票飄飄飄飄飄	0776	날아오를 **요** 風부/총 9획 夕冬名名几名風名風颻

흔들리는 바람에(飄)
나부낀다(颻).

가을이 왔구나……

 해설　落葉飄颻　[낙엽표요] 또한 가을이 되면 나뭇잎은 가지에서 떨어져 바람에 나부낀다.

遊	[遊說유세] 각처로 돌아다니며 자기나 소속 정당의 주장 따위를 선전함. [遊覽유람] 돌아다니며 구경함. [遊興유흥] 재미있게 즐기면서 노는 일. [遊戲유희] 즐겁게 놂, 또는 노는 일.	鯤	[鯤鵬곤붕] 곤어와 붕새. 장자(莊子)에 나오는 상상의 큰 물고기와 큰 새. 아주 큰 물건의 비유.
0777 4급 놀 유 辵부/총 13획 丶 亠 方 扩 扩 斿 遊		0778 곤어 곤 魚부/총 19획 ク 刍 角 魚 魚 魚 魚 鯤	

유희(遊)하는 곤어(鯤)는

獨	[獨立독립] 다른 것에 딸리거나 의존하지 아니하는 상태로 됨. [獨白독백] 혼자서 중얼거림. [獨善독선] 자기 혼자만이 옳다고 믿고 행동함. [獨身독신] 형제자매가 없는 몸. 홀몸.	運	[運動운동] 몸을 단련하거나 건강을 위하여 몸을 움직이는 일. [運命운명] 타고난 운수나 수명. [氣運기운] 어떤 일이 벌어지려고 하는 분위기. [不運불운] 운수가 좋지 아니함, 또는 그러한 운수.
0779 5급 홀로 독 犬부/총 16획 犭 犭 犭 犳 犳 獨 獨		0780 6급 움직일 운 辵부/총 13획 一 冖 믄 宣 軍 軍 運	

홀로(獨) 운행(運)하고

독도는 한국땅!

해설 遊鯤獨運 [유곤독운] 곤어가 홀로 놀다가 곤새가 되어 붉은 하늘을 마음대로 날아다닌다.

[凌蔑능멸] 업신여겨 깔봄.
[凌駕능가] 무엇에 비교하여 그보다 훨씬 뛰어남.
[凌摩능마] 침범하여 핍박함.

0781	업신여길 룽
1급	冫부/총 10획

冫冫冫冫凌凌凌

[摩滅마멸] 갈리어 닳아서 없어짐.
[摩天樓마천루] '하늘에 닿는 집'이란 뜻으로, 아주 높게 지은 고층 건물.
[摩尼山마니산] 경기도 강화군 강화도에 있는 산.
[摩擦마찰] 무엇에 대고 문지름.

0782	문지를 마
2급	手부/총 15획

亠广广庐麻麻摩摩

능마(凌摩)하며

도와줘요!

[絳裳강상] 붉은 치마.
[絳雲강운] 붉은 구름.

0783	붉을 강
	糸부/총 12획

幺糸糽終終終絳

[霄明소명] 새벽.
[霄壤소양] 하늘과 땅. 천양(天壤). 엄청난 차이를 비유하여 이름.

0784	하늘 소
	雨부/총 15획

雨雨雨雨雪霄霄

붉은 빛(絳) 하늘(霄)을 날아다닌다.

께억~ 께억~

 凌摩絳霄 [능마강소] 날이 밝아 이른 아침이 되면 동쪽 하늘에 아침해가 솟아오르려고 할 때 봉황의 일종인 곤새가 기분좋게 하늘을 높이 날아오른다.

耽	[耽羅탐라] 제주도의 옛 이름. [耽讀탐독] 글 읽기에 빠짐. [耽溺탐닉] 어떤 일을 지나치게 즐겨 거기에 빠짐.	讀 	[讀書독서] 책을 읽음. [讀者독자] 책·신문·잡지 따위의 출판물을 읽는 사람. [讀後感독후감] 책을 읽고 난 뒤의 느낌, 또는 그 느낌을 적은 글. [讀本독본] 글을 읽어서 그 내용을 익히기 위한 책.
0785 2급	즐길 탐 耳부/총 10획	0786 6급	읽을 독/구절 두 言부/총 22획
	丁 F E 耳 耺 耽 耽		言 訁 詰 詰 詰 讀 讀

독서(讀)를 탐닉해(耽)

翫 	[翫弄완롱] 장난감이나 놀림감으로 삼음.	市 	[市場시장] 여러 가지 상품을 팔고 사는 장소. [市長시장] 시를 대표하고 시의 행정을 관장하는 직, 또는 그 직에 있는 사람. [市民시민] 시에 살고 있는 사람. 시의 주민.
0787	갖고놀 완 羽부/총 15획	0788 7급	저자 시 巾부/총 5획
	ヨ 羽 羽 翌 習 習 翫 翫		丶 亠 产 市 市

시내(市) 서점에서 놀고(翫)

 耽讀翫市 [탐독완시] 후한 때의 왕충(王充)은 책을 좋아하였으나 살 수 없을 정도로 가난하여 낙양의 시장 안에 있는 서점 앞에 서서 책을 읽었다.

0789 붙일 우
1급 宀부/총 12획

宀宀宁宙宵寓寓寓

[寓意우의] 어떤 의미를 직접 말하지 않고 다른 사물에 빗대어 넌지시 비춤.
[寓話우화] 교훈적·풍자적인 내용을 동식물 등에 빗대어 엮은 이야기.
[僑寓교우] 남의 집에서 임시로 붙어 삶.

0790 눈 목
6급 目부/총 5획

丨冂冃目目

[目前목전] 눈 앞. 당장.
[目賊목적] 오징어를 이르는 말.
[科目과목] 학문의 구분.
[題目제목] 책이나 문학 작품 등에서 그것의 내용을 보이거나 대표하는 이름.
[注目주목] 눈길을 한곳에 모아서 봄.

독서에 눈(目)이 머물고(寓)

0791 주머니 낭
1급 口부/총 22획

口声㐭㐭壹橐囊

[囊乏낭핍] 지갑이나 주머니가 텅 비어 있음.
[囊空낭공] 빈 주머니.
[背囊배낭] 물건을 넣어 등에 질 수 있도록 천이나 가죽으로 주머니처럼 만든 것.

0792 상자 상
2급 竹부/총 15획

𥫗𥫗𥫗𥫗笹箱箱

[箱子상자] 나무나 판지 따위로 만든 그릇.
[箱籠상롱] 상자. 또는 바구니.
[蜂箱봉상] 벌통.
[巢箱소상] 벌집.
[皮箱피상] 짐승의 가죽으로 만든 상자.
[魂箱혼상] 혼백 상자.

글을 주머니(囊) 상자(箱)에 넣었다.

해설 寓目囊箱 [우목낭상] 왕충은 워낙 총명하여 글을 한 번 읽으면 잊지 아니하여 마치 주머니나 상자에 넣어두는 것과 같았다.

易

[易經역경] 삼경(三經)의 하나. 주역(周易).
[易書역서] 점에 관한 책.
[難易난이] 어려움과 쉬움.
[容易용이] 아주 쉬움. 어렵지 않음.
[交易교역] 물건을 서로 사고파는 일.
[平易평이] 쉬움.

0793 4급
쉬울 이/바꿀 역
日부/총 8획

丨 冂 日 月 <ruby>昂</ruby> 易 易

輶

[輶德유덕] 자연 그대로인 덕.

0794
가벼울 유
車부/총 16획

亘 車 軒 軒 輶 輶 輶

쉽고(易) 가볍게(輶) 보이는 것은

攸

[攸攸유유] 썩 먼 모양. 아득한 모양.

0795
바 유
攵부/총 7획

丿 亻 亻 仆 伫 攸 攸

畏

[畏敬외경] 공경하면서 두려워함.
[畏懼외구] 삼가고 두려워함.
[畏忌외기] 두려워하고 꺼림. 외탄(畏憚).
[畏愼외신] 두려워하여 언행을 삼감.

0796 3급
두려워할 외
田부/총 9획

丨 冂 田 田 甼 甼 畏

두려워해야(畏) 할 바(攸)이니

 易輶攸畏 [이유유외] 사람은 모름지기 가볍게 움직이고 쉽게 말하는 것을 두려워해야 한다.

屬

0797	붙일 속
4급	尸부/총 21획

尸 尸 屛 屬 屬 屬

[屬性속성] 사물의 본질을 이루는 고유한 성질.
[金屬금속] 열과 전기를 잘 전도하는 금·은·동·철 따위.
[所屬소속] 어떤 기관이나 조직에 딸림.
[從屬종속] 딴 사물에 딸리어 붙음.

耳

0798	귀 이
5급	耳부/총 6획

一 T F F E 耳

[耳順이순] 나이 60세를 이르는 말.
[耳科이과] 귀의 병을 고치는 의술.
[耳目이목] 귀와 눈을 아울러 이르는 말. 또는 주의나 관심.

붙어(屬) 있는 귀(耳)는

垣

0799	담 원
	土부/총 9획

土 圠 圩 垣 垣 垣 垣

[垣墻원장] 울타리. 토담.

墙

0800	담 장
3급	土부/총 16획

土 圠 圩 垆 垆 墙 墙

[墻壁장벽] 담장과 벽.
[墻內장내] 담장의 안.
[越墻월장] 담을 넘음.
[短墻단장] 낮은 담장.
[土墻토장] 흙으로 쌓아 친 담. 토담.

▷牆과 同字.

담장(垣墻)에도 있기 때문이다.

 屬耳垣墻 [속이원장] 마치 담장에 누군가 귀를 대고 있는 것같이 언제나 경솔히 말하는 것을 조심해야 한다.

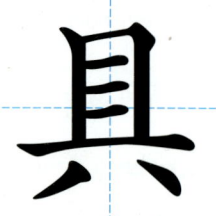

[具體구체] 사물이 실제로 뚜렷한 모양이나 형태를 갖추고 있는 것.
[具色구색] 물건 따위를 골고루 갖춤.
[道具도구] 어떤 일을 할 때에 쓰이는 연장.
[家具가구] 가정 살림에 쓰이는 온갖 세간.

0801 / 5급 / 갖출 구 / 八부/총 8획
一 丁 FT 目 且 具 具

[膳物선물] 남에게 선사로 주는 물품.
[膳夫經선부경] 지금의 요리책.

0802 / 1급 / 반찬 선 / 肉부/총 16획
月 肝 胪 膳 膳 膳 膳

구색(具)을 갖춘 반찬(膳)과

[湌饔손옹] 저녁밥과 아침밥. 조석의 식사.
▷飱과 통용.
※湌飯(손반) : '밥을 물에 말아 먹다'라는 말로, 소박한 밥상이라는 뜻임.

0803 / 밥말 손 / 水부/총 12획
氵 汁 汢 冷 湌 湌 湌

[飯酒반주] 밥을 먹을 때에 곁들여서 한두 잔 마시는 술.
[白飯백반] 흰밥. 음식점에서 흰밥에 국과 반찬을 곁들여 파는 한 상의 음식.
[朝飯조반] 아침밥.
[殘飯잔반] 먹다 남은 밥.

0804 / 3급Ⅱ / 밥 반 / 食부/총 13획
人 스 今 今 食 飣 飯

밥을 말아 먹으면(湌飯)

 具膳湌飯 [구선손반] 군자는 반드시 반찬과 밥을 갖추는 예의를 차리고 식사를 해야 한다.

| 0805 4급 | 맞을 적 辶부/총 15획 |

- [適切적절] 꼭 알맞음.
- [適當적당] 정도나 이치에 꼭 알맞고 마땅함.
- [適格적격] 어떤 일에 자격이 알맞음, 또는 그 자격. ↔ 결격(缺格)
- [適期적기] 알맞은 시기.
- [適齡적령] 어떤 표준이나 규정에 알맞은 연령.

亠 ナ 广 产 商 商 適

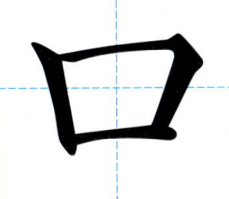

| 0806 7급 | 입 구 口부/총 3획 |

- [食口식구] 같은 집에서 끼니를 함께 하며 사는 사람.
- [人口인구] 한 나라 또는 일정한 지역 안에 사는 사람의 수.
- [出口출구] 나가는 어귀. ↔ 입구(入口)
- [家口가구] 집안 식구.

丨 冂 口

입(口)에 적합해(適)

| 0807 5급 | 채울 충 儿부/총 6획 |

- [充分충분] 모자람이 없이 차거나 넉넉함.
- [充電충전] 전기를 축적함. ↔ 방전(放電)
- [充實충실] 내용 따위가 잘 갖추어지고 알참.
- [充足충족] 넉넉하게 채움.
- [補充보충] 모자란 것을 채움.

丶 一 ㅗ 去 产 充

| 0808 4급 | 창자 장 肉부/총 13획 |

- [大腸대장] 내장의 일부로, 소장의 끝에서 항문에 이르는 소화 기관. 큰창자.
- [直腸직장] 장의 끝 부분. 곧은창자.
- [脫腸탈장] 내장의 일부가 원래 있어야 할 장소에서 복벽의 찢어진 틈을 통하여 밖으로 나옴.

月 朋 朋 胆 肥 腸 腸

위장(腸)이 충족(充)하다.

 適口充腸 [적구충장] 또한 자기 입에 맞으면 맛있게 먹고 최소한의 배고픔만 가시도록 하면 되는 것이다.

[飽腹포복] 배부르게 먹음.
[飽滿感포만감] 음식을 충분히 먹어 배가 부른 느낌.
[飽食포식] 배부르게 먹음.
[暖飽난포] 옷을 따뜻하게 입고 밥을 배불리 먹음.

0809 3급
배부를 포
食부/총 14획

ノ 今 今 今 食 飣 飴 飽 飽

[飫聞포문] 싫증이 날 만큼 많이 들음.
[飽飫포어] 물릴 때까지 먹음.

0810
배부를 어
食부/총 13획

ノ 今 今 今 食 飣 飫 飫

포식(飽飫)하면

[烹羊팽양] 양을 삶음, 또는 그 양.
[烹宰팽재] 동물을 죽여 삶은 것으로 '좋은 요리'를 뜻함.

0811
삶을 팽
火부/총 11획

亠 古 亨 亨 亨 烹 烹

[宰相재상] 임금을 보필하며 모든 관원을 지휘·감독하는 자리에 있는 이품 이상의 벼슬을 통틀어 이르던 말.
[宰割재할] 일을 주장하여 처리함.
[宰殺재살] 짐승을 잡아 죽임. 도살(屠殺).

0812 3급
재상 재
宀부/총 10획

丶 宀 宀 宰 宰 宰 宰

좋은 음식(烹宰)도 싫어하고

해설 飽飫烹宰 [포어팽재] 배가 부르면 아무리 좋은 음식도 그 맛을 모른다. 팽재란 삶은 고기에 갖은 양념을 한 것으로 진수성찬을 말한다.

飢

[飢餓기아] 굶주림.
[飢渴기갈] 배고프고 목마름.
[飢色기색] 굶주린 얼굴빛.
[飢世기세] 흉년(凶年).
[虛飢허기] 배가 몹시 고픔.
[療飢요기] 음식을 먹어 시장기를 면함.

0813 3급 주릴 기
食부/총 11획

ノ へ 今 今 食 食 飢

厭

[厭症염증] 달갑지 않게 여기는 마음. 싫증.
[厭倦염권] 물리어 싫증이 남.
[厭世염세] 세상을 싫어함.
[厭惡염오] 싫어서 미워함.
[厭足염족] 만족함.
[嫌厭혐염] 미워서 싫어함.

0814 2급 싫어할 염
厂부/총 14획

厂 厂 厃 厃 厭 厭 厭

굶주리면(飢) 싫어도(厭)

[糟糠조강] 지게미와 쌀겨. 가난한 사람이 먹는 보잘 것없는 음식.

0815 1급 술지게미 조
米부/총 17획

ヽ 丷 米 粗 粗 糟 糟

[糠粃강비] 겨와 쭉정이. 가치 없는 사물의 비유.

0816 1급 쌀겨 강
米부/총 17획

ヽ 米 籵 籵 糠 糠

조강(糟糠)을 먹게 된다.

 飢厭糟糠 [기염조강] 이와 반대로 배가 고플 때는 술지게미나 쌀겨라도 맛이 있는 법이다.

| 親
 0817 6급
 친할 친
 見부/총 16획
 亠辛亲新新親親親 | [親家친가] 집. 가정(家庭).
 [先親선친] 남에게, 돌아가신 자기의 아버지를 일컫는 말.
 [母親모친] 어머니를 정중히 이르는 말. ↔ 부친(父親)
 [父親부친] 아버지를 정중히 이르는 말. | 戚
 0818 3급Ⅱ
 친척/겨레 척
 戈부/총 11획
 厂厂厂厂戚戚戚 | [外戚외척] 외가 쪽의 친척. ↔ 내척(內戚)
 [哀戚애척] 사람의 죽음을 슬퍼하고 애석해함. 애도(哀悼).
 [親戚친척] 친족과 외척. |

친척(親戚)과

| 故
 0819 4급Ⅱ
 연고 고
 攴부/총 9획
 一十古古古故故 | [故意고의] 일부러 하는 생각이나 태도.
 [故國고국] '자기 나라'를 이르는 말. 본국(本國).
 [故鄕고향] 태어나서 자란 곳.
 [故舊고구] 오래 된 친구.
 [事故사고] 뜻밖에 일어난 사건이나 탈. | 舊
 0820 5급
 예 구
 臼부/총 18획
 艹艹萑萑舊舊舊 | [舊家구가] 옛날에 살던 집.
 [舊屋구옥] 지은 지 오래된 집. 고가(古家).
 [舊面구면] 이전부터 안면이 있는 사람. ↔ 초면(初面)
 [舊式구식] 그전 형식.
 [新舊신구] 새것과 헌것을 아울러 이르는 말. |

옛 친구(故舊)

 해설 親戚故舊 [친척고구] 가까운 일가나 옛 친구는 서로 가깝게 지내야 한다. 친(親)은 아버지 쪽의 일가를, 척(戚)은 어머니 쪽의 일가를 말한다.

	[老少노소] 늙은이와 젊은이. [老人노인] 나이가 많은 사람. 늙은이. [老母노모] 늙은 어머니. [老年노년] 늙은 나이. [不老草불로초] 먹으면 늙지 않는다는 약초.		[少年소년] 아주 어리지도 않고 완전히 자라지도 않은 남자 아이. ↔少女 [少數소수] 적은 수효. [稀少희소] 매우 드물고 적음. [僅少근소] 얼마 되지 않을 만큼 아주 적음. [年少연소] 나이가 젊음.
08.21 7급	늙을 로 老부/총 6획	08.22 7급	적을/젊을 소 小부/총 4획
一十土耂耂老		ノ小小少	

노인(老)과 소년(少)의

	[異同이동] 다른 것과 같은 것을 통틀어 이르는 말. [異國이국] 다른 나라. 외국. [異端이단] 전통이나 권위에 반항하는 주장이나 이론. [異變이변] 예상하지 못한 사태나 괴이한 변고.	糧	[糧食양식] 식량(食糧). [糧穀양곡] 양식으로 쓰이는 곡식. [食糧식량] 살아가는 데 필요한 먹을거리. 양식(糧食). [軍糧米군량미] 군대의 식량으로 쓰는 쌀.
08.23 4급	다를 이 田부/총 11획	08.24 4급	양식 량 米부/총 18획
冂田甲甲畀畀異異		丷半米籵糎糧糧	

양식(糧)은 달라야(異) 한다.

 老少異糧 [노소이량] 노인과 소년의 음식은 달라야 한다. 노인은 소화가 잘 되는 음식을, 소년은 발육에 좋은 음식을 먹어야 한다.

妾		御	
첩 첩 3급 女部/총 8획	[妾室첩실] '첩'을 점잖게 이르는 말. [妾子첩자] 첩의 자식. [妾出첩출] 첩의 소생. [愛妾애첩] 사랑하여 아끼는 첩. [臣妾신첩] 임금에게 대하여 여자가 스스로를 일컫던 말.	거느릴/모실 어 3급Ⅱ 彳部/총 11획	[御用어용] 임금이 씀. [御命어명] 임금의 명령. [御醫어의] 궁중에서 임금과 왕족의 진료를 맡아보던 의사. [制御제어] 억눌러 따르게 함. 기계·설비 따위가 알맞게 움직이도록 조절함.

아내와 첩(妾)은 남편을 모시고(御)

績		紡	
길쌈 적 4급 糸部/총 17획	[成績성적] 학생들의 학업이나 시험의 결과. [業績업적] 이룩해 놓은 성과. [功績공적] 쌓은 공로. [實績실적] 어떤 일에서 이룬 실제의 공적이나 업적. [治績치적] 잘 다스린 공적.	길쌈 방 2급 糸部/총 10획	[紡績방적] 동식물의 섬유를 가공하여 실을 뽑는 일. [紡織방직] 실을 만드는 일과 피륙을 짜는 일. [紡毛방모] 양모(羊毛)로 털실을 뽑음. [紡機방기] 실을 뽑는 기계. [絹紡견방] 견사 방적.

길쌈을 하고(績紡)

 妾御績紡 [첩어적방] 아내가 해야 할 일은 누에를 쳐서 실을 짜 가족들에게 옷을 지어 입히는 일이다.

[侍從시종] 임금을 가까이 모시고 따라다니는 신하.
[侍女시녀] 지난날, 지체 높은 사람의 가까이에 있으면서 시중을 들던 여자.
[侍生시생] 모시고 있는 소생(小生)이란 뜻으로, 웃어른에게 대하여 '자기'를 낮추어 일컫는 말.

08.29 3급Ⅱ 모실 시
人부/총 8획
亻 亻 亻 仏 仕 仕 侍 侍

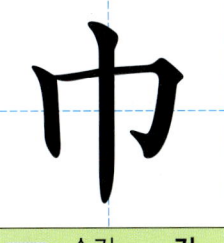

[巾櫛건즐] 수건과 빗.
[網巾망건] 상투 튼 사람이 머리에 두르는 물건.
[脛巾경건] 무릎 아래 다리에 감는, 헝겊으로 만든 띠. 각반.

08.30 1급 수건 건
巾부/총 3획
丨 冂 巾

수건(巾)을 들고 시중(侍)을 든다

[帷帳유장] 휘장. 장막. 대장이 작전 계획을 세우는 곳.
[帷房유방] 휘장을 늘어뜨린 방. 곧, 침실. 규방(閨房).

08.31 휘장 유
巾부/총 11획
冂 巾 忄 忄 忙 帷 帷

[監房감방] 교도소에서 죄수를 가두어 두는 방.
[獨房독방] 혼자서 쓰는 방.
[冷房냉방] 찬 방.
[冊房책방] 서점(書店).
[茶房다방] 다실. 찻집.
[閨房규방] 부녀자가 거처하는 방.

08.32 4급Ⅱ 방 방
戶부/총 8획
丶 亠 亍 戶 戶 房 房

휘장(帷) 친 방(房)에서.

 해설 侍巾帷房 [시건유방] 또한 아내는 외출에서 돌아온 남편이 씻는 동안 수건을 들고 기다렸다가, 휘장이 늘어진 안방으로 편안히 모신다.

紈

[紈扇환선] 흰 비단으로 만든 둥근 부채.

0833	흰깁 환
	糸부/총 9획

幺 幺 糸 糸 紀 紈 紈

扇

[扇狀地선상지] 골짜기 어귀에 자갈이나 모래가 퇴적하여 이루어진 부채꼴 모양의 지형.

0834	부채 선
1급	戶부/총 10획

戶 戶 戶 戶 扇 扇 扇

환선(紈扇)은

圓

[圓形원형] 둥글게 생긴 모양. 원 모양.
[圓滿원만] 성격이나 행동이 모나지 않고 두루 너그러움.
[圓心원심] 원의 중심.
[圓柱원주] 둘레를 둥그렇게 깎아 만든 기둥.
[圓盾원순] 원형의 방패.

0835	둥글 원
4급Ⅱ	口부/총 13획

冂 門 冎 冎 圓 圓 圓

潔

[潔白결백] 행동이나 마음 따위가 조촐하고 깨끗하여 허물이 없음.
[淸潔청결] 지저분한 것을 없애어 맑고 깨끗함.
[不潔불결] 깨끗하지 않음. 더러움. ↔ 청결(淸潔)
[純潔순결] 순수하고 깨끗함.

0836	깨끗할 결
4급Ⅱ	水부/총 15획

氵 氵 汈 沎 潔 潔 潔

둥글고(圓) 청결(潔)하며

 紈扇圓潔 [환선원결] 방안에는 둥글고 아름다운 환선이라 불리는 부채가 놓여 있다. 깁은 명주실로 거칠게 짠 비단을 일컫는다.

銀	[銀行은행] 일반인의 예금을 맡고 다른 데 대부하는 일, 유가 증권을 발행·관리하는 일 등을 하는 금융 기관. [金銀금은] 금과 은. [水銀수은] 상온에서 유일하게 액체 상태로 있는 은백색의 금속 원소.	燭	[燭光촉광] 촛불의 빛. 빛의 세기를 나타내는 단위. [燭臺촉대] 초를 세워 놓는 기구. 촛대. [燭淚촉루] 초가 탈 때, 흘러내려 엉긴 것. 촛농. [燭心촉심] 초의 심지. [華燭화촉] '혼례'를 달리 이르는 말.
0837 6급 은 은 金부/총 14획 스 仐 全 金 鈩 鈤 鈤 銀 銀		0838 3급 촛불 촉 火부/총 17획 火 火' 火" 焓 焔 燭 燭	

은빛(銀) 촉광(燭)이

煒	[煒煒위위] 빛나서 눈부신 모양. [煒煌위황] 환하게 빛나는 모양.	煌	[煌星황성] 반짝반짝 빛나는 별. 샛별. [煌煌황황] 눈부신 모양. [敦煌돈황] 중국 지명. [輝煌휘황] 광채가 눈부시게 빛남.
0839 빛날 위 火부/총 13획 火 火' 火" 炲 炲 煒 煒		0840 1급 빛날 황 火부/총 13획 火 火' 火" 炲 煌 煌 煌	

휘황찬란(煒煌)하다.

 銀燭煒煌 [은촉위황] 또 은촛대에서 번지는 불길로 방안이 휘황찬란하다. 환선과 은촉은 중국 가정에서 흔히 볼 수 있는 가재도구이다.

畫	[畫夜주야] 밤낮. [畫間주간] 낮 동안. ↔ 야간(夜間) [白畫백주] 대낮.	眠	[熟眠숙면] 잠이 깊이 듦, 또는 그 잠. [催眠최면] 잠이 오게 함. [冬眠동면] 어떤 동물이 겨울 동안 생활 활동을 멈추고 땅속이나 물속에서 이듬해 봄까지 잠자는 상태에 있는 현상.
0841 6급	낮 주 日부/총 11획 フコユ聿聿書書書	0842 3급Ⅱ	잘 면 目부/총 10획 冂冂月目目'眠眠眠

낮(畫)에는 낮잠(眠)을

夕	[七夕칠석] 음력 칠월 초이렛날의 밤.(이날 밤에 견우와 직녀가 1년 만에 오작교에서 만난다는 전설이 있음.) [秋夕추석] 한가위. [晨夕신석] 새벽과 저녁.	寐	[寐語매어] 잠꼬대. [夢寐몽매] 잠을 자며 꿈을 꿈. [寤寐오매] 깨어 있는 때와 자는 때.
0843 7급	저녁 석 夕부/총 3획 ノクタ	0844 1급	잠잘 매 宀부/총 12획 宀宀宀宀疒疒寐

저녁(夕)에는 긴 잠(寐)을 자는

 畫眠夕寐 [주면석매] 낮에는 잠깐 졸고 저녁에는 깊은 잠을 잔다. 즉 태평스럽고 안정된 생활을 일컫는다.

藍 0845 2급 쪽 람 艹부/총 18획 ᅟ ᅟ ᅟ ᅟ ᅟ ᅟ 藍 藍 藍	[藍碧남벽] 짙은 푸른 빛. [藍色남색] 파랑과 보라의 중간색. [藍輿남여] 의자 비슷하고 위를 덮지 않은 작은 가마. [藍鐵남철] 남빛이 나는 쇠. [出藍출람] 제자가 스승보다 더 뛰어남을 이름.

筍 0846 1급 죽순 순 竹부/총 12획 ᅟ ᅟ ᅟ ᅟ ᅟ ᅟ 筍	[蔬筍소순] 채소와 죽순. [竹筍죽순] 대의 땅속줄기에서 돋아나는 어리고 연한 싹.

푸른(藍) 대자리(筍)와

象 0847 4급 코끼리/모양 상 豕부/총 12획 ᅟ ᅟ ᅟ ᅟ ᅟ ᅟ 象 象	[對象대상] 어떤 일의 상대 또는 목표나 목적이 되는 것. [印象인상] 마음에 깊이 새겨져 잊혀지지 않는 자취. [表象표상] 본받을 만한 대상.

床 0848 4급Ⅱ 평상 상 广부/총 7획 ᅟ ᅟ ᅟ ᅟ ᅟ 床 床	[病床병상] 병자가 눕거나, 또는 누워 있는 침상. [寢床침상] 누워 잘 수 있게 만든 평상. [卓床탁상] 책상·앞상·평상 따위를 통틀어 이르는 말. [冊床책상] 책을 읽거나 글씨를 쓰는 데 쓰는 상.

상아(象)로 된 침상(床)이 있다.

 藍筍象床 [남순상상] 쪽빛 나는 대쪽을 엮어 만든 자리와 상아로 만든 아름다운 침상에서 지낸다. 즉, 이 또한 부족함이 없는 태평세월을 뜻한다.

絃	[絃樂현악] 현악기로 타는 음악. [續絃속현] 아내를 여읜 뒤 다시 새 아내를 맞는 일. [管絃관현] 관악기와 현악기. [絕絃절현] 진정으로 자기를 알아주는 사람과 사별함을 이르는 말.	歌	[歌手가수] 노래를 부르는 일이 직업인 사람. [國歌국가] 나라를 대표·상징하는 노래. [軍歌군가] 군대의 사기를 돋우기 위하여 지어 부르는 노래. [校歌교가] 학교를 상징하는 노래.
0849 3급 줄 현 糸부/총 11획 ` 幺 幺 糸 糹 紆 絃		0850 7급 노래 가 欠부/총 14획 哥 哥 哥 哥 歌 歌	

현악기(絃)에 맞춰 노래하고(歌)

酒	[酒店주점] 술집. [酒客주객] 술을 좋아하는 사람, 또는 술을 먹는 사람. [酒量주량] 견딜 수 있을 만큼 마시는 술의 분량. [飮酒음주] 술을 마심. [洋酒양주] 서양에서 들여온 술.	讌	[讌會연회] 잔치. 연회(宴會).
0851 4급 술 주 酉부/총 10획 氵汀汀洒洒酒酒		0852 잔치 연 言부/총 23획	

주연(酒讌)장에서는

해설 絃歌酒讌 [현가주연] 손님을 청해 거문고를 타고 노래와 술로 흥겨운 잔치를 벌인다.

接	[接待접대] 음식을 차려 손님을 맞음. 대접. [接受접수] 신청이나 신고를 구두나 문서로 받음. [接合접합] 한데 이어 붙이거나 서로 닿아서 맞붙음. [間接간접] 사이의 다른 것을 통해 연결되는 관계.	杯	[杯酒배주] 잔에 따른 술. [乾杯건배] 여러 사람이 경사를 축하하거나 건강을 기원하면서 함께 술잔을 들어 술을 마시는 일. [苦杯고배] '쓰라린 경험'을 비유하여 이르는 말. [祝杯축배] 축하하는 뜻으로 마시는 술.
0853 4급Ⅱ 이을/접할 접 手부/총 11획 扌扩扩扩接接接		0854 3급 잔 배 木부/총 8획 一十才木朽杯杯杯	

술잔(杯)을 주고받고(接)

擧	[擧手거수] 손을 위로 들어 올림. [擧行거행] 행사나 의식을 차리어 치름. [擧動거동] 몸을 움직이는 짓이나 태도. [選擧선거] 일정한 조직이나 집단에서 그 대표자나 임원을 투표로 뽑음.	觴	[觴酌상작] 술잔을 주고받음. 대작함. [觴酒상주] 잔술. 잔에 따른 술. [濫觴남상] 사물의 처음. 시작.
0855 5급 들 거 手부/총 18획		0856 1급 잔 상 角부/총 18획	

술잔(觴)을 들기도(擧) 한다.

해설 接杯擧觴 [접배거상] 술잔이 오가며 잔치가 무르익고, 또한 술잔을 들어 태평성대를 노래한다.

矯

0857 3급	바로잡을/들 교
	矢부/총 17획

` 矢 矣 矫 矫 矯 矯 `

- [矯導교도] 바로잡아 인도함.
- [矯導所교도소] 행형(行刑) 사무를 맡아보는 기관. 감옥.
- [矯僞교위] 속임.
- [矯正교정] 좋지 않은 버릇이나 결점 따위를 바로잡아 고침.

手

0858 7급	손 수
	手부/총 4획

` 一 二 三 手 `

- [手足수족] 손발.
- [手中수중] 손 안.
- [手工수공] 손으로 하는 공예.
- [木手목수] 나무를 다루어 집을 짓거나 가구, 기구 따위를 만드는 일을 업으로 하는 사람.
- [洗手세수] 얼굴을 씻음.

손(手)을 들고(矯)

頓

0859 2급	조아릴/두드릴 돈
	頁부/총 13획

` 口 屯 屯 頓 頓 頓 頓 `

- [頓悟돈오] 문득 깨달음.
- [頓足돈족] 발을 동동 구름. 제자리걸음을 함.
- [異次頓이차돈] 신라 때의 승려.

足

0860 7급	발 족
	足부/총 7획

` 丶 口 口 口 足 足 足 `

- [足球족구] 공을 발로 차 넘겨 배구처럼 하는 구기.
- [不足부족] 어떤 한도에 모자람. 넉넉하지 않음.
- [豊足풍족] 매우 넉넉하여 모자람이 없음.
- [濯足탁족] 발을 씻음.
- [駿足준족] 걸음이 빠르고 잘 달림.

발(足)을 구르니(頓)

해설 矯手頓足 [교수돈족] 흥취가 무르익으니 손을 들고 발을 굴리면서 춤을 춘다.

悅	[悅樂열락] 기뻐하고 즐거워함. [悅愛열애] 기쁜 마음으로 사랑함. [悅豫열예] 기뻐하고 즐거워함. 열락(悅樂). [喜悅희열] 기쁨과 즐거움. 희락(喜樂).
0861 3급Ⅱ 기쁠 열 心부/총 10획	
´ ㅣ ㅏ ㅏ ㅏ 怡 怡 悅	

豫	[豫測예측] 앞으로의 일을 미리 짐작함. [豫防예방] 미리 막음. [豫習예습] 아직 배우지 않은 것을 미리 학습하거나 연습함. [豫約예약] 미리 약속함. [豫言예언] 미래에 일어날 일을 미리 헤아려 말함.
0862 4급 미리/즐길 예 豕부/총 16획	
´ 予 予 豫 豫 豫 豫	

기쁘고 즐거우며(悅豫)

且	[且置차치] 내버려 두고 문제 삼지 않음. [且月차월] '음력 유월'을 달리 이르는 말. [況且황차] 하물며. [苟且구차] 살림이 매우 가난함.
0863 3급 또 차 一부/총 5획	
l ㄇ ㅕ ㅌ 且	

康	[康健강건] 윗사람의 기력이 실하고 튼튼함. [康樂강락] 몸이 편안하여 마음이 즐거움. 안락(安樂). [健康건강] 정신적으로나 육체적으로 아무 탈이 없고 튼튼함.
0864 4급Ⅱ 편안 강 广부/총 11획	
´ 广 戶 戶 庐 康 康	

또한(且) 강녕(康)하다.

 悅豫且康 [열예차강] 이처럼 술 마시고 노래 부르고 춤을 추니 기쁘고 즐겁고, 또한 사는 것이 편안하기 그지없다.

嫡	[嫡庶적서] 적자와 서자. [嫡室적실] 정실. [嫡子적자] 정실이 낳은 아들.	後	[後方후방] 뒤쪽. [後食후식] 디저트. [先後선후] 앞뒤. [前後전후] 앞뒤. [事後사후] 일이 끝난 뒤. [死後사후] 죽은 뒤. [今後금후] 이제로부터 뒤. [午後오후] 정오부터 해가 질 때까지의 동안.
0865 1급	정실 적 女부/총 14획	0866 7급	뒤 후 彳부/총 9획
ㄑ ㄠ 女 女^产 嫡 嫡 嫡		彳 彳 彳^ㄏ 彳^ㄏ 伊 後	

적자(嫡)는 후사(後)를

嗣	[嗣續사속] 집안이나 아버지의 대(代)를 이음. [嗣者사자] 대를 이을 아들. 맏아들. [後嗣후사] 대를 잇는 자식.	續	[續出속출] 계속하여 나옴. [續行속행] 계속하여 행함. [續編속편] 이미 편찬된 책에 잇대어 편찬된 책. [相續상속] 이어받음. [接續접속] 서로 맞닿게 이음. [繼續계속] 끊이지 아니하고 잇대어 나아감.
0867 1급	대이을 사 口부/총 13획	0868 4급Ⅱ	이을 속 糸부/총 21획
月 月 月 扁 嗣 嗣 嗣		幺 糸 糸^ㄏ 結 結 績 續	

이어야 하고(嗣續)

해설 嫡後嗣續 [적후사속] 적실(嫡室), 즉 맏아들은 부모의 대(代)를 이어받아 가정을 번성하도록 이끌어야 한다.

[祭壇제단] 제사를 지내는 단.
[祭典제전] 제사를 지내는 의식.
[祭禮제례] 제사의 예절.
[祝祭축제] 경축하여 벌이는 큰 잔치나 행사.
[忌祭기제] 해마다 죽은 날에 지내는 제사.

0869 4급Ⅱ 제사 제 示부/총 11획
クタ刄奴祭祭祭祭

0870 3급Ⅱ 제사 사 示부/총 8획
二千禾示祀祀祀

[祀典사전] 제사를 지내는 예전(禮典).
[祭祀제사] 신령이나 죽은 사람의 넋에게 음식을 차려 놓고 정성을 나타냄. 또는 그런 의식.

제사(祭祀)에는

제사는 경건하게

[蒸氣증기] 액체나 고체가 증발 또는 승화하여 생긴 기체.
[蒸發증발] 액체가 그 표면에서 기체로 변하는 일.
[蒸炎증염] 무더위.
[水蒸氣수증기] 물이 증발하여 생긴 기체, 또는 기체 상태로 되어 있는 물.

0871 3급Ⅱ 찔 증 艹부/총 14획
艹艹艹茨蒸蒸蒸

0872 3급 맛볼/일찍 상 口부/총 14획
′′′尚尚尝嘗嘗

[嘗味상미] 맛을 봄.
[嘗試상시] 시험하여 봄.

※蒸嘗(증상) : '蒸'은 겨울에 지내는 제사이고, '嘗'은 가을에 지내는 제사를 말함.

증상(蒸嘗)이 있다.

해설 祭祀蒸嘗 [제사증상] 맏아들은 부모가 돌아가시면 조상의 제사를 모셔야 한다. 증(蒸)은 겨울에 올리는 제사, 상(嘗)은 가을에 올리는 제사이다.

稽

0873	조아릴 계
	禾부/총 16획

二 千 禾 秆 秋 秋 稽 稽

[稽顙계상] 이마가 땅에 닿도록 절을 함.

顙

0874	이마 상
	頁부/총 19획

又 丞 桑 桑 顙 顙 顙

[顙汗상한] 이마의 땀.

이마(稽顙)를 조아려

⑤ 배   ④ 공수   ③ 궤   ② 읍   ① 흥

再

0875	두/다시 재
5급	冂부/총 6획

一 ㄒ 冂 円 再 再

[再昨年재작년] 지난해의 바로 전 해. 그끄러께.
[再考재고] 다시 한 번 생각함.
[再生재생] 버리게 된 물건을 다시 살려서 쓰게 만듦.
[再活재활] 다시 활동함.
[再拜재배] 두 번 절을 함.

拜

0876	절 배
4급II	手부/총 9획

一 二 三 手 手 拜 拜 拜

[拜上배상] '삼가 올림'의 뜻으로, 흔히 편지 글 끝에 쓰는 말.
[歲拜세배] 섣달그믐이나 정초에 하는 인사.
[禮拜예배] 신이나 부처에게 공손한 마음으로 절함.
[參拜참배] 무덤이나 기념탑 앞에서 절하고 기림.

재배(再拜)하니

해설 稽顙再拜 [계상재배] 제사를 지낼 때에는 이마를 조아려 조상에게 두 번 절한다.

悚	[悚悸송계] 두려워함. [悚懼송구] 두려워함. [罪悚죄송] 죄스러울 정도로 황송함.	懼	[恐懼공구] 몹시 두려움. [疑懼의구] 의심하고 두려워함. [戒懼계구] 조심하고 두려워함. [危懼위구] 염려하고 두려워함, 또는 그러한 느낌. [敬懼경구] 공경하면서 두려워함. 경외(敬畏).
0877 1급 두려워할 송 心부/총 10획 亻亻忄忄忄悚悚悚		0878 3급 두려워할 구 心부/총 21획 亻忄忄忄忄懼懼	

송구(悚懼)스럽고

恐	[恐龍공룡] 중생대의 쥐라기에서 백악기에 걸쳐 살았던 거대한 파충류의 화석 동물을 통틀어 이르는 말. [恐妻家공처가] 아내에게 눌려 지내는 남편. [可恐가공] 두려워할 만함. 놀랄 만함.	惶	[惶恐황공] 위엄이나 지위 따위에 눌리어 두려움. [惶忙황망] 바빠서 어리둥절함. [惶悚황송] 분에 넘쳐 고맙고도 송구함.
0879 3급Ⅱ 두려울 공 心부/총 10획 工 丁 丌 巩 巩 恐 恐		0880 1급 두려워할 황 心부/총 12획 亻忄忄忄忄惶惶	

황공(惶恐)하다.

 悚懼恐惶 [송구공황] 또한 제사를 지낼 때에는 송구스럽고 엄숙한 자세로 정성스레 추모하여야 한다.

牋	[牋翰전한] 종이와 붓. [牋啓전계] 편지. 서간.	牒	[牒紙첩지] 대한 제국 때, 최하급의 관리인 판임관에게 내리던 임명장. [牒案첩안] 공문서. [通牒통첩] 서면으로 통지함, 또는 그 문서.
0881 종이 전 片부/총 12획	ノ 丬 片 片 片 片 片 牋 牋	0882 1급 편지 첩 片부/총 13획	ノ 丬 片 片 片 片 片 牒 牒

편지(牋)와 공문서(牒)는

簡	[簡潔간결] 간단하고 깔끔함. [簡單간단] 까다롭지 않고 단순함. 간략(簡略). [簡易간이] 간단하고 쉬움. [簡素간소] 간략하고 소박함. 간단하고 수수함. [簡便간편] 간단하고 편리함.	要	[要理요리] 요긴한 이치나 도리. [要望요망] 어떻게 해 주기를 바람. [要式요식] 반드시 좇아야 할 일정한 법식. [重要중요] 귀중하고 요긴함.
0883 4급 대쪽/간략할 간 竹부/총 18획	' ' ' ' ' 竹 竹 節 簡 簡	0884 5급 구할/요긴할 요 襾부/총 9획	一 一 一 一 一 一 一 要 要 要 ▷要는 同字.

간략(簡)하게 요약(要)하고

 牋牒簡要 [전첩간요] 편지를 쓸 때에는 꼭 해야 할 말만을 간략하게 하는 것이 중요하다.

顧	[顧問고문] 자문에 응하여 의견을 말하는 직책. [顧客고객] 상점 따위에 물건을 사러 오는 손님. [顧慮고려] 이미 지난 일을 다시 돌이켜 생각함. [回顧錄회고록] 지난 일을 돌이켜 생각하여 적은 기록.	 答	[答紙답지] 답을 쓴 종이. 답안지. [答訪답방] 남의 방문에 대한 답례로 방문함. [問答문답] 물음과 대답, 또는 서로 묻고 대답함. [正答정답] 옳은 답. 맞는 답. [名答명답] 매우 잘한 대답.
0885 3급 돌아볼 고 頁부/총 21획 フ戶戶屌屌顧顧		0886 7급 대답 답 竹부/총 12획 ⺮⺮⺮⺮答答	

돌아보고(顧) 답례할(答) 때에는

	[審察심찰] 자세히 살피어 조사함. [審判심판] 문제가 되는 안건을 심의하여 판결을 내리는 일. [審理심리] 사실을 자세히 조사하여 처리함. [審問심문] 자세히 따져서 물음.		[詳述상술] 자세하게 진술함. ↔ 개술(概述) [詳論상론] 상세히 논함. [詳細상세] 자상하고 세밀함. [詳報상보] 상세히 알림. [未詳미상] 알려지지 않음. [昭詳소상] 분명하고 상세함.
0887 3급Ⅱ 살필 심 宀부/총 15획 宀宀宀宙宷審審		0888 3급Ⅱ 자세할 상 言부/총 13획 二言言言詳詳	

상세히(詳) 심사(審)해야 한다.

 顧答審詳 [고답심상] 웃어른께 대답할 때에는 다시 한 번 생각해 보고 자세히 살펴 겸손한 태도로 말한다.

骸	[骸骨해골] 죽은 사람의 살이 썩고 남은 앙상한 뼈. [遺骸유해] 죽은 사람의 뼈. 유골(遺骨). [殘骸잔해] 썩거나 타다가 남은 뼈.	垢	[垢穢구예] 때. 때가 묻어 더러움. [無垢무구] 잡물이 섞이지 않고 순수함.
0889 1급 뼈 해 骨부/총 16획		**0890 1급** 때 구 土부/총 9획	
⺼ 凸 骨 骨 骨 骸 骸		土 圠 圢 圬 垢 垢 垢	

몸(骸)에 때(垢)가 끼면

想	[想像상상] 미루어 생각함. [思想사상] 어떠한 사물에 대해 가지고 있는 구체적인 생각. [空想공상] 헛된 생각을 함. [感想감상] 마음에 느끼어 일어나는 생각. [理想이상] 생각할 수 있는 가장 완전한 상태.	浴	[浴室욕실] 목욕하는 시설을 갖춘 방. 목욕실. [浴槽욕조] 목욕물을 담는 통. [浴佛日욕불일] 음력 4월 8일. 석가탄신일. [沐浴목욕] 온몸을 씻음. [海水浴해수욕] 바다에서 헤엄치거나 노는 일.
0891 4급Ⅱ 생각할 상 心부/총 13획		**0892 5급** 목욕할 욕 水부/총 10획	
十 木 相 相 相 想 想		氵 汀 汋 浴 浴 浴 浴	

목욕(浴)을 상상(想)하고

해설 骸垢想浴 [해구상욕] 사람은 몸이 깨끗해야만 마음도 단정한 법이니, 몸에 때가 있으면 목욕을 하면 된다.

0893 3급II	잡을 **집** 土부/총 11획

土 吉 幸 幸 執 執

[執着집착] 어떤 일에만 마음이 쏠려 떠나지 아니함.
[執行집행] 정해진 일을 실제로 시행함.
[執權집권] 권세나 정권을 잡음.
[執念집념] 마음에 깊이 새겨 뗄 수 없는 생각.

0894 5급	더울 **열** 火부/총 15획

土 夫 幸 幸 執 熱 熱

[熱氣열기] 고조된 흥분, 또는 그런 분위기.
[熱意열의] 무슨 일을 이루려고 열성을 다하는 마음.
[熱情열정] 어떤 일에 열중하는 마음.
[熱火열화] 매우 격렬한 열정을 비유적으로 이름.

뜨거운 것(熱)을 잡으면(執)

0895 5급	원할 **원** 頁부/총 19획

厂 所 原 原 願 願 願

[願書원서] 지원하거나 청원하는 뜻을 적은 서류.
[願望원망] 원하고 바람.
[哀願애원] 애절히 바람.
[念願염원] 늘 생각하고 간절히 바람.
[所願소원] 무슨 일이 이루어지기를 바람.
[祝願축원] 잘되기를 빎.

0896 3급II	서늘할 **량** 水부/총 11획

氵 氵 氵 涼 涼 涼 涼

[涼氣양기] 서늘한 기운.
[淸涼청량] 맑고 서늘함.
[納涼납량] 여름에 더위를 피하여 서늘함을 맛봄.
[寒涼한량] 찬 기운과 서늘한 기운을 아울러 이르는 말.

▷凉은 俗字.

서늘한 것(涼)을 바란다(願).

 執熱願涼 [집열원량] 부주의하여 뜨거운 것을 잡았을 때에는 얼른 찬물이나 서늘한 물건으로 식혀야 한다.

驢	[驢馬여마] 당나귀. [驢車여거] 당나귀가 끄는 수레.	騾	[騾驢나려] 노새와 나귀. [騾子軍나자군] 노새를 탄 기병.
0897 나귀 려 馬부/총 26획		0898 노새 라 馬부/총 21획	
馬 馬 馬 馬 馬 驢 驢 驢		丆 馬 馬 馬 馬 騾 騾	

나귀(驢)와 노새(騾)

犢	[犢車독거] 송아지가 끄는 수레. [犢角독각] 송아지의 뿔.	特	[特食특식] 특별히 잘 차려진 식사. [特出특출] 남보다 특별히 뛰어남. [特級특급] 특별한 등급이나 계급. [特別특별] 보통과 아주 다름. [特許특허] 특별히 허가함.
0899 송아지 독 牛부/총 19획		0900 6급 특별할/수소 특 牛부/총 10획	
牛 牛 牛 犢 犢 犢 犢		一 十 牛 牜 牜 特 特	

송아지(犢)와 소(特)가

 驢騾犢特 [여라독특] 우리 생활과 밀접한 가축, 즉 나귀와 노새와 송아지와 소를 말한다. 노새는 수나귀와 암말과의 사이에서 난 변종(變種)이다.

駭

| 0901 1급 | 놀랄 해 馬부/총 16획 |

[駭怪해괴] 매우 괴상함.
[駭人해인] 사람을 놀라게 함.

臣 耳 馬 馬 馬亥 駭

躍

| 0902 3급 | 뛸 약 足부/총 21획 |

[躍動약동] 생기 있고 활발하게 움직임.
[躍進약진] 빠르게 발전하거나 진보함.
[跳躍도약] 몸을 위로 솟구쳐 뛰는 일.
[飛躍비약] 급격히 발전하거나 향상됨.
[活躍활약] 활발히 활동함.

口 显 显 躍 躍 躍 躍

놀라서(駭) 약진(躍)하고

超

| 0903 3급II | 뛰어넘을 초 走부/총 12획 |

[超越초월] 어떤 한계나 표준을 뛰어넘음.
[超過초과] 일정한 수나 한도를 넘음.
[超然초연] 어떤 현실 속에서 벗어나 그 현실에 아랑곳하지 않고 의젓함.
[超人초인] 보통 인간의 능력을 초월한 사람.

土 キ キ 走 起 起 超

驤

| 0904 | 달릴 양 馬부/총 27획 |

[驤螭양리] 교룡(蛟龍)이 승천함.

馬 馬 馬 馬 馬襄 馬襄 驤

훌쩍 뛰어넘어(超) 달린다(驤).

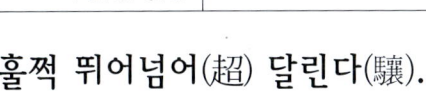

 駭躍超驤 [해약초양] 가축들이 무언가를 보고 놀라서 뛰기도 하고, 우리를 뛰어넘어 들을 향해 달리기도 한다.

誅	[誅求주구] 관청에서 백성의 재물을 강제로 마구 빼앗아 감. [誅殺주살] 죄인을 죽임.	 斬	[斬新참신] 새롭고 산뜻함. [斬首刑참수형] 목을 베는 형. [斬殺참살] 목을 베어 죽임. [斬刑참형] 목을 베는 형벌. [斬罪참죄] 참형에 해당하는 죄. [處斬처참] 목을 베어 죽이는 형벌에 처함.
0905 1급 벨/칠 주 言부/총 13획		0906 2급 벨/매우 참 斤부/총 11획	
言 計 計 計 詐 誅 誅		一 日 百 車 斬 斬 斬	

주살(誅)과 참수(斬)는

賊	[義賊의적] 부정한 사람의 재물을 훔치다가 가난한 사람들에게 나누어 주는, 의협심이 많은 도둑. [逆賊역적] 임금에게 반역한 사람. [海賊해적] 배를 타고 다니면서 항해하는 배 따위를 습격하여 약탈하는 도둑.	 盜	[盜賊도적] 남의 물건을 빼앗거나 훔치는 짓. 도둑. [盜難도난] 도둑을 맞는 재난. [盜用도용] 남의 것을 허가도 없이 씀. [强盜강도] 폭행·협박 등 강제적으로 남의 금품을 빼앗는 일.
0907 4급 도둑 적 貝부/총 13획		0908 4급 도적 도 皿부/총 12획	
目 貝 貝 則 賊 賊 賊		丶 冫 次 汝 涿 盜 盜	

도적(盜賊)에게 해당되고

誅斬賊盜 [주참적도] 사람을 해치거나 남의 물건을 훔친 사람은 목을 베어 처벌한다.

[捕獲포획] 적병을 사로잡음. 짐승이나 물고기를 잡음.
[捕手포수] 야구에서, 본루를 지키며 투수가 던지는 공을 받는 선수. 캐처(catcher).
[捕球포구] 공을 잡음.
[生捕생포] 사로잡음.

0909 3급II 잡을 포
手부/총 10획
亻 扌 扩 扪 捅 捕 捕

[獲得획득] 얻어 내거나 얻어 가짐. 손에 넣음.
[漁獲어획] 수산물을 잡거나 채취함. 또는 그 수산물.
[殺獲살획] 죽이는 일과 사로잡는 일.
[濫獲남획] 짐승이나 물고기 따위를 마구 잡음.

0910 3급II 얻을 획
犬부/총 17획
犭 犭 犭 犲 犳 獲 獲

포획(捕獲)할 사람은

[叛徒반도] 반란을 함께 일으킨 무리.
[叛軍반군] 반란을 일으킨 군대.
[叛亂반란] 정부나 지배자에게 반항하여 내란을 일으킴.
[叛逆반역] 배반하여 돌아섬.

0911 3급 배반할 반
又부/총 9획
丷 ⺍ ⺍ ⺍ ⺍ 叛 叛

[亡命망명] 정치적인 이유 등으로, 제 나라에 있지 못하고 남의 나라로 몸을 피하는 일.
[敗亡패망] 전쟁에 져서 망함.
[死亡사망] 사람의 죽음.
[逃亡도망] 피하거나 쫓기어 달아남. 도주(逃走).

0912 5급 망할/없을 망
亠부/총 3획
丶 亠 亡

반역자(叛)와 망명자(亡)이다.

 捕獲叛亡 [포획반망] 또 반란을 일으킨다거나 죄를 짓고 도망치는 사람은 잡아들여 벌을 내린다.

布

[布告포고] 일반에게 널리 알림.
[公布공포] 일반에게 널리 알림.
[配布배포] 널리 나누어 줌.
[布施보시] 가난한 사람에게 돈이나 물품을 베풂.

0913 4급Ⅱ 베 포/보시 보 巾부/총 5획

ノ ナ ナ 右 布

※呂布(여포) : 중국 삼국시대 때 활의 명사수.

射

[射殺사살] 활이나 총 따위로 쏘아 죽임.
[反射반사] 빛이나 전파 따위가 어떤 물체의 표면에 부딪혀 되돌아오는 현상.
[放射能방사능] 물질을 구성하는 원자가 저절로 붕괴하여 방사선을 방출하는 현상.

0914 4급 쏠 사 寸부/총 10획

亻 冂 日 身 身 射 射

여포(布)는 활쏘기(射)

여포는 활쏘기

僚

[閣僚각료] 내각의 구성원인 각부 장관.
[同僚동료] 같은 직장이나 같은 부문에서 함께 일하는 사람.
[官僚관료] 정부의 관리.

0915 3급 벗 료 人부/총 14획

亻 广 伔 伔 俖 倅 僚

※熊宜僚(웅의료) : 중국 전국시대 때 포환던지기로 유명한 사람.

丸

[丸藥환약] 약재를 빻아 반죽하여 작고 둥글게 만든 약. 알약.
[彈丸탄환] 총알.
[投砲丸투포환] 포환을 한 손으로 던지어 그 거리를 겨루는 경기. 포환던지기.

0916 3급 알/둥글 환 丶부/총 3획

ノ 九 丸

웅의료(僚)는 포환(丸)던지기

웅의료는 포환던지기

굉장한 힘이군.

해설 布射僚丸 [포사료환] 후한 말의 여포(呂布)는 활을 잘 쏘았고, 전국시대의 웅의료(熊宜僚)는 포환던지기를 잘해 각각 싸움에서 이길 수 있었다.

※嵇康(혜강) : 중국 삼국시대 위나라의 시인·철학자. 죽림칠현(竹林七賢)의 한 사람임.

0917 성/산이름 혜
山부/총 12획

一 二 千 禾 禾 秂 秵 嵇

[心琴심금] 자극에 따라 미묘하게 움직이는 마음을 '거문고'에 비유하여 이르는 말.
[風琴풍금] 오르간.
[大琴대금] 우리나라의 전통적인 관악기의 하나.
[彈琴탄금] 거문고나 가야금을 탐.

0918 거문고 금
3급Ⅱ 玉부/총 12획

二 千 王 珏 珡 琴 琴

혜강(嵇)은 거문고(琴)

[阮翁완옹] 추사 김정희의 호.
[阮元완원] 중국 청나라의 학자.

※阮籍(완적) : 중국 삼국시대의 위나라 사상가·문학자·시인. 죽림칠현의 한 사람임.

0919 성/나라이름 완
1급 阜부/총 7획

' 3 阝 阝 阮 阮 阮

[嘯詠소영] 시가를 읊음.
[嘯集소집] 불러 모아들임.

0920 휘파람 소
口부/총 16획

口 叶 听 听 听 嘯 嘯

완적(阮)은 휘파람(嘯)이 특기이다.

 嵇琴阮嘯 [혜금완소] 죽림칠현(竹林七賢)의 한 사람인 혜강은 거문고를 잘 탔으며, 완적은 휘파람을 잘 불었다.

恬	※蒙恬(몽염) : 중국 진나라의 장군으로, 붓을 처음 만듦.	筆	[筆記필기] 글씨를 씀. [筆法필법] 글씨나 문장을 쓰는 법. [筆者필자] 글이나 글씨를 쓴 사람. [筆談필담] 글로 써서 의사를 통함. [自筆자필] 자기 손으로 직접 씀.
0921 편안할 념 心부/총 9획		0922 붓 필 5급 竹부/총 12획	
忄 忄 怡 怡 恬 恬 恬			

몽염(恬)은 붓(筆)을

토끼털로 만든 붓

倫	[倫理윤리] 사람이 지켜야 할 도리와 규범. [人倫인륜] 사람으로서 마땅히 지켜야 할 도리. [天倫천륜] 부자·형제 사이에 마땅히 지켜야 할 도리. ※蔡倫(채륜) : 중국 후한 때의 환관으로 종이를 처음 만듦.	紙	[紙面지면] 종이의 겉면. [便紙편지] 상대편에게 전하고 싶은 일 등을 적어 보내는 글. 서간. 서신. [白紙백지] 흰 빛깔의 종이. 아무것도 쓰지 않은 종이. [休紙휴지] 못 쓰게 된 종이. 폐지.
0923 인륜 륜 3급Ⅱ 人부/총 10획		0924 종이 지 7급 糸부/총 10획	

채륜(倫)은 종이(紙)를

종이!

 恬筆倫紙 [염필윤지] 유명한 발명가 넷이 있었으니, 진나라의 몽염(蒙恬)은 토끼털로 붓을 처음 만들었고, 후한의 채륜(蔡倫)은 종이를 발명했다.

[鈞衡균형] 어느 한쪽으로 치우치지 않음. 평균(平均).
※馬鈞(마균) : 삼국시대 위나라의 사람으로 지남거(指南車 ; 방향을 가리키는 수레)를 만듦.

09.25 서른근 균
金부/총 12획

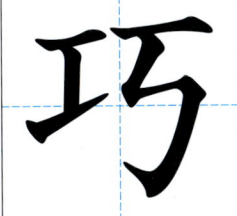

- [巧辯교변] 교묘한 말.
- [巧妙교묘] 솜씨나 재치가 있고 약삭빠름.
- [技巧기교] 기술이나 솜씨가 아주 교묘함.
- [精巧정교] 아주 세세한 부분까지 정밀하게 잘 되어 있음.

09.26 3급Ⅱ 공교할 교
工부/총 5획

마균(鈞)은 교묘한(巧) 지남거를

- [任期임기] 일정한 임무를 맡아보는 기간.
- [任用임용] 어떤 일을 맡아 할 사람을 씀.
- [新任신임] 새로 임명됨.
- [信任신임] 믿고 일을 맡김.
- [重任중임] 중대한 임무.

※任公子(임공자) : 전국시대의 사람으로, 낚싯대를 만듦.

09.27 5급 맡길 임
人부/총 6획

- [鈞針조침] 낚싯바늘.
- [鈞魚조어] 물고기를 낚음.
- [鈞臺조대] 낚시터.
- [鈞船조선] 고기를 낚는 배.
- [鈞遊조유] 낚시질하며 놂.
- [鈞戶조호] 낚시질을 업으로 하는 사람, 또는 그의 집.

09.28 2급 낚시 조
金부/총 11획

임공자(任)는 낚시(鈞)를 잘했다.

 鈞巧任鈞 [균교임조] 또 한나라의 마균(馬鈞)은 지남거(指南車)라는 교묘한 수레를 만들었고, 전국 시대의 임공자(任公子)는 낚시를 발명하였다.

釋

[釋放석방] 법에 의하여 구속하였던 사람을 풀어 자유롭게 하는 일.
[保釋보석] 일정한 보증금을 내게 하고 구류 중인 피고인을 석방하는 일.
[解釋해석] 사물의 뜻이나 내용 따위를 이해하고 설명함.

0929 3급Ⅱ 풀/석가 석
釆부/총 20획
丷 平 釆 采 釋 釋 釋

紛

[紛失분실] 자기도 모르는 사이에 잃어버림.
[紛爭분쟁] 말썽을 일으키어 시끄럽고 복잡하게 다툼.
[紛亂분란] 어수선하고 떠들썩함.
[內紛내분] 내부에서 일어난 분쟁.

0930 3급Ⅱ 어지러울 분
糸부/총 10획
' ㄠ 幺 糸 糸' 紛 紛

그들은 분란(紛)을 풀어(釋)

利

[利用이용] 물건을 이롭게 쓰거나 쓸모 있게 씀.
[利子이자] 남에게 돈을 빌려 쓴 대가로 치르는 일정 비율의 돈.
[勝利승리] 겨루거나 싸워서 이김.
[便利편리] 어떤 일을 하는 데 편하고 이용하기 쉬움.

0931 6급 이로울 리
刀부/총 7획
一 二 千 禾 禾 利 利

俗

[俗謠속요] 민간에서 널리 불리는 속된 노래.
[俗談속담] 예로부터 내려오는 민간의 격언.
[風俗풍속] 예로부터 지켜 내려오는, 생활에 관한 사회적 습관.
[低俗저속] 품은 뜻이나 인격 따위가 낮고 속됨.

0932 4급Ⅱ 풍속 속
人부/총 9획
亻 亻' 亻" 俨 俗 俗 俗

속인(俗)들에게 이익(利)을 주었고

해설 釋紛利俗 [석분이속] 이 여덟 사람은 재주를 다하여 어리석은 백성들의 근심을 풀어 주고 인간생활을 이롭게 하였다.

竝	[竝列병렬] 여럿이 나란히 벌여 섬. [竝設병설] 함께 설치함. [竝行병행] 함께 나란히 감. [竝立병립] 나란히 섬. 동시에 존재함. ▷ 並과 同字.
0933 3급 아우를 병 立부/총 10획	
' 그 수 立 立 立 竝 竝	

皆 	[皆勤개근] 학교나 직장 따위에 일정한 기간 동안 하루도 빠짐없이 출석하거나 출근함. [皆骨山개골산] '금강산'의 겨울 동안의 명칭. [皆旣개기] '개기 일식' 또는 '개기 월식'을 이르는 말.
0934 3급 다 개 白부/총 9획	
` ト 上 ヒ 比 毕 毕 皆 皆	

아울러(竝) 모두 다(皆)

佳	[佳話가화] 좋은 이야기. 재미있는 이야기. 아름다운 이야기. [佳境가경] 한창 재미있는 판이나 고비. [佳緣가연] 아름다운 인연. [佳約가약] 아름다운 약속. 부부가 되기로 한 약속.
0935 3급Ⅱ 아름다울 가 人부/총 8획	
ノ 亻 亻 亻 仹 仹 佳 佳	

妙 	[妙技묘기] 절묘한 재주, 또는 절묘한 기술. [妙味묘미] 미묘한 맛, 또는 미묘한 흥취. [妙案묘안] 아주 뛰어난 생각. 절묘한 방안. [妙計묘계] 매우 교묘한 꾀. 기묘한 계교. 묘책(妙策). [絶妙절묘] 썩 교묘함.
0936 4급 묘할 묘 女부/총 7획	
く 女 女 如 如 妙 妙	

아름답고(佳) 기묘한(妙) 사람들이다.

 竝皆佳妙 [병개가묘] 여포·웅의료·혜강·완적·몽염·채륜·마균·임공자 이들은 모두 아름답고 묘한 재주로 세상을 이롭게 한 사람들이다.

毛	[毛布모포] 담요. [不毛地불모지] 식물이 자라지 않는 거칠고 메마른 땅. ※毛施(모시) : 월왕 구천이 애지중지한 모장(毛嬙)과 서시(西施)를 말하며, 미인의 대명사로 통하기도 함.	施	[施行시행] 실제로 행함. [施工시공] 공사를 시행(施行)함. [施政시정] 정부가 정치를 행함, 또는 그 정치. [施設시설] 도구나 장치 등을 베풀어서 차림, 또는 그 차린 설비. [施惠시혜] 은혜를 베풂.
0937 4급Ⅱ 터럭 모 毛부/총 4획		0938 4급Ⅱ 베풀 시 方부/총 9획	
ノ 二 三 毛		ˋ ㆍ 亠 方 方 扩 扩 施 施	

모장(毛)과 서시(施)는

淑	[淑女숙녀] 정숙하고 품위 있는 여자. [靜淑정숙] 여자의 성품과 몸가짐이 조용하고 얌전함. [私淑사숙] 존경하는 사람에게 직접 배울 수는 없으나 그 사람의 인격이나 학문을 본으로 삼고 배움.	姿	[姿態자태] 어떤 모습이나 모양. [姿勢자세] 몸을 움직이거나 가누는 모양. [姿色자색] 여자의 용모와 안색. [瓊姿경자] 옥같이 아름다운 자태.
0939 3급Ⅱ 맑을 숙 水부/총 11획		0940 4급 모양 자 女부/총 9획	

정숙한(淑) 자태(姿)에

해설 毛施淑姿 [모시숙자] 월나라 왕 구천(句踐)의 여인들이었던 모장(毛嬙)과 서시(西施)는 모두 절세가인이었다.

[工場공장] 원료나 재료를 가공하여 물건을 만들어 내는 설비를 갖춘 곳.
[工事공사] 토목이나 건축 등에 관한 일.
[人工인공] 사람의 힘으로 자연물과 똑같은 것을, 또는 전혀 새로운 것을 만들어 내는 일.

0941 7급 **장인 공** 工부/총 3획
一丁工

0942 1급 **찡그릴 빈** 口부/총 19획
ㅁ 마 매 뺘 빵 嚬 嚬

[效嚬효빈] 맥락도 모르고 덩달아 흉내냄.
[嚬笑빈소] 얼굴을 찡그림과 웃음.

▷矉과 同字.

찡그림(嚬)조차 공교해(工)

[姸人연인] 아름다운 사람.
[姸華연화] 아름답고 화려함.

0943 2급 **고울 연** 女부/총 9획
ㄴ ㄴ 女 女 妍 妍 妍 妍 妍

[可笑가소] 우스움.
[大笑대소] 소리 내어 크게 웃음.
[談笑담소] 스스럼없이 웃으며 이야기함.
[失笑실소] 더 참지를 못하고 저도 모르게 웃음, 또는 그 웃음.
[熙笑희소] 기뻐하여 웃음.

0944 4급Ⅱ **웃음 소** 竹부/총 10획
ㅅ 산 竺 竺 竺 笁 笑 笑

예쁘게(姸) 웃는(笑) 것 같다.

아름다운 서시

 工嚬姸笑 [공빈연소] 특히 서시는 찡그리는 모습조차 아름다워 흉내낼 수 없거늘, 그 웃는 모습은 얼마나 곱겠는가.

年	[年金연금] 일정 기간 또는 종신(終身)에 걸쳐서 해마다 지급되는 일정액의 돈. [年月日연월일] 해와 달과 날을 아울러 이르는 말. [年中연중] 한 해 동안. [年輩연배] 서로 비슷한 나이.	矢	[矢服시복] 화살을 넣는 통. [矢人시인] 화살을 만드는 사람. [弓矢궁시] 활과 화살.
0945 8급	해 년 干부/총 6획	0946 3급	화살 시 矢부/총 5획

세월(年)은 화살(矢)처럼

每	[每日매일] 날마다. 나날이. [每年매년] 해마다. 매해. [每月매월] 다달이. 매달. [每週매주] 그 주일 그 주일. [每事매사] 하나하나의 일. 모든 일. [每時매시] 한 시간마다. '매시간'의 준말.	催	[催告최고] 법률상 일정한 결과를 일으키기 위하여 상대편의 행위 또는 불행위를 재촉하는 일. [開催개최] 어떤 모임이나 행사 따위를 엶. [主催주최] 행사나 모임을 주장하고 기획하여 엶.
0947 7급	매양 매 母부/총 7획	0948 3급Ⅱ	재촉할/베풀 최 人부/총 13획

매일(每) 재촉하고(催)

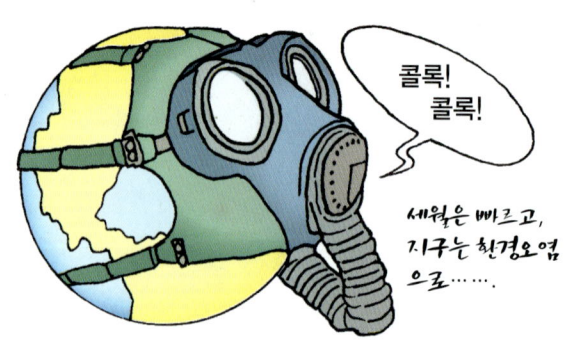

해설 年矢每催 [연시매최] 세월은 나는 화살처럼 빠르니, 이 빠른 세월은 항상 다음해를 재촉한다.

| 0949 2급 | 사람이름 희 羊부/총 16획 |

[羲農희농] 복희씨(伏羲氏)와 신농씨(神農氏).
[羲光희광] 햇빛.
[羲軒희헌] 태양이 타고 있는 수레란 뜻으로, '해'를 이르는 말.
[伏羲복희] 중국 고대 전설상의 제왕.

| 0950 | 빛날 휘 日부/총 13획 |

[暉映휘영] 광채가 비침.

햇빛(羲)은 휘영(暉)찬란하고

| 0951 5급 | 밝을 랑 月부/총 11획 |

[朗讀낭독] 소리 내어 읽음.
[朗朗낭랑] 소리가 매우 맑고 또랑또랑함.
[朗報낭보] 기쁜 소식. 반가운 소식.
[明朗명랑] 맑고 밝음.

| 0952 5급 | 빛날 요 日부/총 18획 |

[曜日요일] '요(曜)'를 붙이어 나타내는, 한 주일의 각 날을 이르는 말.
[火曜日화요일] 월요일을 기준으로 한 주의 둘째 날.
[煥曜환요] 빛남.

밝게(朗) 빛난다(曜).

 義暉朗曜 [희휘낭요] 동녘 하늘의 아침 햇살은 밝게 빛나 온 세상을 비추어 준다.

璇

[璇室선실] 옥으로 장식한 방.
[璇珠선주] 아름다운 옥.
[璇璣선기] 천체를 관측하는 데 쓰는 기계. 혼천의(渾天儀).

| 0953 | 옥 선 |
| 2급 | 玉부/총 15획 |

王 珀 玠 玙 琁 琁 琁 璇

璣

[璣衡기형] 천체를 관측하는 데 쓰는 기계. 혼천의(渾天儀).
[珠璣주기] 구슬.

| 0954 | 구슬 기 |
| 2급 | 玉부/총 16획 |

王 珏 璉 璉 璣 璣 璣

선기(璇璣)가 하늘에

懸

[懸賞현상] 무엇을 모집하거나 구하거나 사람을 찾는 일 따위에 현금이나 물품 따위를 내걺.
[懸案현안] 이전부터 논의되어 왔으나 결론이 나 있지 않은 문제나 의안.
[懸賞金현상금] 현상으로 내건 돈, 또는 그 금액.

| 0955 | 매달 현 |
| 3급Ⅱ | 心부/총 20획 |

目 県 県 県 懸 懸 懸

斡

[斡旋알선] 남의 일을 잘 되도록 마련하여 줌.

| 0956 | 돌 알 |
| 1급 | 斗부/총 14획 |

十 古 直 卓 卓 斡 斡

매달려(懸) 돌고(斡)

 璇璣懸斡 [선기현알] 선기란 구슬로 만든 혼천의(渾天儀)로, 옛날 중국 천문학자들은 이것을 공중에 매달아 놓고 천체의 움직임을 관측하였다.

晦	[晦冥회명] 어두컴컴함. [晦朔회삭] 그믐과 초하루.
0957 1급 그믐 회 日부/총 11획	
日 旷 昤 晦 晦 晦 晦	

魄	[氣魄기백] 씩씩한 기상과 진취성이 있는 정신. [魂魄혼백] 넋.
0958 1급 넋/달 백 鬼부/총 15획	
白 的 的 魄 魄 魄	

그믐(晦)에는 빛을 잃은 달(魄)이

環	[環境환경] 생물에게 직접·간접으로 영향을 주는 자연, 또는 사회의 조건이나 형편. [一環일환] 줄지어 있는 많은 고리 가운데 하나. [花環화환] 조화나 생화를 모아 고리 모양으로 만든 것.
0959 4급 고리 환 玉부/총 17획	
王 F 罒 罒 環 環 環	

照	[照明조명] 빛으로 비추어 밝게 함. [照準조준] 탄알이 목표에 명중하도록 총이나 포 따위를 겨냥함. [對照대조] 둘 이상의 대상을 맞대어 봄. [參照참조] 참고로 대조하여 봄.
0960 3급Ⅱ 비칠 조 火부/총 13획	
刀 日 日' 昭 昭 照	

다시 둥글게 돌며(環) 비친다(照).

해설 **晦魄環照** [회백환조] 그믐이 되면 달은 이지러져 어두워졌다가 보름이 되면 다시 둥글어져 밝은 빛을 세상에 비춘다.

指	[指定지정] 무엇을 어떻게 하라고 가리켜 정함. [指名지명] 여러 사람 가운데서 누구의 이름을 꼭 따서 가리킴. [指目지목] 어떠하다고 가리키어 정함. [指向지향] 일정한 목표를 정하여 나아감.	薪	[薪柴신시] 장작과 섶나무. [薪樵신초] 땔나무.
0961 4급Ⅱ 가리킬 지 手부/총 9획 十 扌 扌 扩 拧 指 指		0962 1급 섶나무 신 艹부/총 17획 艹 䒑 莘 菥 萪 薪 薪	

불타는 섶나무(薪)의 이치를 지목해(指)

修	[修身수신] 마음과 행실을 바르게 하도록 심신을 닦음. [修道수도] 도를 닦음. [修習수습] 정식으로 실무를 맡기 전에 배워 익힘. [修正수정] 이미 이루어진 것의 잘못된 점을 바로잡음.	祐	[祐助우조] 신령의 도움. [祐福우복] 하늘이 주는 복. 행복. [天祐천우] 하늘의 도움. 천우(天佑).
0963 4급Ⅱ 닦을 수 人부/총 10획 亻 亻 伫 修 修 修		0964 2급 복 우 示부/총 10획 T 禾 剂 衦 衦 祐 祐	

수양(修)하면 복(祐)이 되고

복 많이 받으세요!

 指薪修祐 [지신수우] 섶이 불에 타는 것과 같은 정열로 착한 일을 열심히 하면 복을 얻을 수 있게 된다.

0965	길 영
6급	水부/총 5획

`丶 亅 亅 永 永`

[永遠영원] 언제까지고 계속하여 끝이 없음, 또는 끝없는 세월.
[永同영동] 충청북도 영동군에 위치한 지명.
[永住영주] 일정한 곳에 오래 삶.
[永生영생] 영원히 생존함.

0966	편안할 수
	糸부/총 13획

`ㄠ 糸 糸 糸 糸 綏 綏 綏`

[綏肆수사] 편안하여 멋대로임.
[綏靜수정] 안정시킴.
[綏懷수회] 편안히 하여 따르게 함.

영원히(永) 편안하고(綏)

[吉凶길흉] 길함과 흉함.
[吉日길일] 길한 날. 좋은 날.
[吉運길운] 좋은 운수. ↔ 악운(惡運)
[吉人길인] 성품이 바르고 복스러워 좋은 사람.
[吉夢길몽] 좋은 일이 생길 징조가 되는 꿈.

0967	길할 길
5급	口부/총 6획

`一 十 士 吉 吉 吉`

[邵雍소옹] 중국 송나라 때의 학자.

0968	높을/성 소
2급	邑부/총 8획

`フ 刀 ггг 召 召 邵 邵`

길함(吉)이 이어진다(邵).

 永綏吉邵 [영수길소] 그리하면 그 편안함이 영원할 것이고, 반드시 좋은 일만 생기게 될 것이다.

矩	[矩度구도] 법. 법칙. [矩步구보] 바른 걸음걸이. 행보가 법도에 맞음. [規矩규구] 지름이나 선의 거리를 재는 기구.	步	[步道보도] 사람이 다니는 길. [進步진보] 사물의 내용이나 정도가 차츰차츰 나아짐. [速步속보] 빠른 걸음. [競步경보] 걸어서 빠르기를 겨루는 육상 경기의 한 가지.
0969 1급 법 구 矢부/총 10획	ㅡ 느 ㅆ 矢 知 知 矩 矩 矩	0970 4급Ⅱ 걸음 보 止부/총 7획	ㅣ ㅏ ㅏ 止 止 步 步

구보(矩步) 시에는

引	[引上인상] 값을 올림. ↔ 인하(引下) [引下인하] 값을 떨어뜨림. [引責인책] 일어난 일에 대하여 스스로 책임을 짐. [引受인수] 물건이나 권리를 넘겨받음. [引火인화] 불이 옮아 붙음. [引導인도] 길을 안내함.	領	[領海영해] 통치권이 미치는 영토에 인접한 해역. [領土영토] 그 나라가 영유하고 있는 땅. [領空영공] 한 나라의 영토와 영해의 상공으로, 통치권이 미치는 공간. [要領요령] 적당히 꾀를 부려 하려는 짓.
0971 4급Ⅱ 끌 인 弓부/총 4획	ㄱ ㄱ 弓 引	0972 5급 거느릴/옷깃 령 頁부/총 14획	ㅅ ㅅ 夵 夵 領 領 領

옷깃(領)을 여미고(引)

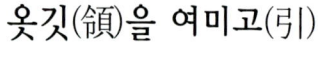

 矩步引領 [구보인령] 법도에 맞게 조심해서 걷고 고개 숙여 반듯하게 걷는 모습으로, 임금 앞에서 신하가 가져야 할 몸가짐을 일컫는다.

| 0973 1급 | 굽어볼 **부** 人부/총 10획 |

亻亻广广俨俯俯俯

[**俯**仰부앙] 하늘을 우러러 보고 땅을 굽어봄. 앙천부지(仰天俯地).

| 0974 3급Ⅱ | 우러를 **앙** 人부/총 6획 |

ノ亻亻卬仰仰

[**仰**祝앙축] 우러러 축하함.
[**仰**望앙망] 우러러 바람.
[**仰**天앙천] 하늘을 쳐다봄.
[**仰**見앙견] 우러러봄. 쳐다봄.
[信**仰**신앙] 믿고 받드는 일.
[推**仰**추앙] 높이 받들어 우러러봄.

부앙(俯仰)은

| 0975 3급Ⅱ | 행랑 **랑** 广부/총 13획 |

一广广广庐庐廊廊

[**廊**廟낭묘] 정사를 보는 곳.
[行**廊**행랑] 대문 양쪽으로 있는 방. 낭하(廊下).
[畫**廊**화랑] 그림 등 미술품을 전시하는 시설.
[舍**廊**房사랑방] 사랑채에 있는 방, 또는 사랑으로 쓰는 방.

| 0976 3급 | 사당 **묘** 广부/총 15획 |

广广广庐库廟廟

[**廟**堂묘당] '의정부'의 별칭.
[**廟**議묘의] 조정의 의논. 묘론(廟論).
[家**廟**가묘] 한 집안의 사당.
[宗**廟**종묘] 조선시대에, 역대 임금과 왕비의 위패를 모시던 왕실의 사당. 대묘(大廟). 태묘(太廟).

낭묘(廊廟)에서 해야 한다.

 俯仰廊廟 [부앙낭묘] 낭묘, 즉 궁전이나 사당의 복도에서 신하는 머리를 숙이고 드는 것 모두를 법도에 맞도록 해야 한다.

| 0977 5급 | 묶을 속 木부 / 총 7획 |

[約束약속] 어떤 일에 대하여 어떻게 하기로 미리 정해 놓고 서로 어기지 않을 것을 다짐함.
[團束단속] 주의를 기울여 단단히 다잡거나 보살핌.
[結束결속] 뜻이 같은 사람끼리 하나로 뭉침.
※束帶(속대) : 예복을 이르는 말.

一 一 一 束 束 束 束

| 0978 4급 II | 띠 대 巾부 / 총 11획 |

[地帶지대] 자연적 또는 인위적으로 한정된 일정한 구역.
[連帶연대] 두 사람 이상이 함께 무슨 일을 하거나 함께 책임을 지는 일.
[革帶혁대] 가죽 띠.
[亞熱帶아열대] 온대와 열대의 중간 기후대.

一 十 卅 卅 帶 帶 帶

속대(束帶)는

| 0979 1급 | 자랑할 긍 矛부 / 총 9획 |

[矜持긍지] 스스로 자랑하는 마음.
[矜恤긍휼] 불쌍히 여김.

フ フ 子 矛 矜 矜 矜

| 0980 3급 II | 씩씩할 장 艸부 / 총 11획 |

[莊嚴장엄] 엄숙하고 위엄이 있음.
[莊重장중] 장엄하고 무게가 있음.
[莊園장원] 유럽의 중세기에 귀족이나 사원에 딸린 넓은 토지.
[別莊별장] 본집 외에 경치 좋은 곳에 마련한 집.

一 卄 廾 壯 壯 莊 莊

긍지(矜)와 장중(莊)하며

해설 束帶矜莊 [속대긍장] 군자는 띠를 바로 묶는 등 의복을 단정히 갖춘 다음 자랑스럽고 씩씩한 걸음걸이로 걷는다.

徘	[徘徊배회] 목적 없이 거닒.	徊	[徊翔회상] 새가 하늘을 빙빙 날아 돎. [徘徊症배회증] 별로 목적지도 없이 여기저기를 배회하는 증상.
0981 1급 어정거릴 배 彳부/총 11획 彳 彳 彳 徘 徘 徘 徘		0982 1급 배회할 회 彳부/총 9획 彳 彳 彳 徊 徊 徊 徊	

배회(徘徊)하거나

瞻	[瞻星臺첨성대] 동양에서 현존하는 가장 오래된 천문대. [瞻戴첨대] 공경하여 떠받듦. [瞻眺첨조] 쳐다봄.	眺	[眺覽조람] 똑똑히 살펴봄. [眺望조망] 먼 곳을 널리 바라봄.
0983 2급 볼/성 첨 目부/총 18획		0984 1급 바라볼 조 目부/총 11획	

엉뚱한 곳을 첨조(瞻眺) 말라.

해설 徘徊瞻眺 [배회첨조] 또한 군자는 쓸데없이 여기저기를 배회하거나, 먼 곳이나 아무 데고 눈을 돌려 바라보지 아니한다.

孤	[孤立고립] 홀로 외따로 떨어져 있음. [孤行고행] 외롭게 홀로 감. [孤獨고독] 매우 외롭고 쓸쓸함. [孤兒고아] 부모가 없는 아이. [孤陋고루] 보고 들은 것이 적고 마음이 좁음.	陋	[陋名누명] 사실이 아닌 일로 이름을 더럽히는 억울한 평판. [陋醜누추] 지저분하고 더러움. [固陋고루] 낡은 사상이나 풍습에 젖어 고집이 세고 변통성이 없음.
0985 4급	외로울 고 子부/총 8획 了 孑 孒 孒 孤 孤 孤	0986 1급	더러울/좁을 루 阜부/총 9획 阝 阝 阝 阝 阿 阿 陋

고루(孤陋)하고

寡	[寡聞과문] 보고 들은 것이 적음. 견문이 좁음. [寡占과점] 어떤 상품 시장의 대부분을 소수의 기업이 독점함. [寡婦과부] 남편이 죽어 혼자 사는 여자. 미망인. [衆寡중과] 수효의 많음과 적음.	聞	[新聞신문] 사회에서 일어난 새로운 사건이나 화제를 신속하게 보도·해설하는 정기 간행물. [所聞소문] 여러 사람의 입에 오르내리면서 전하여 오는 말. [風聞풍문] 바람처럼 떠도는 소문.
0987 3급Ⅱ	적을 과 宀부/총 14획 宀 宀 宀 宜 宜 寅 寡	0988 6급	들을 문 耳부/총 14획 門 門 門 門 聞 聞

견문(聞)이 적으면(寡)

 孤陋寡聞 [고루과문] 외롭게 자라 보고 들은 것이 적다. 이 글을 지은 주흥사(周興嗣) 자신을 겸손하게 말한 것이다.

愚	[愚問우문] 어리석은 질문. [愚民우민] 어리석은 백성. 국민이 통치자에게 '자신'을 낮추어 일컫는 말. [愚直우직] 어리석고 고지식함. [賢愚현우] 어짊과 어리석음. 현명한 사람과 어리석은 사람.
0989 3급Ⅱ 어리석을 우 心부/총 13획	
丨 口 日 甲 禺 愚 愚 愚	

蒙	[蒙民몽민] 무식하고 사리에 어두운 백성. [蒙古몽고] 아시아의 중앙 내륙에 있는 나라. [訓蒙훈몽] 어린아이나 처음 배우는 사람에게 글을 가르침. [童蒙동몽] 어려서 아직 사리에 어두운 아이.
0990 3급Ⅱ 어릴/몽고 몽 艹부/총 14획	
丷 艹 艹 莳 莳 夢 蒙	

우둔(愚)하고 몽매(蒙)해

等	[等數등수] 등급이나 순위를 정하여 차례대로 매긴 수. [等分등분] 똑같이 나눔. [平等평등] 치우침이 없이 모두가 한결같음. 차별이 없이 동등함.
0991 6급 등급/같을 등 竹부/총 12획	
丶 亠 竺 竺 筀 等 等	

誚	[誚責초책] 꾸짖어 책망함. [誚讓초양] 꾸짖어 나무람.
0992 꾸짖을 초 言부/총 14획	
言 訁 訁 訊 訊 誚 誚 誚	

같은 등급(等)으로 받는다(誚).

 해설 **愚蒙等誚** [우몽등초] 그러므로 이 글 중에서 잘못된 곳이 있어 여러 사람의 꾸짖음을 들어도 주흥사 자신은 어리석음을 면하지 못한다는 것이다.

謂	[所謂소위] 이른바.	語	[語文어문] 말과 글을 아울러 이르는 말. [語學어학] 어떤 나라의 언어, 특히 문법을 연구하는 학문. [國語국어] 자기 나라의 말. 나라말. 우리나라의 언어. 한국어. [單語단어] 낱말.
0993 이를 위 3급Ⅱ 言부/총 16획		0994 말씀 어 7급 言부/총 14획	
言訂訶訊謂謂謂		言言訂訝語語語	

소위(謂) 어법(語)을

助	[助教조교] 대학의 교수 밑에서 연구와 사무를 돕는 직위. [助長조장] 도와서 북돋움. [共助공조] 여러 사람이 함께 도와줌. [救助구조] 위험한 상태에 있는 사람을 도와서 구원함.	者	[記者기자] 신문·방송 등에서 기사를 모으거나 쓰는 사람. [長者장자] 어른. [作者작자] 책을 지은 사람. 지은이. [老學者노학자] 오랜 경험과 권위가 있는, 나이 많은 학자.
0995 도울 조 4급Ⅱ 力부/총 7획		0996 놈/사람 자 6급 老부/총 9획	
丨冂冂月且助助		土耂耂耂者者者	

돕는(助) 것(者)은

해설 謂語助者 [위어조자] 어조사(語助辭)는 한문의 토로서 실질적인 뜻은 없고, 말의 뜻을 뒷받침하거나 완성시키는 보조적인 역할만 한다.

[焉敢生心언감생심] 감히 그런 마음을 품을 수 없음.
[終焉종언] 없어지거나 죽어서 존재가 사라짐.
[於焉間어언간] 알지 못하는 동안에 어느덧.

| 0997 3급 | 어조사 언 火부/총 11획 |

一下下下正正焉焉

※焉哉乎也(언재호야) : 넉 자(字)가 다 문장에 쓰이는 조자(助字)임.

[哉生明재생명] 달의 밝은 부분이 처음 생긴다는 뜻으로, '음력 초사흗날'을 이르는 말.
[快哉쾌재] 통쾌한 일.

| 0998 3급 | 어조사 재 口부/총 9획 |

土十士吉吉哉哉哉

언재(焉哉)

[斷乎단호] 결심이나 태도, 입장 따위가 과단성 있고 매우 엄격함.
[確乎확호] 아주 든든하고 굳셈.

| 0999 3급 | 어조사 호 丿부/총 5획 |

一一一二乎

[及其也급기야] 마지막에 가서는. 마침내.

| 1000 3급 | 어조사 야 乙부/총 3획 |

一也也

호야(乎也)이다.

 焉哉乎也 [언재호야] 그중 대표적인 것이 언·재·호·야이다. 무릇 사람이 학문을 닦았다면 이들을 제대로 사용하여 글을 잘 맺어야 한다.

가나다순으로 1000자 찾아보기

가
家 129
駕 133
假 148
佳 237
稼 167
可 50
歌 216
軻 172
嘉 178

각
刻 135

간
簡 224

갈
碣 162
竭 66

감
感 143
鑑 177
敢 43
甘 82

갑
甲 115

강
岡 15
薑 19
絳 199
糠 207
康 219
羌 33

개
芥 19
皆 237
蓋 40
改 46

갱
更 146

거
據 109
車 133
巨 16
鉅 163

居 186
渠 192
舉 217
去 83

건
巾 211
建 56

검
劍 16

견
堅 104
見 184
遣 190

결
結 13
潔 212

겸
謙 175

경
京 107
涇 109
驚 111
經 125
卿 127
輕 133
傾 141
景 54
慶 61
競 63
敬 65
竟 79
更 146

계
啓 114
階 118
溪 136
鷄 161
誡 180
稽 222

고
鼓 117
藁 124
高 130
皐 183
古 188

故 208
顧 225
孤 250
陋 53
姑 90

곡
曲 138
谷 58
穀 131

곤
困 147
崑 15
昆 162
鯤 198

공
功 134
公 140
貢 170
恐 223
工 239
拱 31
恭 42
空 58
孔 92

과
果 18
寡 250
過 46

관
觀 111
冠 130
官 23

광
廣 120
匡 140
曠 164
光 17

괴
槐 127

괵
虢 148

교
交 94
驅 131
九 156
求 188
具 204
口 205
舊 208
懼 223
垢 226
矩 246
駒 37

국
國 26
鞠 42

군
群 123
軍 153
郡 157
君 64

궁
宮 110
躬 180

권
勸 171
闕 16
厥 178

귀
歸 35
貴 84

규
規 95
鈞 235

극
極 181
剋 55

근
謹 175
近 182
根 196

금
禽 112
金 14
琴 233

급
給 129
及 39

긍
矜 248

기
既 122
綺 142
起 152
幾 174
其 179
譏 180
機 184
飢 207
豈 242
己 43
器 49
基 51
氣 78
欺 93

길
吉 245

김
金 14

난
難 51

남
南 168
男 45

납
納 118

낭
囊 201

내
內 120
奈 18
乃 25

녀
女 44

년
年 240

념
恬 234
念 55

녕
寧 145

농
農 166
能 47

다
多 145

단
旦 139
丹 155
短 48
端 57

달
達 121

담
淡 20
談 48

답
答 225
唐 27
堂 59
當 66
帶 82

대
對 115
岱 158
帶 248
大 41

댁
宅 138

덕
德 56

도
都 106
圖 112
途 148
盜 230

陶 27
道 30
獨 198
讀 200
犢 228
篤 76

돈
敦 172
頓 218

동
動 101
東 107
洞 163
桐 195
冬 9
同 93

두
杜 124
讀 200

득
得 47

등
騰 12
等 251
登 80

라
羅 126
騾 228

락
洛 108
落 197
樂 84
蘭 70

란
蘭 70

람
藍 215
朗 241
廊 247

래
來 8

량
樓 111
陋 250

凉 227
兩 184
糧 209
良 45
量 51

려
呂 11
慮 189
驢 228

력
歷 192
力 66

련
輦 130
連 93

렬
烈 44

렴
廉 98

령
靈 113
聆 176
領 246
令 77

례
隸 124

로
路 127
勞 175
老 209
露 13

록
祿 132
論 188

론
論 188

뢰
賴 39
僚 232

료
僚 232

루
樓 111
累 250

류
流 72
倫 234

륜
倫 234

률
率 35

륵
勒 135

릉
凌 199

리
理 176
利 236
履 68
離 97

림
林 183

립
立 56

마
摩 199
磨 95

막
漠 154
邈 164
莫 47

만
滿 102
晚 194
萬 39

망
邙 108
莽 193
亡 231
忘 47
罔 48

매
寐 214
每 240

맹
盟 149
孟 172

면
面 108
綿 164
勉 179
眠 214

멸
滅 148

명
明 121
銘 135
冥 165
鳴 36
名 56
命 67

모
貌 177
毛 238
慕 44
母 89

목
牧 152
目 201
木 38
睦 86

몽
蒙 251

묘
杳 165
妙 237
廟 247
畝 168

무
茂 134
武 143
務 167
畝 168
無 79

묵
默 187
墨 52

문
門 160
文 24
聞 250
問 30

가나다순으로 1000자 찾아보기

물 物 103, 勿 144
미 微 139, 靡 49, 美 76, 麋 105
민 民 28
밀 密 144
박 薄 68
반 盤 110, 磻 136, 飯 204, 叛 231
발 發 29, 髮 40
방 傍 114, 紡 210, 房 211, 方 39
배 背 108, 陪 130, 杯 217, 拜 222, 徘 249
백 百 157, 魄 243, 白 37, 伯 90
번 煩 151
벌 伐 28
법 法 150
벽 壁 125

벽 62
변 弁 119, 辨 177
별 別 85
병 丙 114, 兵 129, 并 157, 秉 173, 竝 237
보 步 246, 寶 62, 布 232
복 服 25, 伏 33, 覆 50, 福 61
본 本 166
봉 封 128, 鳳 36, 奉 89
부 浮 109, 府 126, 富 132, 阜 138, 扶 141, 俯 247, 父 64, 夫 87, 婦 87, 傅 88, 覆 50, 不 72
분 墳 122, 紛 236, 分 94
불 不 72, 弗 97

비 飛 111, 肥 133, 碑 135, 枇 194, 悲 52, 非 62, 卑 85, 匪 91, 比 99
빈 嚬 239, 賓 35
사 寫 112, 舍 114, 肆 116, 士 145, 沙 154, 史 173, 謝 191, 師 22, 嗣 220, 祀 221, 射 232, 四 41, 使 50, 絲 52, 事 64, 似 70, 斯 70, 思 74, 辭 75, 仕 80
삭 索 186
산 散 189
상 相 126, 霜 13, 賞 171, 箱 201, 翔 215, 象 215, 床 217, 觴 221, 嘗 225

상 想 226, 裳 25, 常 41, 傷 43, 上 86, 顙 222
새 塞 160
색 穡 167, 色 177, 索 186, 塞 160
생 笙 117, 生 14, 省 180
서 西 107, 書 125, 黍 169, 庶 174, 暑 8
석 席 116, 石 162, 夕 214, 釋 236
선 仙 113, 宣 154, 禪 159, 膳 204, 扇 212, 璇 242, 善 61
설 設 116, 說 143
섭 攝 81
성 成 10, 性 100, 星 119, 城 161, 省 180

성 聖 55, 聲 58, 盛 71, 誠 76
세 歲 10, 世 132, 稅 170
소 素 172, 疏 184, 逍 189, 少 209, 嘯 233, 笑 239, 邵 245, 所 78, 霄 199
속 屬 203, 續 220, 俗 236, 束 248
손 飡 204
솔 率 35
송 悚 223, 松 71
수 守 102, 獸 112, 岫 14, 誰 165, 手 185, 修 218, 綏 244, 垂 245, 首 31, 樹 32, 殊 36, 隨 84, 受 87, 收 88, 宿 9

숙 孰 139, 熟 170, 淑 238, 夙 69, 宿 9, 叔 7, 倣 90
순 筍 215
슬 瑟 117
습 習 59
승 陞 118, 承 121
시 時 137, 市 200, 侍 211, 施 238, 始 24, 矢 240, 恃 49, 詩 53, 是 63, 寔 145
식 植 179, 食 37, 息 72
신 神 101, 新 170, 薪 244, 臣 33, 身 40, 信 50, 愼 77, 辰 7
실 實 134
심 心 101, 尋 188, 審 225, 深 68

심 甚 79, 沈 187
아 雅 104, 阿 137, 我 169, 兒 91
악 嶽 158, 惡 60, 樂 84
안 安 75, 鴈 160
알 幹 242
암 巖 165
앙 仰 247
애 愛 32
야 野 163, 夜 17, 也 253, 若 74

언 言 75, 奄 138, 嚴 65, 業 78
여 餘 10, 麗 14, 黎 32, 與 65, 如 71
역 亦 123
연 筵 116, 妍 239, 緣 61, 淵 73, 讌 216
열 說 143, 悅 219, 熱 227, 列 7
염 厭 207, 染 52
엽 葉 197
영 楹 115, 英 123, 纓 131, 營 139, 永 245, 盈 6, 映 73, 榮 78, 詠 83
예 乂 144, 譽 155, 藝 169, 豫 219, 禮 85

오 翳 196, 梧 195, 五 41, 惡 60
옥 玉 15
온 溫 69, 盌 200
완 阮 233
왈 曰 35, 王 8
외 畏 202, 外 88
요 寥 187, 遙 189, 要 224, 曜 241, 颻 197, 樂 84
욕 辱 182, 浴 226, 欲 51
용 用 115, 庸 123, 龍 131, 容 139, 6
우 雨 73, 右 78, 禹 83

우 友 94, 雲 12, 運 159, 鬱 198, 遠 164, 園 193, 垣 203, 圓 212, 願 227
월 月 6
위 渭 109, 爲 13, 魏 147, 威 154, 委 196, 謂 252, 位 26, 煒 213
유 猷 178, 遊 198, 攸 202, 有 27, 惟 42, 維 54, 猶 91, 帷 211, 輶 202
육 育 32
윤 閏 10, 尹 136
율 律 11, 律 156 (?)
융 戎 33
은 銀 213, 殷 29, 隱 96

음		자		절		종		진		첨		치		팽		해		환	
音	176	者	252	翦	152	鍾	124	職	81	瞻	249	致	12	沛	99	解	185	環	243
陰	63	資	64	切	95	宗	158	眞	102			侈	132	烹	206	海	20	煌	213
		子	91	節	98	終	77	振	131	첩		馳	155			骸	226	惶	223
읍		慈	96			從	81	晉	146	妾	210	治	166	평		駭	229	皇	23
邑	106	籍	79	접				秦	157	牒	224	恥	182	平	31			黃	4
				接	217	좌		珍	18							행		荒	5
의		작				左	121	陳	196	청		칙		폐		幸	183		
意	103	爵	105	정		佐	137	盡	67	靑	155	勅	175	陛	118	行	54	회	
疑	119	作	55	情	100	坐	30	辰	7	聽	59	則	67	弊	151			回	142
衣	25			靜	100											허		會	149
宜	77	잠		丁	143	죄		집		체		친		포		虛	59	晦	243
儀	89	潛	21	精	153	罪	28	集	122	體	34	親	208	飽	206			徊	249
義	98	箴	95	亭	159			執	227	切	95			捕	231	현		懷	92
				庭	163	주						칠		布	232	縣	128		
이		장		貞	44	州	156	징		초		漆	125			絃	216	획	
移	103	帳	115	正	57	主	159	澄	73	楚	146			표		懸	242	獲	231
二	107	將	126	定	75	珠	17			招	191	침		飄	197	玄	4	畫	113
伊	136	墻	203	政	81	奏	190	차		超	229	沈	187	表	57	賢	54		
貽	178	腸	205	淨	69	畫	214	且	219	草	38					見	184	횡	
李	18	莊	248			酒	216	此	40	初	76	칭		피				橫	147
易	202	章	31	제		誅	230	次	97	誚	251	稱	17	疲	101	협			
耳	203	場	37	濟	141	周	29	車	133					被	38	俠	127	효	
異	209	長	49	帝	22	宙	5			촉		탐		彼	48			效	45
邇	34	藏	7	祭	221			찬		燭	213	耽	200			형		孝	66
以	82			制	24	준		讚	53					필		衡	137		
而	83	재		諸	90	俊	144	讚	150	촌		탕		筆	234	刑	151	후	
		載	168	弟	92	遵	176			寸	63	湯	29	必	46	形	57	後	220
익		宰	206					찰								馨	70		
益	83	再	222	조		중		察	176	총		태		핍		兄	92	훈	
		哉	253	操	104	中	174			寵	181	殆	182	逼	185			訓	88
인		在	36	調	11	重	19	참								혜			
鱗	21	才	45	趙	147			斬	230	최		택		하		惠	142	훼	
人	23			組	185	즉		唱	87	最	153	宅	138	夏	106	稽	233	毀	43
引	246	적		條	193	卽	183			催	240			何	150				
因	60	跡	156	凋	195	則	67	채				토		荷	192	호		휘	
仁	96	赤	161	早	195			綵	113	추		土	149	河	20	好	105	暉	241
		寂	187	糟	207	증		菜	19	抽	193			遐	34	戶	128		
일		的	192	鳥	23	增	181	策	134	推	26	통		下	86	號	16	휴	
逸	100	適	205	釣	235	蒸	221			秋	9	通	163			乎	253	虧	99
壹	34	績	210	照	243			처		逐	103	洞	163	학					
日	6	嫡	220	眺	249	지		處	186					學	80	홍		흠	
		賊	230	助	252	志	102			출		퇴				洪	5	欣	190
임		籍	60	弔	28	持	104	척		出	15	退	98	한					
任	235			朝	30	池	162	陟	171	黜	171	推	26	漢	142	화		흥	
臨	68	전		造	97	祇	179	戚	208			投	94	韓	151	華	106	興	69
		殿	110			紙	234	尺	62	충				閑	186	火	22		
입		轉	119	족		指	244	感	191	充	205	특		寒	8	禍	38	희	
入	89	典	122	足	218	地	4			忠	67	特	228			和	60	義	241
		田	161			知	46	천						함		畫	86		
자		傳	58	존		之	71	千	129	취		파		鹹	20				
自	105	顚	99	存	82	止	74	踐	149	吹	117	頗	152			환			
紫	160			尊	85	枝	93	天	4	聚	123	杷	194	합		桓	140		
茲	167							川	72	翠	194			合	140	歡	191		
姿	238					직		賤	84	取	73	팔				丸	212		
字	24					直	169					八	128	항					
										측				恒	158				
										惻	96	패		抗	181				
												覇	146	行	54				

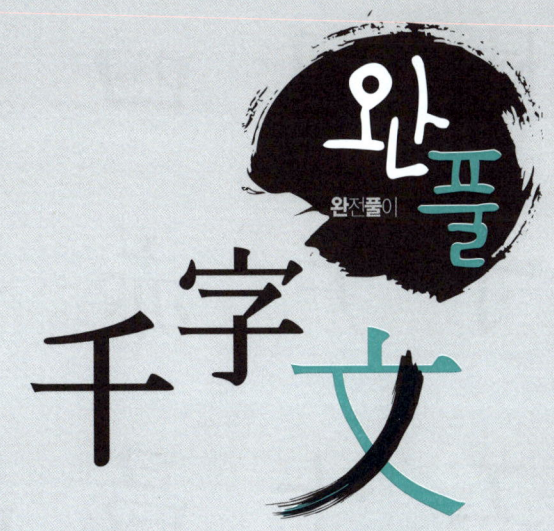

진동일 글·그림

正進出版社

한자의 결구

國	目	四	土	丁	足
寸	戶	赤	士	子	夕
工	十	昌	品	吹	如

■ 결구란 글자의 구성을 말한다. 한자의 결구에는 다음과 같은 구성 원칙이 있다.

○변과 몸의 크기를 같게 한다. 祈　取	○머리가 작고 발을 크게 한다. 忠　思	○획의 간격을 대강 같게 한다. 則　川
○변을 작게 한다. 忙　沿	○변보다 몸이 약간 내려가게 한다. 郡　師	○사선획이 중복되는 글자는 방향에 변화를 준다. 多　勿
○몸을 작게 한다. 割　判	○변을 작게 한다. 時　吐	○획과 획의 간격을 알맞게 한다. 水　番
○세로를 3등분이 되게 한다. 鄕　衝	○몸을 작게 한다. 知　和	○가로획의 오른쪽을 약간 올린다. 九　也
○가로를 2등분이 되게 한다. 盟　恣	○아래·위 선이 젖혀지도록 변화시킨다. 五　王	○갈고리나 파임이 되풀이되는 글자는 그중 하나를 변화시킨다. 林　炎
○머리가 크고 발을 작게 한다. 皆　習	○좌우가 대칭된 글자는 중심을 잡아 균형을 유지한다. 畫　事	○위를 평평하게, 또는 아래를 평평하게 한다. 明　記

한자의 일반적인 필순

○ 왼쪽에서 오른쪽으로 쓴다.

川 → ﾉ ﾉl 川
休 → ﾉ 亻 仁 什 休 休
外 → ﾉ ﾌ ﾀ 夘 外

○ 위에서 아래로 쓴다.

三 → 一 二 三
工 → 一 T 工
客 → ﾞ ﾟ 宀 宀 宀 灾 突 客 客

○ 가로획과 세로획이 겹칠 때에는 가로획을 먼저 쓴다.

木 → 一 十 才 木
共 → 一 十 卄 井 共 共
吉 → 一 十 士 吉 吉 吉

○ 삐침과 파임이 만날 때에는 삐침을 먼저 쓴다.

人 → ﾉ 人
文 → ﾞ 亠 ナ 文
交 → ﾞ 亠 ナ 六 亣 交

○ 좌우가 대칭될 때에는 가운데를 먼저 쓴다.

小 → ﾉ 小 小
水 → ﾉ 가 水 水
光 → ﾉ ﾉ 尙 尙 チ 光

○ 둘러싼 모양으로 된 자는 바깥쪽을 먼저 쓴다.

同 → ﾉ 冂 冂 冋 同 同
問 → ﾉ 冂 冂 冂 冂 門 門 門 問 問
固 → ﾉ 冂 冂 冋 冋 周 周 固

○ 글자 전체를 꿰뚫는 획은 나중에 쓴다.

中 → ﾉ 冂 口 中
事 → 一 一 戸 戸 弖 写 写 事
母 → ﾞ 几 囗 囜 母

○ 오른쪽 위에 점 있는 글자는 그 점을 나중에 찍는다.

犬 → 一 ナ 大 犬
伐 → ﾉ 亻 仁 代 伐 伐
成 → ﾉ 厂 厂 厉 成 成 成

○ 책받침(辶·廴)은 나중에 쓴다.

遠 → 一 十 土 吉 吉 声 声 声 袁 袁 遠 遠 遠

建 → ﾞ ﾞ ﾞ ﾞ ﾞ 聿 聿 建 建

○ 받침 중에서도 '走·是' 등은 먼저 쓴다.

起 → 一 十 土 キ キ 丰 走 走 起 起
題 → ﾉ 冂 日 日 旦 모 旦 뭊 是 是 题 题 題 題 題 題 題

※ 위의 예로 든 필순은 기본 필순을 따랐으나, 달리 쓰이는 경우도 있을 수 있다.

▶ 필순이 틀리기 쉬운 한자

左 → 一 ナ 左 左 左
右 → ﾉ ナ 右 右 右
在 → 一 ナ 才 右 存 在
有 → ﾉ ナ 大 有 有 有
布 → ﾉ ナ 才 右 布
山 → ﾉ 山 山
牛 → ﾉ 仁 二 牛
兩 → 一 一 厂 厂 币 币 兩 兩
承 → ﾞ 了 了 孑 手 承 承 承
九 → ﾉ 九
世 → 一 十 卄 世 世
必 → ﾞ ﾞ 必 必 必
臣 → 一 丁 丆 匞 臣 臣

급수	한자	훈	음								
7급	天	하늘	천	天	天						
7급	地	땅	지	地	地						
3급Ⅱ	玄	검을	현	玄	玄						
6급	黃	누를	황	黃	黃						
3급Ⅱ	宇	집	우	宇	宇						
3급Ⅱ	宙	집	주	宙	宙						
3급Ⅱ	洪	넓을	홍	洪	洪						
3급	荒	거칠	황	荒	荒						
8급	日	날/해	일	日	日						
8급	月	달	월	月	月						
2급	盈	찰	영	盈	盈						
	昃	기울	측	昃	昃						

● 사자성어

ㄱ

- 呵呵大笑 [가가대소] 껄껄 크게 소리내어 웃음.   ㊀ 破顔大笑(파안대소)   *呵 : 꾸짖을 가
- 家家戶戶 [가가호호] 집집마다.
- 街談巷說 [가담항설] 항간에 근거없이 떠돌고 있는 말.   ㊀ 流言蜚語(유언비어)
- 苛斂誅求 [가렴주구] 세금을 가혹하게 거두고 백성의 재물을 강제로 빼앗음.
              *斂 : 거둘 렴   *誅 : 벨/칠 주
- 佳人薄命 [가인박명] 용모가 너무 아름다운 사람은 목숨이 짧다는 말.   ㊀ 美人短命(미인단명)
- 刻骨難忘 [각골난망] 남에게 입은 은혜가 너무 커서 잊기가 어려움.
              ㊀ 白骨難忘(백골난망), 結草報恩(결초보은)
- 各自圖生 [각자도생] 각자 살길을 도모함.
- 角者無齒 [각자무치] 뿔이 있는 자는 이가 없음. 모든 것을 다 갖출 수는 없다는 말.

급수	한자	훈	음								
3급II	辰	별, 5째지지 때	진 신	辰	辰						
5급	宿	잘 별자리	숙 수	宿	宿						
4급II	列	벌릴	렬	列	列						
4급	張	베풀	장	張	張						
5급	寒	찰	한	寒	寒						
7급	來	올	래	來	來						
3급	暑	더울	서	暑	暑						
4급II	往	갈	왕	往	往						
7급	秋	가을	추	秋	秋						
4급II	收	거둘	수	收	收						
7급	冬	겨울	동	冬	冬						
3급II	藏	감출	장	藏	藏						

● 사자성어

- 刻舟求劍 [각주구검] 배에 표시를 하여 두고 검을 찾으려 함. 어리석은 사람이 융통성이 없고 세상 일에 어둡다는 말.
- 艱難辛苦 [간난신고] 갖은 어려움과 고통을 다 겪음. *艱 : 어려울 간
- 肝膽相照 [간담상조] 간과 쓸개를 서로 보임. 서로 진심을 터놓고 사귄다는 뜻. *膽 : 쓸개 담
- 感慨無量 [감개무량] 사물에 대한 느낌이 한이 없음.
- 敢不生心 [감불생심] 감히 엄두도 못 냄. ㈜ 焉敢生心(언감생심)
- 甘言利說 [감언이설] 달콤한 말과 이로운 이야기로 상대를 꾀는 일.
- 甘吞苦吐 [감탄고토] 달면 삼키고 쓰면 뱉음. 자기 편한 대로만 처신한다는 뜻. *吞 : 삼킬 탄
- 甲男乙女 [갑남을녀] 갑이라는 남자와 을이라는 여자. 곧 평범한 사람들.
  ㈜ 張三李四(장삼이사), 匹夫匹婦(필부필부)
- 甲論乙駁 [갑론을박] 서로 의견을 주고받으며 옥신각신함. *駁 : 얼룩얼룩할 박
- 康衢煙月 [강구연월] 태평한 시대의 평화로운 거리 풍경. 곧 태평성대. *衢 : 거리 구

급수	한자	훈	음		
3급	閏	윤달	윤	閏	閏
4급Ⅱ	餘	남을	여	餘	餘
6급	成	이룰	성	成	成
5급	歲	해	세	歲	歲
4급Ⅱ	律	법칙	률	律	律
2급	呂	성/법칙	려	呂	呂
5급	調	고를	조	調	調
6급	陽	볕	양	陽	陽
5급	雲	구름	운	雲	雲
3급	騰	오를	등	騰	騰
5급	致	이를	치	致	致
5급	雨	비	우	雨	雨

● 사자성어

- 江湖煙波 [강호연파] 강이나 호수 위에 안개처럼 보얗게 이는 기운, 또는 그 수면의 잔물결.
- 改過遷善 [개과천선] 지난 허물을 고쳐 착하게 됨.
- 蓋世之才 [개세지재] 세상을 덮을 만한 기개를 가진 인재.   *蓋 : 덮을 개
- 去去益甚 [거거익심] 가면 갈수록 더욱 심함.
- 去頭截尾 [거두절미] 머리와 꼬리를 자름. 앞뒤의 잔 사설은 빼고 요점만 말함.
  ㉠ 單刀直入(단도직입)   *截 : 자를 절
- 居安思危 [거안사위] 편안함에 있을 때 위태로움을 생각함.   ㉠ 有備無患(유비무환)
- 擧案齊眉 [거안제미] 밥상을 들어 눈높이까지 함. 아내가 남편을 정성껏 모심.
- 乾坤一擲 [건곤일척] 하늘과 땅을 한번에 내던짐. 운명과 흥망을 걸고 단판걸이로 승부나 성패를 겨룸.
  *擲 : 던질 척
- 格物致知 [격물치지] 사물을 잘 관찰하여 그 이치를 알게 됨.
- 隔世之感 [격세지감] 세대를 달리하는 듯한 아주 다른 느낌. 세월이 많이 흘렀을 때 쓰는 말.

급수	한자	훈	음
3급II	露	이슬/드러날	로
5급	結	맺을	결
4급II	爲	할	위
3급II	霜	서리	상
8급	金	쇠 금/성	김
8급	生	날	생
4급II	麗	고울	려
8급	水	물	수
4급II	玉	구슬	옥
7급	出	날	출
	崑	산이름	곤
2급	岡	산등성이	강

사자성어

- 隔靴搔癢 [격화소양] 가죽신을 신고 가려운 곳을 긁음. 힘써 노력하지만 얻는 성과는 아무것도 없거나, 일이 철저하지 못해서 성에 차지 않음.
- 牽強附會 [견강부회] 이치에 맞지 않는 말을 억지로 끌어 붙여 자기 주장이나 의견에 맞게 함.　　*牽 : 끌 견
- 見金如石 [견금여석] 금(금전) 보기를 돌같이 함.
- 見利思義 [견리사의] 이로움을 보면 의리에 합당한가를 생각하라는 뜻.
- 犬馬之勞 [견마지로] 개와 말처럼 임금이나 웃사람에게 봉사함.　　㊉ 犬馬之誠(견마지성)
- 見蚊拔劍 [견문발검] 모기를 보고 칼을 빼기. 대수롭지 않은 일을 보고 크게 대처함.　　*蚊 : 모기 문
- 見物生心 [견물생심] 물건을 보면 욕심이 생김.
- 犬猿之間 [견원지간] 개와 원숭이 사이. 사이가 좋지 못한 관계를 이름.　　*猿 : 원숭이 원
- 見危授命 [견위수명] 나라의 위태로움을 보고 목숨을 바쳐 충성함.　　㊉ 見危致命(견위치명)
- 堅忍不拔 [견인불발] 굳게 참고 버티어 마음이 흔들리지 아니함.

급수	한자	훈	음								
3급II	劍	칼	검	劍	劍						
6급	號	이름/부를	호	號	號						
4급	巨	클	거	巨	巨						
2급	闕	대궐/빠질	궐	闕	闕						
3급II	珠	구슬	주	珠	珠						
4급	稱	일컬을	칭	稱	稱						
6급	夜	밤	야	夜	夜						
6급	光	빛	광	光	光						
6급	果	실과	과	果	果						
4급	珍	보배	진	珍	珍						
6급	李	오얏/성	리	李	李						
	柰	능금나무	내	柰	柰						

● 사자성어

- 見兔放狗 **[견토방구]** 토끼를 보고 난 후 개를 풀어놓음. 적당한 시기를 기다리라는 뜻.
- 結者解之 **[결자해지]** 묶은 사람이 풀어야 함. 자기가 저지른 일은 자기가 해결해야 한다는 뜻.
- 結草報恩 **[결초보은]** 풀을 묶어 은혜를 갚음. 죽어서까지라도 은혜를 잊지 않음.
  - ㉠ 刻骨難忘(각골난망), 白骨難忘(백골난망)
- 謙讓之德 **[겸양지덕]** 겸손하고 양보하는 미덕.
- 輕擧妄動 **[경거망동]** 가볍고 망령되이 행동함.　㉠ 隱忍自重(은인자중)
- 經國濟世 **[경국제세]** 나라를 잘 다스려 도탄에 빠진 백성을 구제함.
- 傾國之色 **[경국지색]** 나라의 운명을 기울게 할 정도의 뛰어난 미모.
  - ㉠ 花容月態(화용월태), 絕世佳人(절세가인)
- 耕當問奴 **[경당문노]** 농사일은 마땅히 머슴에게 물어야 함. 어떤 일은 그 방면의 전문가에게 물어야 한다는 말.
- 敬而遠之 **[경이원지]** 겉으로는 공경하는 체하면서도 속으로는 멀리한다는 말.

급수	한자	훈	음									
3급Ⅱ	菜	나물	채	菜	菜							
7급	重	무거울	중	重	重							
1급	芥	겨자	개	芥	芥							
1급	薑	생강	강	薑	薑							
7급	海	바다	해	海	海							
1급	鹹	짤	함	鹹	鹹							
5급	河	물	하	河	河							
3급Ⅱ	淡	맑을	담	淡	淡							
1급	鱗	비늘	린	鱗	鱗							
3급Ⅱ	潛	잠길	잠	潛	潛							
3급Ⅱ	羽	깃	우	羽	羽							
1급	翔	날	상	翔	翔							

● 사자성어

- 鯨戰蝦死 [경전하사] 고래 싸움에 새우 등 터짐. 곧 강자들의 싸움에 약자가 끼어 들어 피해를 입음.
  　　　　　　　*蝦 : 새우 하
- 驚天動地 [경천동지] 하늘을 놀라게 하고 땅을 움직일 만한 커다란 일.
- 敬天愛人 [경천애인] 하늘을 공경하고 사람을 사랑함.
- 經天緯地 [경천위지] 온 천하를 경륜하여 다스림.　　*緯 : 씨 위
- 鷄口牛後 [계구우후] 소의 꼬리보다는 닭의 머리. 큰 무리의 말단이 되기보다는 작은 무리의 우두머리가 되라는 말.
- 鷄卵有骨 [계란유골] 계란에도 뼈가 있음. 일이 운수가 없어 잘 되지 않을 때를 이르는 말.
- 鷄鳴狗盜 [계명구도] 비굴한 꾀를 써서 남을 속이는 천박한 사람.
- 桂林一枝 [계림일지] 계수나무 숲속의 하나의 가지. 많은 관직 가운데 하찮은 관직.
- 戒世懲人 [계세징인] 세상을 경계하고 사람들을 징계함. 세상 사람들이 악에 빠지지 않도록 깨우쳐 줌.
- 呱呱之聲 [고고지성] 아이가 세상에 처음 나오면서 우는 소리.　　*呱 : 울 고

급수	한자	훈	음
4급	龍	용	룡
4급II	師	스승	사
8급	火	불	화
4급	帝	임금	제
4급II	鳥	새	조
4급II	官	벼슬	관
8급	人	사람	인
3급II	皇	임금	황
6급	始	비로소	시
4급II	制	지을	제
7급	文	글월	문
7급	字	글자	자

● 사자성어

- 股肱之臣 [고굉지신] 임금이 가장 신임하는 신하.　*股 : 넓적다리 고　*肱 : 팔뚝 굉
- 孤軍奮鬪 [고군분투] 외로운 군대가 힘에 겨운 적과 용감하게 싸움.
- 古今東西 [고금동서] 동양이나 서양에 있어서의 예나 지금이나. 곧 어디서나, 언제나의 뜻.
- 孤立無援 [고립무원] 고립되어 도움을 받을 데가 없음.
- 鼓腹擊壤 [고복격양] 배를 두드리면서 땅을 침. 태평성대한 세월을 일컫는 말.　*壤 : 흙 양
- 孤峰絶岸 [고봉절안] 외롭게 높이 솟은 봉우리와 깎아지른 듯한 언덕.
- 姑息之計 [고식지계] 잠시 쉴 수 있는 계책. 당장 편한 것만 찾는 꾀.
　　　　　　　　　유 姑息策(고식책), 凍足放尿(동족방뇨)
- 孤掌難鳴 [고장난명] 한 손바닥으로는 울릴 수 없음. 혼자서는 일을 이루지 못함을 이루는 말.
- 苦盡甘來 [고진감래] 고생이 다하면 즐거움이 온다는 말.　　반 興盡悲來(흥진비래)
- 高枕安眠 [고침안면] 베개를 높이하여 편히 잠. 편안히 누워 마음대로 즐기며 지냄을 이르는 말.
- 曲學阿世 [곡학아세] 그릇된 학문으로 세상에 아부함.

급수	한자	훈	음							
3급	乃	이에	내	乃	乃					
6급	服	옷	복	服	服					
6급	衣	옷	의	衣	衣					
3급Ⅱ	裳	치마	상	裳	裳					
4급	推	밀	퇴/추	推	推					
5급	位	자리	위	位	位					
3급Ⅱ	讓	사양할	양	讓	讓					
8급	國	나라	국	國	國					
7급	有	있을	유	有	有					
1급	虞	염려할	우	虞	虞					
3급Ⅱ	陶	질그릇	도	陶	陶					
3급Ⅱ	唐	당나라	당	唐	唐					

● 사자성어

- 骨肉相爭 [골육상쟁] 가까운 혈족끼리 서로 싸우거나 같은 민족끼리 해치며 싸우는 일.
　　　　　　　　㉠ 骨肉相殘(골육상잔)
- 共同生活 [공동생활] 서로 협력하여 사는 생활.
- 空理空論 [공리공론] 실천이 없는 쓸데없는 이론.
- 公明正大 [공명정대] 마음이 공평하고 조금도 사사로움이 없이 바름.
- 空前絶後 [공전절후] 비교할 만한 것이 전에도 없었고, 앞으로도 있을 수 없음.　㉠ 前無後無(전무후무)
- 空中樓閣 [공중누각] 공중에 떠 있는 집처럼 근거나 기초가 없는 이론이나 사물을 이르는 말.
　　　　　　　　㉠ 沙上樓閣(사상누각)
- 公衆道德 [공중도덕] 공중의 공통적인 복리를 위하여 일반 사람들이 지켜야 할 사회적, 윤리적인 도덕.
- 公平無私 [공평무사] 공평하고 사사로움이 없음.
- 誇大妄想 [과대망상] 자신의 능력이나 권세 등을 지나치게 과장하여 사실처럼 믿는 터무니없는 생각.
- 過大評價 [과대평가] 실제 이상으로 평가함.

급수	한자	훈	음								
3급	弔	조상할	조	弔	弔						
8급	民	백성	민	民	民						
4급Ⅱ	伐	칠	벌	伐	伐						
5급	罪	허물	죄	罪	罪						
4급	周	두루	주	周	周						
6급	發	필	발	發	發						
2급	殷	성할	은	殷	殷						
3급Ⅱ	湯	끓을	탕	湯	湯						
3급Ⅱ	坐	앉을	좌	坐	坐						
6급	朝	아침	조	朝	朝						
7급	問	물을	문	問	問						
7급	道	길/말할	도	道	道						

● 사자성어

- 過猶不及 [과유불급] 지나친 것은 모자란 것과 같이 좋지 못하다는 말.
- 官尊民卑 [관존민비] 관리는 존귀하고 백성은 비천하다는 사고 방식.
- 管中窺天 [관중규천] 대롱으로 하늘을 봄. 소견과 생각하는 범위가 좁음.
  ㊌ 坐井觀天(좌정관천)   *窺 : 엿볼 규
- 管鮑之交 [관포지교] 관중과 포숙아의 사귐. 친구 사이의 매우 다정하고 허물없는 교제.
  ㊌ 水魚之交(수어지교)   *鮑 : 절인어물 포
- 刮目相對 [괄목상대] 눈을 비비고 서로 볼 만큼 남의 학식이나 재주가 몹시 발전함.   *刮 : 비빌 괄
- 怪怪罔測 [괴괴망측] 말할 수 없이 이상야릇함.   *罔 : 그물 망
- 矯角殺牛 [교각살우] 뿔을 바로잡으려다가 소를 죽임. 사소한 일에 신경을 쓰다가 중요한 일을 그르침.
- 皎皎月色 [교교월색] 매우 맑고 밝은 달빛.   *皎 : 흴/깨끗할 교
- 巧言令色 [교언영색] 교묘하게 꾸며대는 말과 아첨하는 얼굴빛.
- 敎外別傳 [교외별전] 마음에서 마음으로 뜻을 전해 줌.   ㊌ 以心傳心(이심전심)

급수	한자	훈	음								
3급II	垂	드리울	수	垂	垂						
1급	拱	팔짱낄	공	拱	拱						
7급	平	평평할	평	平	平						
6급	章	글/밝을	장	章	章						
6급	愛	사랑	애	愛	愛						
7급	育	기를	육	育	育						
1급	黎	검을	려	黎	黎						
5급	首	머리	수	首	首						
5급	臣	신하	신	臣	臣						
4급	伏	엎드릴	복	伏	伏						
1급	戎	병장기	융	戎	戎						
	羌	오랑캐	강	羌	羌						

● 사자성어

- 交友以信 [교우이신] 벗을 사귐에 믿음으로써 함.
- 敎學相長 [교학상장] 가르치고 배우며 서로 성장함.
- 九曲肝腸 [구곡간장] 굽이굽이 깊이 든 마음 속. 깊은 마음 속.
- 口無擇言 [구무택언] 하는 말이 모두 착하므로, 입에서 나오는 말을 선택할 필요가 없음.
- 狗尾續貂 [구미속초] 담비의 꼬리가 모자라 개꼬리로 이음. 훌륭한 일 다음에는 보잘것없는 일이 이어짐.   *貂 : 담비 초
- 口蜜腹劍 [구밀복검] 입에는 꿀을 바르고 배에는 검을 품음. 겉으로는 친절한 체하나 속으로는 해칠 생각을 품고 있음.
- 九死一生 [구사일생] 여러 번 죽을 고비를 넘기고 겨우 살아남.
- 口尙乳臭 [구상유취] 입에서 아직 젖 냄새가 남. 말이나 행동이 유치함.
- 九牛一毛 [구우일모] 소 아홉 마리에 털 하나. 많은 것 가운데에서 극히 적은 것을 이르는 말.
  ㈲ 滄海一粟(창해일속)

급수	한자	훈	음							
1급	遐	멀	하	遐	遐					
1급	邇	가까울	이	邇	邇					
2급	壹	한	일	壹	壹					
6급	體	몸	체	體	體					
3급II	率	비율/거느릴	률/솔	率	率					
3급	賓	손	빈	賓	賓					
4급	歸	돌아갈	귀	歸	歸					
8급	王	임금	왕	王	王					
4급	鳴	울	명	鳴	鳴					
3급II	鳳	봉새	봉	鳳	鳳					
6급	在	있을	재	在	在					
6급	樹	나무	수	樹	樹					

● 사자성어

- 口耳之學 [구이지학] 귀로 들은 것을 그대로 남에게 이야기할 뿐 조금도 제 것으로 만들지 못한 학문.
- 九折羊腸 [구절양장] 양의 창자처럼 몹시 꼬불꼬불하고 험한 산길이나 계곡을 말함.
- 國士無雙 [국사무쌍] 나라 안에 견줄 만한 자가 없는 인재. 국내에서 가장 뛰어난 인물.
- 群鷄一鶴 [군계일학] 여러 마리의 닭 가운데 있는 한 마리의 학. 많은 평범한 사람 가운데 뛰어난 한 사람.
- 群雄割據 [군웅할거] 많은 영웅들이 각지에 자리잡고 세력을 떨치며 서로 맞서는 일.   *據 : 의거할 거
- 窮餘之策 [궁여지책] 막다른 골목에서 국면 전환의 타개책으로 짜내는 꾀.
- 窮鳥入懷 [궁조입회] 쫓기는 새가 사람의 품안으로 날아듦. 곤란한 사정이 있는 사람은 도와야 함.
- 權謀術數 [권모술수] 어떤 목적을 위해서는 수단을 가리지 않고 온갖 방법을 쓰는 술책.
- 權不十年 [권불십년] 권세는 십년을 넘지 못함. 권세는 오래 가지 못함을 이르는 말.
- 勸善懲惡 [권선징악] 착한 일은 권장하고 악한 일은 징계함.
- 捲土重來 [권토중래] 흙먼지를 일으키며 다시 옴. 한번 실패한 사람이 세력을 회복하여 다시 쳐들어옴.
    *捲 : 걷을 권

급수	漢字	훈	음
8급	白	흰	백
1급	駒	망아지	구
7급	食	밥/먹을	식
7급	場	마당	장
5급	化	될	화
3급Ⅱ	被	입을	피
7급	草	풀	초
8급	木	나무	목
3급Ⅱ	賴	힘입을	뢰
3급Ⅱ	及	미칠	급
8급	萬	일만	만
7급	方	모	방

사자성어

- 克己復禮 [극기복례] 자기의 욕망이나 충동·감정 등을 눌러 이기고 예로 돌아감.
- 僅僅得生 [근근득생] 간신히 겨우 살아남.
- 近墨者黑 [근묵자흑] 먹을 가까이 하게 되면 검어짐. 행실이 좋지 못한 사람과 어울리게 되면 거기에 물들게 됨.
- 金科玉條 [금과옥조] 금이나 옥처럼 소중히 여기고 꼭 지켜야 할 규정이나 법칙.
- 金蘭之交 [금란지교] 친구와의 사귐이 금처럼 변함이 없고, 난초처럼 향기로움. ㉠ 斷金之交(단금지교)
- 錦上添花 [금상첨화] 비단옷 위에 꽃을 더함. 좋은 일 위에 좋은 일이 거듭됨. ㉞ 雪上加霜(설상가상)
- 金石盟約 [금석맹약] 쇠나 돌과 같이 굳게 맺은 약속.
- 今昔之感 [금석지감] 지금과 옛날을 비교해 볼 때 그 차이가 너무 심함을 보고 느끼는 감정. ㉠ 隔世之感(격세지감)
- 金石之交 [금석지교] 쇠나 돌처럼 굳고 변함이 없는 친구의 사귐. ㉠ 金蘭之交(금란지교), 刎頸之交(문경지교)

급수	한자	훈	음									
3급II	蓋	덮을	개	蓋	蓋							
3급II	此	이	차	此	此							
6급	身	몸	신	身	身							
4급	髮	터럭	발	髮	髮							
8급	四	넉	사	四	四							
8급	大	큰	대	大	大							
8급	五	다섯	오	五	五							
4급II	常	떳떳할	상	常	常							
3급II	恭	공손할	공	恭	恭							
3급	惟	생각할	유	惟	惟							
2급	鞠	성	국	鞠	鞠							
5급	養	기를	양	養	養							

● 사자성어

- 今時初聞 [금시초문] 이제야 비로소 처음으로 들음.
- 琴瑟之樂 [금실지락] 부부 사이의 다정하고 화목한 즐거움.
- 錦衣夜行 [금의야행] 비단옷을 입고 밤길을 걸음. 아무 보람이 없는 행동.
- 錦衣玉食 [금의옥식] 비단옷과 흰 쌀밥. 사치스러운 의식이나 부유한 생활.
  - ㈜ 好衣好食(호의호식)
- 錦衣還鄕 [금의환향] 비단옷을 입고 고향에 돌아옴. 곧 타향에서 성공하여 고향에 돌아옴.
- 金枝玉葉 [금지옥엽] 금으로 된 나뭇가지와 옥으로 된 나뭇잎처럼 귀한 자식.
- 急轉直下 [급전직하] 형세가 급변하여 걷잡을 수 없이 내리달림.
- 氣高萬丈 [기고만장] 일이 뜻대로 잘 되어 기운이 펄펄 남.
- 奇奇妙妙 [기기묘묘] 매우 기이하고 묘함.
- 飢不擇食 [기불택식] 굶주린 사람은 먹을 것을 가리지 아니함.
- 起死回生 [기사회생] 거의 죽을 뻔하다가 다시 살아남.

급수	한자	훈	음							
3급	豈	어찌	기	豈	豈					
4급	敢	감히	감	敢	敢					
3급	毀	헐	훼	毀	毀					
4급	傷	다칠	상	傷	傷					
8급	女	여자	녀	女	女					
3급Ⅱ	慕	사모할	모	慕	慕					
3급Ⅱ	貞	곧을	정	貞	貞					
4급	烈	매울	렬	烈	烈					
7급	男	사내	남	男	男					
5급	效	본받을	효	效	效					
6급	才	재주	재	才	才					
5급	良	어질	량	良	良					

사자성어

- 奇想天外 [기상천외] 보통 사람이 예상할 수 없는 상식 밖의 엉뚱한 생각.
- 奇巖怪石 [기암괴석] 기묘한 바위와 괴상한 돌.
- 奇巖絶壁 [기암절벽] 기묘한 바위와 깎아지른 낭떠러지.
- 寄與補裨 [기여보비] 사회나 어떤 일에 대하여 공헌을 함.   *裨 : 도울 비
- 飢者甘食 [기자감식] 굶주린 사람은 아무 음식이나 달게 먹음.
- 騎虎之勢 [기호지세] 호랑이를 탄 사람의 기세. 도중에서 그만두거나 물러설 수 없는 형세.

- 落落長松 [낙락장송] 긴 가지가 쭉쭉 늘어진 키가 큰 소나무.
- 落木寒月 [낙목한월] 낙엽이 지는 추운 계절.
- 落花流水 [낙화유수] 떨어지는 꽃에 정이 있으면 흐르는 물 또한 정이 있음. 남녀에게 서로 생각하는 정이 있다는 말.

급수	한자	훈	음
5급	知	알	지
5급	過	지날	과
5급	必	반드시	필
5급	改	고칠	개
4급II	得	얻을	득
5급	能	능할	능
3급II	莫	없을	막
3급	忘	잊을	망
3급	罔	없을	망
5급	談	말씀	담
3급II	彼	저	피
6급	短	짧을	단

● 사자성어

- 洛陽紙價 [낙양지가] 낙양의 종이값. 책이 호평을 받아 매우 잘 팔림을 이르는 말.
- 難攻不落 [난공불락] 공격하기 어려워 쉽게 함락되지 않음.
- 爛商公論 [난상공론] 여러 사람이 모여 의논함. *爛 : 문드러질 란
- 亂臣賊子 [난신적자] 나라를 어지럽게 하는 신하와 어버이를 해치는 자식.
- 難中之難 [난중지란] 어려운 가운데서도 가장 어려움.
- 難兄難弟 [난형난제] 누가 형이고 누가 동생이라고 말할 수 없을 정도로 실력이 엇비슷함.
- 南柯一夢 [남가일몽] 남쪽으로 뻗은 나뭇가지 아래에서의 꿈. 한때의 헛된 부귀영화.
  ㈲ 一場春夢(일장춘몽)   *柯 : 가지 가
- 男女老少 [남녀노소] 남자와 여자와 늙은이와 젊은이. 곧 모든 사람.
- 男負女戴 [남부여대] 남자는 등에 짐을 지고, 여자는 머리에 짐을 이고 다님. 가난한 사람들의 떠돌이 생활. *戴 : 일 대
- 囊中之錐 [낭중지추] 주머니 속의 송곳은 뚫고 나오기 마련임. 재능이 있고 유능한 사람은 드러나게 됨.

급수	한자	훈	음
1급	靡	없을	미
	恃	믿을	시
5급	己	몸	기
8급	長	긴/어른	장
6급	信	믿을	신
6급	使	부릴	사
5급	可	옳을	가
3급Ⅱ	覆	엎을 덮을	복 부
4급Ⅱ	器	그릇	기
3급Ⅱ	欲	하고자할	욕
4급Ⅱ	難	어려울	난
5급	量	헤아릴	량

● 사자성어

- 囊中取物 [낭중취물] 주머니 속의 물건을 취하듯 매우 손쉬운 일.
- 內憂外患 [내우외환] 나라 안팎의 근심과 걱정.
- 內柔外剛 [내유외강] 사실은 마음이 부드러운데도 겉으로 보기에는 강함. 반 內剛外柔(내강외유)
- 老當益壯 [노당익장] 대장부 뜻을 품었으면 어려울수록 굳세어야 하고 늙을수록 건강해야 한다는 말.
- 路柳墻花 [노류장화] 길가의 버드나무와 담장의 장미. 곧 창녀를 이름.
- 老馬之智 [노마지지] 늙은 말의 지혜. 경험이 풍부하고 숙달된 지혜를 일컫는 말.
- 爐邊談話 [노변담화] 화롯가에서 가볍게 주고받은 이야기.
- 勞心焦思 [노심초사] 애를 쓰면서 속을 태움. 유 焦心苦慮(초심고려)
- 綠陰芳草 [녹음방초] 우거진 나무 그늘과 꽃다운 풀. 여름철을 가리킴. * 芳 : 꽃다울 방
- 論功行賞 [논공행상] 공로의 크고 작음을 평가해 각각 알맞은 상을 내림.
- 弄假成眞 [농가성진] 장난 삼아 한 말이 정말로 사실이 되어 일어남.
   유 假弄成眞(가농성진) * 弄 : 희롱할 롱

급수	한자	훈	음								
3급II	墨	먹	묵	墨	墨						
4급II	悲	슬플	비	悲	悲						
4급	絲	실	사	絲	絲						
3급II	染	물들일	염	染	染						
4급II	詩	시	시	詩	詩						
4급	讚	기릴	찬	讚	讚						
	羔	염소	고	羔	羔						
4급II	羊	양	양	羊	羊						
5급	景	볕	경	景	景						
6급	行	다닐 항렬	행 항	行	行						
3급II	維	벼리/얽을	유	維	維						
4급II	賢	어질	현	賢	賢						

사자성어

- 弄瓦之慶 [**농와지경**] 실패(瓦)를 갖고 노는 경사. 딸을 낳은 경사.
  - 반 弄璋之慶(농장지경) : 아들을 낳은 경사.
- 累卵之危 [**누란지위**] 알을 쌓아 올린 것처럼 언제 흘러내려 깨어질지 모르는 아주 위태로운 형세를 이르는 말.
- 訥言敏行 [**눌언민행**] 말은 더듬거리나 행동은 빠름. 말보다 행동이 중요하다는 말.
  - *訥 : 말더듬을 눌
- 能小能大 [**능소능대**] 모든 일에 두루 능함.

- 多岐亡羊 [**다기망양**] 학문의 갈래가 너무 세분화되어 진리를 찾기가 어려움. 유 亡羊之歎(망양지탄)
- 多多益善 [**다다익선**] 많으면 많을수록 더욱 좋음.
- 多事多難 [**다사다난**] 하는 일도 많고 어려움도 많음.

급수	한자	훈	음							
1급	剋	이길/정할	극	剋	剋					
5급	念	생각	념	念	念					
6급	作	지을	작	作	作					
4급Ⅱ	聖	성인	성	聖	聖					
5급	德	큰/덕	덕	德	德					
5급	建	세울	건	建	建					
7급	名	이름	명	名	名					
7급	立	설	립	立	立					
6급	形	모양	형	形	形					
4급Ⅱ	端	바를/끝	단	端	端					
6급	表	겉	표	表	表					
7급	正	바를	정	正	正					

● 사자성어

- 斷金之交 [단금지교] 쇠를 끊을 만큼 단단한 사귐. 곧 매우 친밀한 우정이나 사귐.
- 斷機之戒 [단기지계] 학문은 중도에 그만둠이 없이 꾸준히 계속해야 한다는 가르침.
  ㊀ 孟母斷機(맹모단기)
- 單刀直入 [단도직입] 짧은 칼로 곧바로 들어감. 문제의 핵심으로 바로 들어감. ㊀ 去頭截尾(거두절미)
- 丹脣皓齒 [단순호치] 붉은 입술과 하얀 이. 곧 매우 아름다운 여인의 얼굴을 일컬음.
  ㊀ 花容月態(화용월태)   *皓 : 흴 호
- 淡水之交 [담수지교] 맑은 물처럼 담담한 사귐. 고결한 인격자 사이의 점잖은 교제.
- 踏步狀態 [답보상태] 제자리걸음인 상태.
- 堂狗風月 [당구풍월] 서당개 3년이면 풍월을 읊음. 사람이 좋은 환경에 처하게 되면 그 환경의 영향을 받게 된다는 말.
- 大驚失色 [대경실색] 크게 놀라 얼굴빛이 변함.
- 大器晚成 [대기만성] 큰 그릇은 늦게 완성된다는 뜻으로, 크게 될 인물은 늦게 이루어짐을 이르는 말.

급수	한자	훈	음
7급	空	빌	공
3급II	谷	골	곡
5급	傳	전할	전
4급II	聲	소리	성
4급II	虛	빌	허
6급	堂	집	당
6급	習	익힐	습
4급	聽	들을	청
3급II	禍	재앙	화
5급	因	인할	인
5급	惡	악할/미워할	악/오
4급	積	쌓을	적

사자성어

- 大同小異 [대동소이] 거의 같고, 조금 다르다는 말.
- 大書特筆 [대서특필] 뚜렷이 드러나게 큰 글자로 씀. 어떤 사실을 아주 큰 비중을 두어서 서술함.
- 大義滅親 [대의멸친] 국가의 대의를 위해서는 부모형제를 돌보지 않는다는 말.
- 大義名分 [대의명분] 사람으로서 지켜야 할 도리와 본분. 정당한 명분.
- 德必有隣 [덕필유린] 덕이 있으면 반드시 이웃이 따른다는 말.
- 徒勞無功 [도로무공] 다만 수고로울 뿐 공들인 보람이 없음.
- 道不拾遺 [도불습유] 여유가 생기고 믿음이 차 있는 세상의 아름다운 풍속을 이르는 말.
- 道聽塗說 [도청도설] 거리에 퍼져 돌아다니는 뜬소문.   *塗 : 진흙/길 도
- 塗炭之苦 [도탄지고] 진흙 속이나 숯불에 빠진 괴로움. 잘못된 정치로 고통받는 백성의 괴로움.
- 獨不將軍 [독불장군] 남의 의견을 묵살하고 저 혼자 모든 일을 처리하는 사람.
- 讀書亡羊 [독서망양] 마음이 다른 데 쏠려 옳은 길을 잃음을 이르는 말.
- 讀書三到 [독서삼도] 독서할 때에 세 가지 필요한 것. 곧 心到(심도), 眼到(안도), 口到(구도).

급수	한자	훈	음								
5급	福	복	복	福	福						
4급	緣	인연	연	緣	緣						
5급	善	착할	선	善	善						
4급Ⅱ	慶	경사	경	慶	慶						
3급Ⅱ	尺	자	척	尺	尺						
1급	璧	옥	벽	璧	璧						
4급	非	아닐	비	非	非						
4급Ⅱ	寶	보배	보	寶	寶						
8급	寸	마디	촌	寸	寸						
4급Ⅱ	陰	그늘	음	陰	陰						
4급Ⅱ	是	이/옳을	시	是	是						
5급	競	다툴	경	競	競						

● 사자성어

- 讀書三昧 [독서삼매] 오로지 책 읽기에만 열중함.
- 讀書尙友 [독서상우] 책을 읽음으로써 옛 현인들과 벗할 수 있다는 말.
- 獨也靑靑 [독야청청] 홀로 푸르다라는 뜻으로, 홀로 절개를 지킨다는 말.
- 獨靑獨醒 [독청독성] 혼탁한 세상에서 혼자만이 깨끗하고 정신이 맑음.   *醒 : 깰 성
- 同價紅裳 [동가홍상] 같은 값이면 다홍치마. 같은 조건이라면 좀더 좋은 것을 고른다는 말.
- 同苦同樂 [동고동락] 괴로움이나 즐거움을 함께 함.
- 同工異曲 [동공이곡] 재료는 같더라도 그것을 다루는 사람의 기교에 따라서 내용에 차이가 생김.
- 棟梁之材 [동량지재] 기둥이나 대들보가 될 만한 좋은 재목. 한 집안이나 한 나라의 기둥이 될 만한 큰 인물을 이르는 말.   *棟 : 마룻대 동
- 東問西答 [동문서답] 동쪽을 묻는데 서쪽을 대답함. 묻는 말에 대하여 전혀 엉뚱한 대답을 이르는 말.
- 同病相憐 [동병상련] 같은 병을 가진 환자끼리 서로 가엾게 여김. 어려운 처지에 있는 사람끼리 서로 돕고 위로함.

급수	한자	훈	음
4급	資	재물	자
8급	父	아비	부
7급	事	일/섬길	사
4급	君	임금	군
3급	曰	가로	왈
4급	嚴	엄할	엄
4급	與	더불/줄	여
5급	敬	공경	경
7급	孝	효도	효
5급	當	마땅	당
1급	竭	다할	갈
7급	力	힘	력

● 사자성어

- 東奔西走 [동분서주] 여기저기 분주하게 돌아다님.
- 凍氷寒雪 [동빙한설] 얼음이 얼고 눈보라가 치는 추위.
- 同床異夢 [동상이몽] 같은 침대에서 서로 다른 꿈을 꿈. 행동은 함께 하면서도 다른 속셈을 가짐.
  ㊠ 同床各夢(동상각몽)
- 東西南北 [동서남북] 동쪽·서쪽·남쪽·북쪽. 곧 사방.
- 同性同本 [동성동본] 성도 같고 본관도 같음.
- 凍足放尿 [동족방뇨] 언 발에 오줌누기. 한때의 도움이 될 뿐 곧 효력이 떨어져 더 나쁘게 됨.
  ㊠ 姑息之計(고식지계)
- 杜門不出 [두문불출] 집안에만 있고 세상 밖으로 나다니지 아니함.   *杜 : 막을 두
- 得意滿面 [득의만면] 뜻을 이루어 기쁜 표정이 얼굴에 가득함.
- 登高自卑 [등고자비] 높은 곳에 오르자면 낮은 곳에서부터 시작함.
- 燈下不明 [등하불명] 등잔 밑이 어두움. 가까이 있는 것을 도리어 알아내기 어려움을 일컫는 말.

급수	한자	훈	음
4급II	忠	충성	충
5급	則	법칙/곧	칙/즉
4급	盡	다할	진
7급	命	목숨	명
3급II	臨	임할	림
4급II	深	깊을	심
3급II	履	밟을	리
3급II	薄	얇을	박
1급	夙	일찍	숙
4급II	興	일어날	흥
6급	溫	따뜻할	온
	淸	서늘할	청

사자성어

- 燈火可親 [등화가친] 가을밤은 서늘하여 등불을 가까이 두고 글을 읽기에 좋다는 말.

- 磨斧爲針 [마부위침] 도끼를 갈아 바늘을 만듦. 부단한 노력과 인내로 나아가면 반드시 이루게 됨.
  *斧 : 도끼 부
- 馬耳東風 [마이동풍] 말 귀에 부는 봄바람. 곧 남의 말을 귀담아 듣지 않음을 이르는 말.
  ㈜ 牛耳讀經(우이독경)
- 莫上莫下 [막상막하] 서로 차이가 거의 없어 우열을 가리기 어려움.
  ㈜ 伯仲之勢(백중지세), 難兄難弟(난형난제)
- 莫逆之友 [막역지우] 마음이 서로 맞아 거스리는 일이 없는 친한 벗.
  ㈜ 水魚之交(수어지교), 莫逆之交(막역지교)
- 萬頃滄波 [만경창파] 한없이 넓은 바다.

급수	한자	훈	음
3급	似	같을	사
3급II	蘭	난초	란
3급	斯	이	사
2급	馨	향기	형
4급II	如	같을	여
4급	松	소나무	송
3급II	之	갈	지
4급II	盛	성할	성
7급	川	내	천
5급	流	흐를	류
7급	不	아닐	불/부
4급II	息	쉴/아들	식

● 사자성어

- 萬古風霜 [만고풍상] 일생 동안 겪은 갖가지 고생과 고초.
- 萬民平等 [만민평등] 모든 사람은 평등하다는 말.
- 萬事亨通 [만사형통] 모든 일이 뜻하는 대로 잘 되어 나감.　㈜ 萬事如意(만사여의)
- 萬事休矣 [만사휴의] 모든 일이 끝나서 더 이상 어떻게 해볼 도리가 없음. 모든 일이 전혀 '가망 없다'는 뜻.
- 滿山紅葉 [만산홍엽] 온 산에 가득한 붉은 나뭇잎.
- 萬壽無疆 [만수무강] 수명이 끝이 없음. 장수를 빌 때 쓰는 말.　*疆 : 지경 강
- 晩時之歎 [만시지탄] 알맞은 때를 놓쳐 한탄함.　㈜ 後時之歎(후시지탄)
- 滿場一致 [만장일치] 회의장에 모인 여러 사람의 뜻이 한결같음.
- 晩秋佳景 [만추가경] 늦가을의 아름다운 경치.
- 萬化方暢 [만화방창] 따뜻한 봄날에 온갖 물건이 나서 자람.　*暢 : 화창할 창
- 亡國之音 [망국지음] 나라를 망칠 음악. 저속하고 잡스러운 음악을 일컫는 말.

급수	한자	훈	음		
2급	淵	못	연	淵	淵
1급	澄	맑을	징	澄	澄
4급II	取	취할	취	取	取
4급	映	비칠	영	映	映
4급II	容	얼굴	용	容	容
5급	止	그칠	지	止	止
3급II	若	같을 반야	약 야	若	若
5급	思	생각	사	思	思
6급	言	말씀	언	言	言
4급	辭	말씀	사	辭	辭
7급	安	편안	안	安	安
6급	定	정할	정	定	定

사자성어

- 罔極之恩 [망극지은] 끝없이 큰 은혜. ㊌ 昊天罔極(호천망극)
- 亡羊補牢 [망양보뢰] 양을 잃고 우리를 고침. 뒤늦게 잘못을 후회하고 고침을 말함. *牢 : 우리 뢰
- 亡羊之嘆 [망양지탄] 학문의 길이 여러 갈래로 갈려 진리를 얻기가 어려움. ㊌ 多岐亡羊(다기망양)
- 望洋之歎 [망양지탄] 넓은 바다를 보며 하는 탄식. 남의 위대함에 감탄하면서 자신의 힘이 미치지 못함을 탄식함.
- 茫然自失 [망연자실] 정신을 잃고 어리둥절함.
- 望雲之情 [망운지정] 타향에서 구름을 바라보며 부모를 그리워하는 마음. ㊌ 望雲之懷(망운지회)
- 亡子計齒 [망자계치] 죽은 아들 나이 세기. 아쉬워해도 소용없다는 말.
- 忙中有閑 [망중유한] 바쁜 중에도 또한 한가한 짬이 있음.
- 梅酸蜜甘 [매산밀감] 매실은 시고 꿀은 달다. 세상만물의 이치가 당연함을 이르는 말.
- 買占賣惜 [매점매석] 물건값이 오를 것을 예상하여, 어떤 상품을 한꺼번에 많이 사두고 되도록 팔지 않으려는 일.

급수	한자	훈	음								
3급	篤	도타울	독	篤	篤						
5급	初	처음	초	初	初						
4급II	誠	정성	성	誠	誠						
6급	美	아름다울	미	美	美						
3급II	愼	삼갈	신	愼	愼						
5급	終	마칠	종	終	終						
3급	宜	마땅	의	宜	宜						
5급	令	하여금	령	令	令						
4급II	榮	영화	영	榮	榮						
6급	業	업	업	業	業						
7급	所	바	소	所	所						
5급	基	터	기	基	基						

● 사자성어

- 麥秀之歎 [맥수지탄] 보리만 무성함을 보고 한탄함. 고국의 멸망을 탄식한다는 말.
  ㈜ 麥秀黍油(맥수서유)
- 孟母三遷 [맹모삼천] 맹자의 어머니가 맹자를 가르치기 위하여 세 번씩이나 이사함. 자녀의 교육은 환경이 중요하다는 말.
- 盲玩丹靑 [맹완단청] 장님이 단청을 구경함. 참모습을 모르고 일부분만 이해하는 데 그침.
  *玩 : 장난할 완
- 盲人摸象 [맹인모상] 장님이 코끼리를 만지듯이 사물의 일부만을 알고 함부로 결론을 내리는 좁은 견해.
  *摸 : 본뜰 모
- 盲者失杖 [맹자실장] 맹인이 지팡이를 잃음. 곧 의지하던 것을 잃고 어렵게 됨을 이름.
- 面從腹背 [면종복배] 겉으로는 따르는 척하면서 속으로는 다른 생각을 품고 배반함.
- 滅私奉公 [멸사봉공] 사사로움을 버리고 국가나 사회를 위하여 힘써 일함.
- 明鏡止水 [명경지수] 맑은 거울과 멈춰 있는 물이라는 뜻으로, 마음이 맑고 조용하다는 말.

급수	한자	훈	음						
4급	籍	호적 떠들썩할	적	籍	籍				
3급Ⅱ	甚	심할	심	甚	甚				
5급	無	없을	무	無	無				
3급	竟	마칠	경	竟	竟				
8급	學	배울	학	學	學				
4급	優	넉넉할	우	優	優				
7급	登	오를	등	登	登				
5급	仕	벼슬	사	仕	仕				
3급	攝	다스릴	섭	攝	攝				
4급Ⅱ	職	벼슬	직	職	職				
4급	從	좇을	종	從	從				
4급Ⅱ	政	정사	정	政	政				

● 사자성어

- 名實相符 [**명실상부**] 이름과 실상이 꼭 들어맞음.　　⑪ 名實相反(명실상반)
- 明若觀火 [**명약관화**] 밝음이 불을 보듯 뻔함. 곧 더할 나위 없이 명백함.　　㉮ 明明白白(명명백백)
- 命在頃刻 [**명재경각**] 거의 죽게 되어 숨이 곧 넘어갈 지경에 이름.
- 明哲保身 [**명철보신**] 어지러운 세상에서 이치에 밝아 자기 몸을 잘 보호함.
- 毛遂自薦 [**모수자천**] 모수(毛遂)가 스스로 자기를 천거하였다는 고사로, 자신이 자기를 추천함을 이름.
- 目不識丁 [**목불식정**] 낫 놓고 기역자도 모른다는 뜻으로, 매우 무식한 사람을 이르는 말.
- 目不忍見 [**목불인견**] 차마 눈을 뜨고 볼 수 없는 경우나 모습.
- 木石肝腸 [**목석간장**] 나무나 돌처럼 감정이 무딘 사람.
- 沐浴齋戒 [**목욕재계**] 목욕을 하여 몸을 깨끗이 하고 마음을 가다듬어 부정을 피하는 일.
- 木人石心 [**목인석심**] 나무로 만든 사람에 돌로 만든 마음. 곧 의지가 굳어 어떤 유혹에도 흔들리지 않음.
- 猫項懸鈴 [**묘항현령**] 고양이 목에 방울 달기. 듣기에는 좋으나 실현 불가능한 헛된 이론.

　　　　　　　　*猫 : 고양이 묘　　*鈴 : 방울 령

급수	한자	훈	음
4급	存	있을	존
5급	以	써	이
4급	甘	달	감
1급	棠	아가위	당
5급	去	갈	거
3급	而	말이을	이
4급II	益	더할	익
3급	詠	읊을	영
6급	樂	즐길 / 노래 / 좋아할	락 / 악 / 요
3급II	殊	다를	수
5급	貴	귀할	귀
3급II	賤	천할	천

● 사자성어

- 武陵桃源 [무릉도원] 신선들이 살았다는 별천지. 이상향, 이상 세계. ㈜ 武陵境(무릉경)
- 無味乾燥 [무미건조] 재미나 취미가 없고 메마름. 글이나 그림 또는 분위기가 깔깔하여 운치가 없음.
- 無不通知 [무불통지] 무엇에든지 환히 통하여 모르는 것이 없음.
- 無事通過 [무사통과] 아무 탈 없이 지나감.
- 無所不爲 [무소불위] 할 수 없는 바가 없음. 무엇이든지 다 함. ㈜ 無所不能(무소불능)
- 無所不知 [무소부지] 모르는 것이 없음.
- 無我陶醉 [무아도취] 자기를 잊을 정도로 경치에 도취됨.
- 無我之境 [무아지경] 마음이 한곳으로 온통 쏠려 자기를 잊고 있는 경지.
- 無用之物 [무용지물] 쓸데없는 물건.
- 無爲徒食 [무위도식] 아무 하는 일 없이 먹기만 함.
- 無依無托 [무의무탁] 의지하고 의탁할 만한 곳이 없음.
- 默默不答 [묵묵부답] 잠자코 대답이 없음.

급수	한자	훈	음						
6급	禮	예도	례	禮	禮				
6급	別	다를/나눌	별	別	別				
4급Ⅱ	尊	높을	존	尊	尊				
3급Ⅱ	卑	낮을	비	卑	卑				
7급	上	위	상	上	上				
6급	和	화할	화	和	和				
7급	下	아래	하	下	下				
3급Ⅱ	睦	화목할	목	睦	睦				
7급	夫	지아비	부	夫	夫				
5급	唱	부를	창	唱	唱				
4급Ⅱ	婦	지어미	부	婦	婦				
3급Ⅱ	隨	따를	수	隨	隨				

● 사자성어

- 刎頸之交 [문경지교] 목이 달아날지라도 변치 않는 사귐. 곧 생사를 같이할 만큼 절친한 사귐.
  　　　　　　＊刎 : 목벨 문　＊頸 : 목 경
- 文房四友 [문방사우] 서재에 갖추어야 할 네 가지 벗으로, 곧 종이·붓·벼루·먹을 말함.
- 聞一知十 [문일지십] 하나를 들으면 열을 앎. 매우 총명함을 이르는 말.
- 門前成市 [문전성시] 찾아오는 손님으로 문 앞이 장터와 같이 복잡하다는 뜻으로, 방문객이 많음을 이르는 말.
- 勿失好機 [물실호기] 좋은 기회를 놓치지 말라는 말.
- 物我一體 [물아일체] 자연물과 자아(自我)가 하나가 된 상태. 대상물에 완전히 몰입된 경지.
  　　　　　　㊗ 物心一如(물심일여)
- 物外閒人 [물외한인] 현실에서 벗어나 한가롭게 지내는 사람.
- 微官末職 [미관말직] 지위가 아주 낮은 벼슬.
- 美辭麗句 [미사여구] 아름다운 말과 고운 글귀.

급수	한자	훈	음								
8급	外	바깥	외	外	外						
4급II	受	받을	수	受	受						
2급	傅	스승	부	傅	傅						
6급	訓	가르칠	훈	訓	訓						
7급	入	들	입	入	入						
5급	奉	받들	봉	奉	奉						
8급	母	어미	모	母	母						
4급	儀	거동	의	儀	儀						
3급II	諸	모두	제	諸	諸						
3급II	姑	시어미	고	姑	姑						
3급II	伯	맏	백	伯	伯						
4급	叔	아재비	숙	叔	叔						

● 사자성어

- 尾生之信 [미생지신] 미련하고 우직하게 지키는 약속을 이르는 말. 고지식하여 융통성이 없는 어리석음.
- 美風良俗 [미풍양속] 아름답고 좋은 풍속.

ㅂ

- 博覽强記 [박람강기] 많은 책을 읽고 사물을 잘 기억함. 독서량이 많고 박학다식함.
  ㈜ 博學多識(박학다식)
- 博而不精 [박이부정] 많은 것을 알고 있으나 정밀하지 못함.
- 拍掌大笑 [박장대소] 손뼉을 치며 한바탕 크게 웃음.
- 博學多識 [박학다식] 학식이 대단히 넓고 아는 것이 많음.
  ㈜ 博覽强記(박람강기)　㈜ 不學無識(불학무식)
- 飯來開口 [반래개구] 밥이 오면 입을 벌린다는 뜻으로, '몹시 게으름'의 비유.
- 半信半疑 [반신반의] 반쯤은 믿고 반쯤은 의심함.

급수	한자	훈	음
3급II	猶	같을	유
7급	子	아들	자
5급	比	견줄	비
5급	兒	아이	아
4급	孔	구멍	공
3급II	懷	품을	회
8급	兄	형/맏	형
8급	弟	아우	제
7급	同	한가지	동
7급	氣	기운	기
4급II	連	이을	련
3급II	枝	가지	지

● 사자성어

- 般若心經 [반야심경] 불교의 260자로 된 짧은 경.
- 反哺之孝 [반포지효] 까마귀는 자라서 늙고 병든 어미를 먹여 살린다는 데서 부모님께 효도한다는 뜻.
   *哺 : 먹일 포
- 拔本塞源 [발본색원] 폐단의 근본을 뽑고 근원을 막아버림.
- 發憤忘食 [발분망식] 분통한 마음이 일어나 식욕을 잊음.
- 拔山蓋世 [발산개세] 힘은 산을 뽑고 기개는 세상을 덮음. 力拔山氣蓋世(역발산기개세)의 준말.
- 龐眉皓髮 [방미호발] 눈썹이 굵고 머리가 흼. 노인을 이름.   *龐 : 클 방
- 坊坊曲曲 [방방곡곡] 전국의 모든 마을마다.   *坊 : 동네 방
- 傍若無人 [방약무인] 주변에 사람이 없는 것같이 말이나 행동을 마음대로 함을 이름.   *傍 : 곁 방
- 背水之陣 [배수지진] 물을 등지고 치는 진. 어떤 일에 죽음을 각오하고 임함을 말함.
- 背恩忘德 [배은망덕] 은혜를 등지고 덕을 잊어버림. 남에게 받은 은덕을 저버리고 배반함.
- 百家爭鳴 [백가쟁명] 백가(온갖 학파)들이 다투어 울림. 전국시대 사상가들의 활발한 논쟁을 가리킨 말.

급수	한자	훈	음		
6급	交	사귈	교	交	交
5급	友	벗	우	友	友
4급	投	던질	투	投	投
6급	分	나눌	분	分	分
5급	切	끊을 온통	절 체	切	切
3급Ⅱ	磨	갈	마	磨	磨
1급	箴	경계	잠	箴	箴
5급	規	법	규	規	規
4급	仁	어질	인	仁	仁
3급Ⅱ	慈	사랑	자	慈	慈
4급	隱	숨을	은	隱	隱
1급	惻	슬퍼할	측	惻	惻

● 사자성어

- 白骨難忘 [백골난망] 죽어서 흰 뼈가 되어도 은혜를 잊을 수 없다는 말.
- 百年佳約 [백년가약] 젊은 남녀가 결혼하여 한평생을 아름답게 지내자는 언약.
- 百年大計 [백년대계] 먼 장래를 내다보고 세우는 큰 계획.
- 百年之客 [백년지객] 언제나 손님 같은 사람이란 뜻으로, 사위를 가리키는 말.
- 百年河淸 [백년하청] 아무리 바라고 기다려도 실현될 가망이 없음을 이르는 말.
  ㈜ 何待歲月(하대세월)
- 百年偕老 [백년해로] 백년까지 함께 늙음. 곧 부부가 되어 서로 사이좋고 화락하게 함께 늙음.
  *偕 : 함께 해
- 白面書生 [백면서생] 글만을 읽어서 세상일에 경험이 없는 사람.
- 百發百中 [백발백중] 쏘는 대로 꼭꼭 맞음. 계획한 일마다 실패 없이 잘 됨을 뜻함.
- 伯牙絶絃 [백아절현] 백아가 거문고 줄을 끊음. 곧 절친한 벗을 잃은 슬픔을 이름.
- 白衣從軍 [백의종군] 벼슬 없이 군대를 따라 전쟁터로 나감.

급수	한자	훈	음								
4급Ⅱ	造	지을	조	造	造						
4급Ⅱ	次	버금	차	次	次						
2급	弗	아닐	불	弗	弗						
4급	離	떠날	리	離	離						
5급	節	마디	절	節	節						
4급Ⅱ	義	옳을	의	義	義						
3급	廉	청렴할/쌀	렴	廉	廉						
4급Ⅱ	退	물러날	퇴	退	退						
1급	顚	엎어질	전	顚	顚						
1급	沛	자빠질	패	沛	沛						
2급	匪	아닐/비적	비	匪	匪						
	虧	이지러질	휴	虧	虧						

● 사자성어

- 百戰百勝 [백전백승] 싸움마다 승리함. ㊌ 連戰連勝(연전연승)
- 百折不屈 [백절불굴] 백 번 꺾여도 굽힐 줄 모름. 어떠한 난관에도 굽히지 않음.
  ㊌ 百折不撓(백절불요)
- 伯仲之勢 [백중지세] 서로 비슷비슷하여 우열을 가리기가 어려움.
  ㊌ 伯仲之間(백중지간), 莫上莫下(막상막하)
- 百尺竿頭 [백척간두] 백자나 되는 장대의 끝. 매우 위태롭고 어려운 상태에 있음.
  ㊌ 累卵之危(누란지위) *竿 : 장대 간
- 百八煩惱 [백팔번뇌] 인간이 살면서 갖게 되는 108가지의 번뇌. *煩 : 괴로워할 번
- 百害無益 [백해무익] 오직 해로울 뿐 이로움은 전혀 없음.
- 百行之本 [백행지본] 모든 행실의 근본으로, 동양에서는 효(孝)를 말함.
- 百花爛漫 [백화난만] 온갖 꽃이 활짝 피어남.
- 百花齊放 [백화제방] 온갖 꽃이 모두 피어남. 모든 문화·예술이 피어남.

급수	한자	훈	음
5급	性	성품	성
4급	靜	고요할	정
5급	情	뜻	정
3급Ⅱ	逸	편안할	일
7급	心	마음	심
7급	動	움직일	동
6급	神	귀신	신
4급	疲	피곤할	피
4급Ⅱ	守	지킬	수
4급Ⅱ	眞	참	진
4급Ⅱ	志	뜻	지
4급Ⅱ	滿	찰	만

● 사자성어

- 飜亦破鼻 [**번역파비**] 뒤로 넘어져도 코가 깨짐. 일이 잘 되지 않을 때는 엉뚱한 일로 인하여 어려움을 맞게 됨을 이르는 말.
- 本末顚倒 [**본말전도**] 근본과 끝이 서로 바뀌어 있음.   ㊀ 主客顚倒(주객전도)
- 封庫罷職 [**봉고파직**] 암행어사나 감사가 부정을 저지른 고을 원 등을 파면시키고 관가의 곳간을 봉하여 잠그던 일.
- 父傳子傳 [**부전자전**] 대대로 아버지가 아들에게 전함.   ㊀ 父傳相傳(부전상전), 父傳子承(부전자승)
- 釜中生魚 [**부중생어**] 솥 안에 물고기가 생겨났다는 뜻으로, 매우 가난한 생활을 비유한 말.
- 釜中之魚 [**부중지어**] 솥 안에 든 물고기라는 뜻으로, 목숨이 위급한 상황에 처해 있음을 비유한 말.
- 夫唱婦隨 [**부창부수**] 남편이 주장하고 아내가 이에 따름. 부부의 화합하는 도리를 뜻하는 말.
- 附和雷同 [**부화뇌동**] 자기 주관이 없이 남의 말에 이유없이 찬성하여 같이 행동함.
   ㊀ 附和隨行(부화수행)
- 北窓三友 [**북창삼우**] 백거이의 시(詩)에서 나온 말로, 거문고와 술과 시를 아울러 이르는 말.

급수	한자	훈	음
3급	逐	쫓을	축
7급	物	물건	물
6급	意	뜻	의
4급II	移	옮길	이
4급	堅	굳을	견
4급	持	가질	지
3급II	雅	바를	아
5급	操	잡을	조
4급II	好	좋을	호
3급	爵	벼슬	작
7급	自	스스로	자
	縻	얽을	미

● 사자성어

- 粉骨碎身 [분골쇄신] 뼈가 가루가 되고 몸이 부서지도록 노력함. *碎 : 부술 쇄
- 焚書坑儒 [분서갱유] 진시황이 정부를 비방하는 언론을 봉쇄하고자 서적을 불사르고 선비를 생매장한 일. *焚 : 불사를 분
- 不可思議 [불가사의] 사람의 생각으로는 미루어 헤아릴 수 없이 이상야릇함.
- 不繫之舟 [불계지주] 매어놓지 않은 배처럼 자유 분방함. *繫 : 맬 계
- 不俱戴天 [불구대천] 한 하늘 아래서는 같이 살 수 없는 원수. 도저히 그냥 둘 수 없을 만큼 원한이 깊이 사무친 원수.
- 不立文字 [불립문자] 도를 깨달음은 문자나 말로 전하는 것이 아니라 마음에서 마음으로 전해짐.
  ㊌ 以心傳心(이심전심)
- 不問可知 [불문가지] 묻지 않고도 알 수 있음.
- 不問曲直 [불문곡직] 옳고 그른 것을 묻지 아니함.
- 不遠千里 [불원천리] 천 리를 멀다 여기지 아니함.

급수	한자	훈	음							
5급	都	도읍	도	都	都					
7급	邑	고을	읍	邑	邑					
4급	華	빛날	화	華	華					
7급	夏	여름	하	夏	夏					
8급	東	동녘	동	東	東					
8급	西	서녘	서	西	西					
8급	二	두	이	二	二					
6급	京	서울	경	京	京					
4급Ⅱ	背	등	배	背	背					
	邙	산이름	망	邙	邙					
7급	面	낯	면	面	面					
2급	洛	물이름	락	洛	洛					

● **사자성어**

- 不撤晝夜 [불철주야] 밤낮을 가리지 아니함.   *撤：거둘 철
- 不恥下問 [불치하문] 자기보다 못한 사람에게 묻는 것을 부끄러워하지 아니함.
- 不擇之筆 [불택지필] 명필가는 사용하는 붓 따위는 고르지 않고도 능란하게 쓸 수 있다는 말.
- 不學無識 [불학무식] 배우지 못하여 아는 것이 없음.   반 博學多識(박학다식)
- 朋友之道 [붕우지도] 벗을 사귀는 도리.
- 鵬程萬里 [붕정만리] 붕새가 만리를 날아감. 먼거리의 여행. 앞날이 창창함.   *鵬：붕새 붕
- 非禮勿視 [비례물시] 예의가 아니면 보지 말라는 말.
- 非夢似夢 [비몽사몽] 꿈인지 생시인지 알 수 없이 어렴풋한 상태.
- 悲憤慷慨 [비분강개] 슬프고 분하고 원통한 마음.   *慷：강개할 강
- 非一非再 [비일비재] 하나도 둘도 아니고 매우 많음.
- 貧富貴賤 [빈부귀천] 가난함과 넉넉함. 지위의 높음과 낮음.
- 貧賤之交 [빈천지교] 가난하고 천할 때 사귄 친구.

급수	한자	훈	음
3급Ⅱ	浮	뜰	부
2급	渭	물이름	위
4급	據	의지할	거
	涇	물이름	경
4급Ⅱ	宮	집	궁
3급Ⅱ	殿	전각/큰집	전
3급Ⅱ	盤	소반	반
2급	鬱	답답할	울
3급Ⅱ	樓	다락	루
5급	觀	볼	관
4급Ⅱ	飛	날	비
4급	驚	놀랄	경

● 사자성어

- 氷炭之間 [**빙탄지간**] 얼음과 숯의 사이라는 뜻으로, 서로 화합될 수 없는 사이를 이름.

- 四顧無親 [**사고무친**] 사방을 둘러보아도 의지할 만한 사람이 없음.
- 四苦八苦 [**사고팔고**] 온갖 고통, 또는 심한 고통.
- 士農工商 [**사농공상**] 선비·농부·공장(工匠)·상인의 네 가지 계급.
- 四面楚歌 [**사면초가**] 사면으로 적에게 포위되어 고립된 상태.
- 斯文亂賊 [**사문난적**] 교리에 어긋나는 언동으로 유교를 어지럽히는 사람.   *斯 : 이 사
- 四分五裂 [**사분오열**] 넷으로 나뉘고 다섯으로 찢어짐. 곧 여러 갈래로 찢어짐.
- 邪不犯正 [**사불범정**] 사악한 것은 올바른 것을 범하지 못함.
- 事不如意 [**사불여의**] 일이 뜻대로 되지 않음.
- 事事件件 [**사사건건**] 모든 일. 온갖 사건. 일마다.   ㈜ 件件事事(건건사사)

급수	한자	훈	음
6급	圖	그림/꾀할	도
5급	寫	그릴	사
3급II	禽	새	금
3급II	獸	짐승	수
6급	畫	그림/그을	화/획
5급	綵	채색	채
5급	仙	신선	선
3급II	靈	신령	령
3급II	丙	남녘	병
4급II	舍	집	사
3급	傍	곁	방
3급II	啓	열	계

● **사자성어**

- 沙上樓閣 [사상누각] 모래 위에 세운 누각. 어떤 사물의 기초가 튼튼하지 못하여 오래 가지 못함.
- 死生決斷 [사생결단] 죽음과 삶을 무릅쓰고 결정을 내림.
- 捨生取義 [사생취의] 목숨을 버리고 의를 취함. ㉬ 殺身成仁(살신성인)
- 私淑諸人 [사숙제인] 직접 가르침을 받지 않았으나 마음속으로 그 사람을 본받아서 배우거나 따름.
- 事親以孝 [사친이효] 어버이 섬기기를 효로써 하여야 한다는 말.
- 四通五達 [사통오달] 길이나 교통망 등이 사방으로 막힘 없이 통함. ㉬ 四通八達(사통팔달)
- 事必歸正 [사필귀정] 일은 반드시 바른 데로 돌아감.
- 山林綠化 [산림녹화] 황폐한 산에 식목·산림 보호 등을 하여 초목이 무성하게 하는 일.
- 山紫水明 [산자수명] 산은 붉고 물은 맑음. 산수·자연이 맑고 아름다움.
- 山戰水戰 [산전수전] 산에서의 싸움, 물에서의 싸움. 세상일의 온갖 고난을 겪은 경험을 비유해 이르는 말.
- 山川草木 [산천초목] 산천과 초목. 자연.

급수	한자	훈	음							
4급	甲	갑옷	갑	甲	甲					
4급	帳	장막	장	帳	帳					
6급	對	대할	대	對	對					
	楹	기둥	영	楹	楹					
	肆	베풀	사	肆	肆					
1급	筵	자리	연	筵	筵					
4급Ⅱ	設	베풀	설	設	設					
6급	席	자리	석	席	席					
3급Ⅱ	鼓	북	고	鼓	鼓					
2급	瑟	큰거문고	슬	瑟	瑟					
3급Ⅱ	吹	불	취	吹	吹					
	笙	저	생	笙	笙					

● 사자성어

- 山海珍味 [산해진미] 산이나 바다에서 나는 진귀한 음식. ㈜ 山珍海味(산진해미)
- 殺氣騰騰 [살기등등] 살벌한 기운이 얼굴에 잔뜩 올라 있음. *騰 : 오를 등
- 殺身成仁 [살신성인] 자신을 희생하여 인을 이룸. 옳은 일을 위해서라면 죽음도 두려워하지 않는 용감한 행동.
- 三綱五倫 [삼강오륜] 삼강과 오륜. 사람이 지켜야 할 마땅한 도리.
- 三顧草廬 [삼고초려] 훌륭한 인재를 구하기 위하여 여러 번 찾아가서 예를 다하는 일을 말함.
  *廬 : 농막집 려
- 森羅萬象 [삼라만상] 우주 안에 있는 온갖 사물과 현상.
- 三歲之習 [삼세지습] 세 살 적 버릇. → 三歲之習 至于八十(삼세지습 지우팔십) : 세 살 버릇 여든까지 간다.
- 三旬九食 [삼순구식] 한 달에 아홉 끼니밖에 먹지 못함. 곧 궁핍한 생활을 이름.
- 三人成虎 [삼인성호] 근거 없는 말일지라도 여러 사람이 하게 되면 이를 믿게 된다는 말.

급수	한자	훈	음							
4급	陞	오를	승	陞	陞					
4급	階	섬돌	계	階	階					
4급	納	들일	납	納	納					
1급	陛	섬돌	폐	陛	陛					
2급	弁	고깔	변	弁	弁					
4급	轉	구를	전	轉	轉					
4급	疑	의심할	의	疑	疑					
4급Ⅱ	星	별	성	星	星					
7급	右	오른	우	右	右					
6급	通	통할	통	通	通					
5급	廣	넓을	광	廣	廣					
7급	內	안	내	內	內					

● 사자성어

- 三尺童子 [**삼척동자**] 키가 3척에 불과한 조그마한 아이.
- 三遷之敎 [**삼천지교**] 맹자의 교육을 위해 세 번씩이나 집을 옮김. 교육에 대한 열정과 교육환경의 중요성을 가르치는 말.
- 桑田碧海 [**상전벽해**] 뽕나무 밭이 푸른 바다로 변함. 세상일의 변천이 몹시 심함을 이름.
  ㉴ 滄桑之變(창상지변)
- 霜風高節 [**상풍고절**] 곤경에도 굽히지 않는 서릿발 같은 높은 절개.   ㉴ 傲霜孤節(오상고절)
- 上火下澤 [**상화하택**] 위에는 불, 아래는 못. 즉 서로 이반하고 분열하는 현상을 말함.
- 塞翁之馬 [**새옹지마**] 인간사의 길흉화복을 예측할 수 없음을 비유한 말.   ㉴ 轉禍爲福(전화위복)
- 色卽是空 [**색즉시공**] 색(눈에 보이는 모든 현상이나 사물)은 모두 공(헛된 것)임.
- 生老病死 [**생로병사**] 인생이 반드시 받아야 하는 네 가지의 고통. 곧 태어나고, 늙고, 병들고, 죽는 일.
- 生不如死 [**생불여사**] 살아 있는 것이 죽으니 못함. 몹시 곤란한 지경에 빠져 있음을 뜻함.
- 生死苦樂 [**생사고락**] 생사와 고락. 살고 죽는 일과 괴롭고 즐거운 일.

급수	한자	훈	음							
7급	左	왼	좌	左	左					
4급II	達	통달할	달	達	達					
4급II	承	이을	승	承	承					
6급	明	밝을	명	明	明					
3급	旣	이미	기	旣	旣					
6급	集	모을	집	集	集					
3급	墳	무덤	분	墳	墳					
5급	典	법/책	전	典	典					
3급II	亦	또	역	亦	亦					
2급	聚	모을	취	聚	聚					
4급	群	무리	군	群	群					
6급	英	꽃부리	영	英	英					

● 사자성어

- 庶政刷新 [서정쇄신] 여러 정사(政事)에 있어서 묵은 것을 버리고 다시 새롭게 손질함.
- 先見之明 [선견지명] 앞일을 미리 내다보는 밝은 지혜.
- 先公後私 [선공후사] 공적인 일을 먼저 하고 사적인 일을 뒤에 함.
- 先禮後學 [선례후학] 먼저 예의를, 나중에 학문을 배우라는 말. 모든 일에 예의가 먼저라는 말.
- 先憂後樂 [선우후락] 군자는 세상의 어려움을 남보다 먼저 걱정해야 함.
- 先則制人 [선즉제인] 사람들이 하지 않을 때 자기가 먼저 이를 해치우면 능히 사람들 위에 설 수 있다는 뜻.
- 雪上加霜 [설상가상] 눈 위에 서리가 더해짐. 불행이 자꾸 거듭 더해짐.　(반) 錦上添花(금상첨화)
- 說往說來 [설왕설래] 무슨 일의 시비를 가리느라고 말로 옥신각신함.
- 纖纖玉手 [섬섬옥수] 여자의 가냘프고 고운 손.　*纖 : 가늘 섬
- 世上萬事 [세상만사] 세상에서 일어나는 온갖 일.
- 歲歲年年 [세세년년] 매년.

급수	한자	훈	음										
2급	杜	막을	두	杜	杜								
	藁	짚	고	藁	藁								
4급	鍾	쇠북	종	鍾	鍾								
3급	隸	종/서체	례	隸	隸								
3급Ⅱ	漆	옻	칠	漆	漆								
6급	書	글/책	서	書	書								
4급Ⅱ	壁	벽	벽	壁	壁								
4급Ⅱ	經	지날/글	경	經	經								
4급Ⅱ	府	마을/관청	부	府	府								
4급Ⅱ	羅	벌일	라	羅	羅								
4급Ⅱ	將	장수/장차	장	將	將								
5급	相	서로/정승	상	相	相								

● **사자성어**

- 世時風俗 [세시풍속] 예로부터 해마다 관례로서 행하여지는 전승적 행사.
- 歲寒三友 [세한삼우] 추위에 강한 세 나무. 즉 소나무·대나무·매화나무를 이름. 동양화의 화제(畫題).
- 歲寒松柏 [세한송백] 험한 역경 가운데에서도 절개와 지조를 굳게 지키는 사람을 비유한 말.
- 逍遙吟詠 [소요음영] 천천히 거닐면서 시를 읊음. *逍 : 거닐 소
- 所願成就 [소원성취] 원하는 바를 이룸.
- 騷人墨客 [소인묵객] 시문과 서화(書畫)를 일삼는 사람. 문인·화가를 일컬음. *騷 : 떠들 소
- 小貪大失 [소탐대실] 작은 것을 탐하다 큰 것을 잃음. ㈜ 貪小大失(탐소대실), 矯角殺牛(교각살우)
- 束手無策 [속수무책] 손을 묶은 듯 아무 대책이 없음.
- 送舊迎新 [송구영신] 묵은 것을 보내고 새 것을 맞이함.
- 松柏之操 [송백지조] 소나무와 잣나무같이 변하지 않는 지조. *操 : 잡을 조
- 首邱初心 [수구초심] 여우가 죽을 때 머리를 자기가 살던 굴로 향한다는 말로, 고향을 그리는 마음을 일컬음.   ㈜ 狐死首丘(호사수구)

급수	한자	훈	음							
6급	路	길	로	路	路					
1급	俠	호협할	협	俠	俠					
2급	槐	홰나무	괴	槐	槐					
3급	卿	벼슬	경	卿	卿					
4급Ⅱ	戶	집/지게문	호	戶	戶					
3급Ⅱ	封	봉할	봉	封	封					
8급	八	여덟	팔	八	八					
3급	縣	고을	현	縣	縣					
7급	家	집	가	家	家					
5급	給	줄	급	給	給					
7급	千	일천	천	千	千					
5급	兵	병사	병	兵	兵					

사자성어

- 手不釋卷 [수불석권] 손에서 책을 놓지 않음. 곧 열심히 학문함.
- 袖手傍觀 [수수방관] 팔짱을 끼고 옆에서 지켜봄. 남의 일에 관여하지 않음. 강 건너 불 구경.
  　　　　　　*袖: 소매 수　　*傍: 곁 방
- 修身齊家 [수신제가] 자신을 닦은 뒤라야 집안을 다스릴 수 있음.
- 水魚之交 [수어지교] 물과 물고기의 관계처럼 떨어질래야 떨어질 수 없을 만큼 매우 가까운 친구 사이.
  　　　　　　㊌ 管鮑之交(관포지교)
- 羞惡之心 [수오지심] 자신의 잘못을 부끄러워하고 남의 잘못을 미워하는 마음.
  　　　　　　*羞: 부끄러워할 수
- 守株待兔 [수주대토] 나무 그루터기를 지키면서 토끼를 기다림. 융통성이 없고, 매우 어리석은 사람을 비유한 말.
- 壽則多辱 [수즉다욕] 오래 살다 보면 욕되는 일도 많이 당하게 됨을 이르는 말.
- 肅殺之氣 [숙살지기] 쌀쌀한 가을의 기운.

급수	한자	훈	음
6급	高	높을	고
3급II	冠	갓	관
1급	陪	모실	배
1급	輦	손수레	련
3급	驅	몰	구
	轂	바퀴통	곡
3급II	振	떨칠	진
	纓	갓끈	영
7급	世	인간	세
3급II	祿	녹	록
1급	侈	사치할	치
4급II	富	부자	부

● 사자성어

- 脣亡齒寒 [**순망치한**] 입술이 없어지면 이가 시리다는 뜻으로, 서로 돕던 사람이 망하면 다른 한쪽도 보전하기 어려움.
- 述而不作 [**술이부작**] 전에 있었던 일로, 새로 창안한 것이 아니라는 뜻.
- 始勤終怠 [**시근종태**] 처음에는 부지런했으나 나중에는 게을리함.　㈜ 龍頭蛇尾(용두사미)
- 是非曲直 [**시비곡직**] 옳고, 그르고, 굽고, 곧음. 즉 잘잘못을 말함.
- 是是非非 [**시시비비**] 옳은 것을 옳다 하고 그른 것을 그르다 함.
- 尸位素餐 [**시위소찬**] 직무를 다하지 못하면서 자리만 차지하고 녹만 받아먹는 일.
　　　　　　　*尸 : 주검 시　　*餐 : 먹을 찬
- 始終如一 [**시종여일**] 처음부터 끝까지 변함없이 한결같음.
- 始終一貫 [**시종일관**] 처음부터 끝까지 똑같은 방침이나 태도로 나아감.　㈜ 始終如一(시종여일)
- 時和年豊 [**시화년풍**] 나라 안이 태평하고 풍년이 듦.
- 食牛之氣 [**식우지기**] 소도 삼킬 정도의 큰 기백.

급수	한자	훈	음
7급	車	수레	거/차
1급	駕	탈것	가
3급Ⅱ	肥	살찔	비
5급	輕	가벼울	경
3급Ⅱ	策	꾀	책
6급	功	공	공
3급Ⅱ	茂	무성할	무
5급	實	열매	실
1급	勒	굴레	륵
4급	碑	비석	비
4급	刻	새길	각
3급Ⅱ	銘	새길	명

사자성어

- 識字憂患 [식자우환] 글자를 아는 것이 도리어 근심을 사게 된다는 말.
- 信賞必罰 [신상필벌] 공이 있는 자에게는 반드시 상을 주고, 죄가 있는 자에게는 반드시 벌을 줌. 법 집행을 엄정히 함.
- 身言書判 [신언서판] 인물을 평가하는 기준으로 삼았던 네 가지 항목. 곧 용모·말씨·글씨·판단력을 말함.
- 新陳代謝 [신진대사] 묵은 것이 없어지고 새 것이 대신 생김.　*陳 : 늘어놓을 진
- 神出鬼沒 [신출귀몰] 귀신처럼 나타났다가 귀신처럼 사라짐. 곧 자유자재로 나타났다 사라졌다 함.
- 身土不二 [신토불이] 우리의 몸과 태어난 땅은 하나. 즉, 같은 땅에서 난 것이라야 체질에 가장 잘 맞음.
- 實事求是 [실사구시] 사실에 토대하여 진리를 탐구함.
- 心機一轉 [심기일전] 어떤 동기에 의해 지금까지 먹었던 마음을 뒤집듯이 완전히 바꿈.
- 深思熟考 [심사숙고] 깊이 잘 생각함, 또는 그 생각.
- 十伐之木 [십벌지목] 열 번 찍어 아니 넘어가는 나무 없음.

급수	한자	훈	음									
2급	磻	반계	반/번	磻	磻							
3급Ⅱ	溪	시내	계	溪	溪							
2급	伊	저	이	伊	伊							
2급	尹	다스릴	윤	尹	尹							
3급	佐	도울	좌	佐	佐							
7급	時	때	시	時	時							
3급Ⅱ	阿	언덕	아	阿	阿							
3급Ⅱ	衡	저울대	형	衡	衡							
1급	奄	문득/오랠	엄	奄	奄							
5급	宅	집	택/댁	宅	宅							
5급	曲	굽을	곡	曲	曲							
2급	阜	언덕	부	阜	阜							

● 사자성어

- 十匙一飯 [십시일반] 열 사람이 밥 한 술씩을 보태면 한 사람의 식사가 됨. 곧 여러 사람이 한 사람을 돕기는 쉽다는 말. *匙 : 숟가락 시
- 十日之菊 [십일지국] 국화는 9월 9일이 절정이므로, 이미 때가 지났음을 이르는 말.
- 十中八九 [십중팔구] 열중에 여덟, 아홉이 거의 틀림없음을 이르는 말.

- 阿鼻叫喚 [아비규환] 아비 지옥의 고통을 못 참아 울부짖는 소리. 심한 참상을 형용한 말.
    *喚 : 부를 환
- 啞然失色 [아연실색] 뜻밖의 놀란 일을 만나 얼굴빛을 잃어버림. *啞 : 벙어리 아
- 我田引水 [아전인수] 자기 논에 물 끌어 대기. 자기에게만 이롭게 함을 이르는 말.
- 安分知足 [안분지족] 편안한 마음으로 제 분수를 지키며 만족할 줄 앎.
- 安貧樂道 [안빈낙도] 가난한 생활 가운데서도 편안한 마음으로 도를 즐길 줄 아는 여유 있는 생활 자세.

급수	한자	훈	음
3급Ⅱ	微	작을	미
3급Ⅱ	旦	아침	단
3급	孰	누구	숙
4급	營	경영할	영
2급	桓	굳셀	환
6급	公	공평할	공
1급	匡	바로잡을	광
6급	合	합할	합
4급Ⅱ	濟	건널/건질	제
6급	弱	약할	약
3급Ⅱ	扶	도울/붙들	부
4급	傾	기울	경

● 사자성어

- 眼下無人 [안하무인] 눈 앞에 사람이 없음. 사람됨이 교만하여 남을 업신여김을 말함.
  ㉮ 眼中無人(안중무인)
- 暗中摸索 [암중모색] 어두운 가운데에서 더듬어 찾는다는 뜻으로, 확실한 방법을 모른 채 어림으로 맞히는 것을 이름.
- 殃及池魚 [앙급지어] 성문에 난 불을 연못의 물로 껐으므로 그 연못의 물고기가 다 죽음. 엉뚱하게 당하는 재난을 비유한 말.
- 哀乞伏乞 [애걸복걸] 애처롭게 사정하여 굽실거리며 빌고 또 빎.
- 愛人如己 [애인여기] 남 사랑하기를 자기 몸처럼 함.
- 愛之重之 [애지중지] 매우 사랑하여 소중히 여김.
- 弱肉强食 [약육강식] 약한 자는 강한 자에게 잡혀 먹힘.
- 羊頭狗肉 [양두구육] 겉으로는 훌륭하게 보여도 속은 변변치 않음.
  ㉮ 人面獸心(인면수심), 表裏不同(표리부동)

급수	한자	훈	음								
1급	綺	비단	기	綺	綺						
4급Ⅱ	回	돌아올	회	回	回						
7급	漢	한수	한	漢	漢						
4급Ⅱ	惠	은혜	혜	惠	惠						
5급	說	말씀 기뻐할	설 열	說	說						
6급	感	느낄	감	感	感						
4급Ⅱ	武	호반/무사	무	武	武						
4급	丁	고무래	정	丁	丁						
3급	俊	준걸	준	俊	俊						
	乂	벨/어진이	예	乂	乂						
4급Ⅱ	密	빽빽할	밀	密	密						
3급Ⅱ	勿	말	물	勿	勿						

● 사자성어

- 梁上君子 [양상군자] 들보 위의 군자란 뜻으로, 곧 도둑을 이르는 말임.
- 良藥苦口 [양약고구] 좋은 약은 입에 쓰지만 병에는 이롭다는 말. 충고하는 말은 귀에 거슬려도 자신에게 이롭다는 말.
- 揚揚自得 [양양자득] 뜻을 이루어 뽐내고 꺼드럭거림.
- 養虎遺患 [양호유환] 호랑이를 길러서 근심을 남김. 곧 은혜를 베풂이 도리어 해를 입게 됨을 이름.
- 魚東肉西 [어동육서] 제사상을 차릴 때 물고기는 동쪽에, 짐승 고기는 서쪽에 놓음.
- 魚頭肉尾 [어두육미] 물고기는 머리, 짐승은 꼬리 쪽이 맛이 좋다는 말. ㉌ 魚頭鳳尾(어두봉미)
- 魚魯不辨 [어로불변] '魚'字와 '魯'字를 구분하지 못함. 매우 무식함을 이르는 말.
- 漁父之利 [어부지리] 두 사람이 서로 이해 관계로 다투는 사이에 제3자가 이득을 보게 됨.
  ㉌ 蚌鷸之爭(방휼지쟁)
- 語不成說 [어불성설] 말이 조금도 이치에 맞지 않음.
- 於異阿異 [어이아이] '어' 다르고 '아' 다르다는 말로, 어감의 차이로 상대방에게 주는 느낌이 다름.

급수	한자	훈	음							
6급	多	많을	다	多	多					
5급	士	선비	사	士	士					
	寔	이	식	寔	寔					
3급Ⅱ	寧	편안할	녕	寧	寧					
2급	晉	진나라	진	晉	晉					
2급	楚	초나라	초	楚	楚					
4급	更	다시 번갈아	갱 경	更	更					
2급	霸	으뜸	패	霸	霸					
2급	趙	조나라	조	趙	趙					
2급	魏	위나라	위	魏	魏					
4급	困	곤할	곤	困	困					
3급Ⅱ	橫	가로	횡	橫	橫					

사자성어

- 億兆蒼生 [**억조창생**] 수많은 일반 백성들을 이름.
- 焉敢生心 [**언감생심**] 감히 그런 마음을 먹을 수도 없음.   ㉮ 敢不生心(감불생심)
- 言語道斷 [**언어도단**] 말할 길이 끊어짐. 곧 말문이 막힌다는 말.
- 言中有骨 [**언중유골**] 말 속에 뼈가 있다는 말로, 예사로운 말 속에 단단한 속뜻이 들어 있다는 말.
- 言行一致 [**언행일치**] 하는 말과 행동이 같음.   ㉯ 言行相反(언행상반)
- 如履薄氷 [**여리박빙**] 얇은 얼음 위를 걸어가듯이 매사를 조심하라는 말.   *履 : 신 리
- 與民同樂 [**여민동락**] 임금이 백성과 더불어 즐김.   ㉮ 與民偕樂(여민해락)
- 與世推移 [**여세추이**] 세상의 변화에 따라 함께 변화함.
- 易子敎之 [**역자교지**] 자식을 서로 바꾸어서 가르침.
- 易地思之 [**역지사지**] 처지를 바꾸어 생각함. 상대방의 입장에서 한번 생각해 본다는 말.
- 緣木求魚 [**연목구어**] 나무 위에 올라가서 물고기를 잡으려고 함. 불가능한 일을 억지로 하려고 함을 비유한 말.

급수	한자	훈	음								
4급Ⅱ	假	빌릴	가	假	假						
3급Ⅱ	途	길	도	途	途						
3급Ⅱ	滅	멸할	멸	滅	滅						
	虢	나라	괵	虢	虢						
3급Ⅱ	踐	밟을	천	踐	踐						
8급	土	흙	토	土	土						
6급	會	모일	회	會	會						
3급Ⅱ	盟	맹세	맹	盟	盟						
3급Ⅱ	何	어찌	하	何	何						
3급	遵	좇을	준	遵	遵						
5급	約	맺을	약	約	約						
5급	法	법	법	法	法						

● 사자성어

- 煙霞日輝 [연하일휘] 안개와 노을과 빛나는 햇살. 곧 아름다운 경치를 이름.　　*霞 : 노을 하
- 炎凉世態 [염량세태] 권세가 있을 때는 아첨하여 좇고, 권세가 없어지면 외면하는 세상의 인심.
- 拈華微笑 [염화미소] 꽃을 집어들고 대중에게 보여줌. 마음에서 마음으로 전함.
　　　　　　㊖ 以心傳心(이심전심)　*拈 : 집을 념
- 榮枯盛衰 [영고성쇠] 개인이나 사회의 성하고 쇠함이 서로 뒤바뀌는 현상.　㊖ 興亡盛衰(흥망성쇠)
- 營營逐逐 [영영축축] 명예와 이익을 얻기 위해 매우 바쁘게 지냄.　㊖ 營營汲汲(영영급급)
　　　　　　*逐 : 쫓을 축
- 禮儀凡節 [예의범절] 일상생활의 모든 예의와 절차.
- 五車之書 [오거지서] 수레 다섯에 가득 실을 만큼 많은 책.　㊖ 汗牛充棟(한우충동)
- 五里霧中 [오리무중] 안개 속에 있어서 길을 찾기가 어려운 것처럼 무슨 일에 대해 알 길이 없음을 비유한 말.
- 傲慢不遜 [오만불손] 태도가 거만하고 방자하여 겸손하지 못함.　　*遜 : 겸손할 손

급수	한자	훈	음									
8급	韓	한국/나라	한	韓	韓							
3급II	弊	폐단/해질	폐	弊	弊							
3급	煩	번거로울	번	煩	煩							
4급	刑	형벌	형	刑	刑							
4급II	起	일어날	기	起	起							
	翦	갈길	전	翦	翦							
3급	頗	자못	파	頗	頗							
4급II	牧	칠/기를	목	牧	牧							
6급	用	쓸	용	用	用							
8급	軍	군사	군	軍	軍							
5급	最	가장	최	最	最							
4급II	精	정할	정	精	精							

● 사자성어

- 寤寐不忘 [오매불망] 자나 깨나 잊지 못함.   *寤 : 깰 오   *寐 : 잠잘 매
- 吾鼻三尺 [오비삼척] 내 코가 석자. 자신의 처지가 어려워 남을 돌보아 줄 겨를이 없음.
- 烏飛梨落 [오비이락] 까마귀 날자 배 떨어짐. 우연의 일치로 남에게 의심을 받게 됨을 비유한 말.
- 傲霜孤節 [오상고절] 심한 서릿발 속에서도 굴하지 않고 절개를 지킨다는 뜻으로, 국화를 이르는 말.
- 吳越同舟 [오월동주] 원수처럼 사이가 좋지 못한 사람이 한자리에 동석하게 된 경우를 말함.
- 五風十雨 [오풍십우] 오 일에 한 번씩 바람이 불고 십 일에 한 번씩 비가 옴. 곧 세상사가 순조롭게 되어감을 이르는 말.
- 烏合之卒 [오합지졸] 갑자기 모인 훈련 없는 군사.   ㉻ 烏合之衆(오합지중)
- 屋上架屋 [옥상가옥] 지붕 위의 덧지붕. 쓸데없는 덧붙임.   ㉻ 蛇足(사족)
- 玉石俱焚 [옥석구분] 옥과 돌이 함께 탄다는 뜻으로, 좋은 사람과 나쁜 사람이 함께 재앙을 당함을 비유한 말.
- 沃野千里 [옥야천리] 끝없이 넓은 기름진 땅.   *沃 : 물댈 옥

급수	한자	훈	음
4급	宣	베풀	선
4급	威	위엄	위
3급Ⅱ	沙	모래	사
3급Ⅱ	漠	아득할	막
1급	馳	달릴	치
3급Ⅱ	譽	기릴/명예	예
3급Ⅱ	丹	붉을	단
8급	靑	푸를	청
8급	九	아홉	구
5급	州	고을	주
2급	禹	우임금	우
3급Ⅱ	跡	자취	적

● 사자성어

- 溫故知新 [온고지신] 옛 것을 익혀 거기서 새로운 지식이나 도리를 발견함.
- 蝸角之爭 [와각지쟁] 달팽이의 뿔 위에서 하는 싸움. 하찮은 논쟁을 비유한 말.   *蝸 : 달팽이 와
- 臥薪嘗膽 [와신상담] 원수를 갚거나 성공을 위해 오랫동안 괴로움을 참고 견딤을 비유한 말.
  *薪 : 땔나무 신   *嘗 : 맛볼 상
- 外柔內剛 [외유내강] 겉으로는 부드럽고 순한 듯하나 속으로는 꿋꿋하고 곧음.   (반) 外剛內柔(외강내유)
- 樂山樂水 [요산요수] 산과 물을 좋아함. 곧 자연을 좋아하고 사랑한다는 말.
- 堯舜時節 [요순시절] 덕으로 천하를 다스리어 태평성대한 시대를 일컬음.   (유) 堯舜時代(요순시대)
- 窈窕淑女 [요조숙녀] 마음이 곱고 아리따운 여자.   *窈 : 얌전할 요   *窕 : 고울 조
- 欲速不達 [욕속부달] 일을 속히 하려고 하면 오히려 이루지 못함.
- 龍頭蛇尾 [용두사미] 용의 머리에 뱀의 꼬리. 시작은 거창하나 끝은 보잘것없음을 비유한 말.
- 龍味鳳湯 [용미봉탕] 맛이 좋고 매우 진귀한 음식.
- 龍蛇飛騰 [용사비등] 용이 날아오르는 형세. 글씨의 필세가 무척 활기참을 비유한 말.

급수	한자	훈	음							
7급	百	일백	백	百	百					
6급	郡	고을	군	郡	郡					
2급	秦	나라	진	秦	秦					
	幷	아우를	병	幷	幷					
	嶽	큰산	악	嶽	嶽					
4급II	宗	마루	종	宗	宗					
3급II	恒	항상	항	恒	恒					
	岱	대산	대	岱	岱					
3급II	禪	봉선	선	禪	禪					
7급	主	임금/주인	주	主	主					
3급	云	이를	운	云	云					
3급II	亭	정자	정	亭	亭					

● 사자성어

- 龍虎相搏 [용호상박] 용과 호랑이가 서로 싸우듯 실력이 비슷한 두 강자가 서로 싸움을 이르는 말.
  *搏 : 칠/잡을 박
- 愚公移山 [우공이산] 우공(어리석은 사람)이 산을 옮겼다는 고사로, 끊임없이 노력하면 마침내 성공하게 된다는 말.
- 牛刀割鷄 [우도할계] 닭 잡는 데 소 잡는 칼. 작은 일을 지나치게 크게 대함.
- 愚問賢答 [우문현답] 어리석은 질문에 현명한 대답.
- 迂餘曲折 [우여곡절] 돌고 휘어 구부러짐. 사정이 뒤얽혀 몇 번이고 변화함.   *迂 : 멀 우
- 優柔不斷 [우유부단] 어물어물하며, 딱 잘라서 결단을 내리지 못함.
- 牛耳讀經 [우이독경] 소 귀에 경(經) 읽기. 아무리 가르치고 일러주어도 알아듣지 못해 효과가 없음.
  ㉠ 牛耳誦經(우이송경)
- 羽化登仙 [우화등선] 사람이 몸에 날개를 달고 신선이 되어 하늘로 올라감.
- 雨後竹筍 [우후죽순] 비 온 뒤에 무럭무럭 자란 죽순. 어떤 일이 한꺼번에 갑자기 일어남.   *筍 : 죽순 순

급수	한자	훈	음							
3급	鴈	기러기	안	鴈	鴈					
8급	門	문	문	門	門					
3급II	紫	자줏빛	자	紫	紫					
3급II	塞	변방 막힐	새 색	塞	塞					
4급	鷄	닭	계	鷄	鷄					
4급II	田	밭	전	田	田					
5급	赤	붉을	적	赤	赤					
4급II	城	성/재	성	城	城					
1급	昆	맏/많을	곤	昆	昆					
3급II	池	못	지	池	池					
	碣	돌	갈	碣	碣					
6급	石	돌	석	石	石					

● **사자성어**

- 雲泥之差 [운니지차] 구름과 진흙의 차이. 썩 심한 차이를 이르는 말. ㉠ 天壤之差(천양지차)
- 鬱鬱不樂 [울울불락] 마음이 답답하고 즐겁지 않음.   *鬱 : 답답할 울
- 鴛鴦之契 [원앙지계] 금실이 좋은 부부 사이.   *鴛 : 원앙 원   *鴦 : 원앙 앙
- 遠禍召福 [원화소복] 화를 멀리하고 복을 불러들임.
- 月下老人 [월하노인] 남녀의 인연을 맺어 주는 사람. 결혼의 중매자.   ㉠ 月下氷人(월하빙인)
- 危機一髮 [위기일발] 눈앞에 닥친 위기의 순간.   ㉠ 風前燈火(풍전등화)
- 衛正斥邪 [위정척사] 바른 것을 지키고 간사한 것을 물리침.
- 韋編三絶 [위편삼절] 책을 매는 가죽줄이 세 번이나 끊어짐. 독서에 힘씀을 이르는 말.   *韋 : 가죽 위
- 威風堂堂 [위풍당당] 남을 압도할 만큼 풍채가 의젓하고 떳떳함.
- 有口無言 [유구무언] 입은 있으나 할 말은 없음. 변명할 말이 없음.
- 類萬不同 [유만부동] 분수에 맞지 않고 정도에 넘침. 또는 많은 것들이 서로 같지 않고 다름.
- 有名無實 [유명무실] 이름만 있고 실질적인 능력이나 모습을 갖추지 못함. 빈 명예만 있음.

급수	漢字	훈	음
6급	鉅	클	거
7급	野	들	야
6급	洞	골 꿰뚫을	동 통
1급	庭	뜰	정
6급	曠	빌/넓을	광
3급Ⅱ	遠	멀	원
	綿	솜	면
3급Ⅱ	邈	멀	막
	巖	바위	암
1급	峀	메뿌리	수
3급	杳	아득할	묘
	冥	어두울	명

사자성어

- 流芳百世 [유방백세] 꽃다운 이름이 후세에 길이 전함.   (반) 遺臭萬年(유취만년)
- 有備無患 [유비무환] 모든 일에 미리 준비가 되어 있으면 근심이 없음.
- 唯我獨尊 [유아독존] 이 세상에서 자기 혼자만이 잘났다고 하는 일.
- 有耶無耶 [유야무야] 있는 듯 없는 듯 흐지부지한 모양.   *耶 : 그런가 야
- 流言蜚語 [유언비어] 아무 근거 없이 널리 퍼진 소문.   *蜚 : 날 비
- 唯唯諾諾 [유유낙낙] 명령한 대로 언제나 공손히 승락함.
- 悠悠度日 [유유도일] 하는 일 없이 세월만 보냄.
- 類類相從 [유유상종] 같은 무리끼리 서로 왕래하며 사귐.
- 悠悠自適 [유유자적] 속세를 떠나 아무것에도 매이지 않고 자기가 하고 싶은 대로 하며 편하게 삶.
- 悠悠蒼天 [유유창천] 한없이 높고 푸른 하늘.
- 有終之美 [유종지미] 시작한 일을 끝까지 잘하여 훌륭한 성과를 올림.
- 有志事成 [유지사성] 뜻을 두어 노력하면 그 일은 이루어진다는 말.

급수	한자	훈	음											
4급Ⅱ	治	다스릴	치	治	治									
6급	本	근본	본	本	本									
3급	於	어조사	어	於	於									
7급	農	농사	농	農	農									
4급Ⅱ	務	힘쓸	무	務	務									
3급	玆	이	자	玆	玆									
1급	稼	심을	가	稼	稼									
	穡	거둘	색	穡	穡									
	俶	비로소	숙	俶	俶									
3급Ⅱ	載	실을	재	載	載									
8급	南	남녘	남	南	南									
1급	畝	이랑	무/묘	畝	畝									

● 사자성어

- 遺臭萬年 [유취만년] 더러운 이름을 먼 장래까지 끼침.
- 六尺之孤 [육척지고] 14,5세의 고아, 또는 나이 어린 후계자.
- 隱忍自重 [은인자중] 마음속으로 참으며 몸가짐을 조심함.　㈘ 輕擧妄動(경거망동)
- 淫談悖說 [음담패설] 음탕하고 상스러운 이야기.　*悖 : 어그러질 패
- 陰德陽報 [음덕양보] 남 모르게 쌓은 덕행은 나중에 그 보답을 저절로 받게 됨을 이르는 말.
- 吟風弄月 [음풍농월] 바람을 노래하고 달과 장난을 함. 곧 자연의 아름다움을 노래한다는 말.
- 泣斬馬謖 [읍참마속] 군율을 세우기 위해 사랑하는 사람도 버림. 공정한 일처리를 위해 사사로운 정을 버림.　*謖 : 일어날 속
- 意氣揚揚 [의기양양] 어떤 일이 바라던 대로 잘 되어 아주 자랑스럽게 행동하는 모양.
- 倚閭之望 [의려지망] 마을 어귀에 서서 자녀가 돌아오기를 기다리는 어머니의 마음.　*閭 : 마을 려
- 以管窺天 [이관규천] 대롱으로 하늘을 봄. 좁은 소견으로 세상을 봄. '우물 안 개구리' 라는 뜻.
　㈢ 井底之蛙(정저지와), 坐井觀天(좌정관천)

급수	한자	훈	음							
3급II	我	나	아	我	我					
4급II	藝	재주	예	藝	藝					
1급	黍	기장/심을	서	黍	黍					
2급	稷	피	직	稷	稷					
4급II	稅	구실/거둘	세	稅	稅					
3급II	熟	익을	숙	熟	熟					
3급II	貢	바칠	공	貢	貢					
6급	新	새	신	新	新					
4급	勸	권할	권	勸	勸					
5급	賞	상줄	상	賞	賞					
1급	黜	물리칠	출	黜	黜					
2급	陟	오를	척	陟	陟					

사자성어

- 異口同聲 [이구동성] 입은 달라도 소리는 같음. 즉 여러 사람의 말이 한결같음.
  - 유 異口同音(이구동음)
- 以卵擊石 [이란격석] 계란으로 바위를 침. 약한 것으로 강한 것을 당해 내려는 일의 비유.
  - 유 以卵投石(이란투석)
- 耳目口鼻 [이목구비] 귀·눈·입·코를 통틀어 이르는 말. 인물.
- 以實直告 [이실직고] 사실 그대로 고함.
- 以心傳心 [이심전심] 말이나 글을 통하지 않고 마음에서 마음으로 전함.
  - 유 拈華微笑(염화미소), 不立文字(불립문자)
- 以熱治熱 [이열치열] 열은 열로써 다스림. 힘에는 힘으로, 강한 것에는 강한 것으로 상대함.
- 二律背反 [이율배반] 서로 모순 대립하는 두 명제가 동등한 타당성을 가지고 주장되는 일.
- 泥田鬪狗 [이전투구] 진흙탕 속에서 싸우는 개. 명분이 서로 맞지 않은 일로 몰골 사납게 싸우는 것을 이르는 말.

급수	한자	훈	음							
3급II	孟	맏	맹	孟	孟					
2급	軻	수레	가	軻	軻					
3급	敦	도타울	돈	敦	敦					
4급II	素	본디/흴	소	素	素					
5급	史	사기	사	史	史					
5급	魚	물고기	어	魚	魚					
2급	秉	잡을	병	秉	秉					
7급	直	곧을	직	直	直					
3급	庶	무리	서	庶	庶					
3급	幾	몇/거의	기	幾	幾					
8급	中	가운데	중	中	中					
3급	庸	떳떳할	용	庸	庸					

● 사자성어

- 離合集散 [이합집산] 헤어졌다가 모였다가 하는 일. ㉨ 聚散離合(취산이합)
- 利害得失 [이해득실] 이로움과 해로움, 얻음과 잃음.
- 益者三友 [익자삼우] 사귀어서 유익한 세 종류의 벗. 곧 정직한 사람, 학식이 있는 사람, 신의가 있는 사람.
- 人格陶冶 [인격도야] 사람의 품격을 닦음.
- 因果應報 [인과응보] 과거 또는 전생의 선악의 인연에 따라 뒷날 길흉화복의 갚음을 받게 됨을 이름.
- 人面獸心 [인면수심] 사람의 얼굴에 짐승의 마음. 성질이 잔인하고 흉악한 짐승 같은 사람을 가리킴.
- 人命在天 [인명재천] 사람의 목숨은 하늘의 뜻에 달려 있음.
- 人事不省 [인사불성] 정신을 잃어 의식이 없음.
- 人死留名 [인사유명] 사람은 죽으면 이름을 남겨야 한다는 말. ㉨ 豹死留皮(표사유피)
- 人山人海 [인산인해] 산과 바다처럼 수를 헤아리지 못할 만큼 많은 사람이 모임.
- 因循姑息 [인순고식] 낡은 습관과 폐단을 버리지 못하고 눈앞의 안일만 취함.

급수	한자	훈	음
5급	勞	수고할	로
3급II	謙	겸손할	겸
3급	謹	삼갈	근
1급	勅	신칙할	칙
	聆	들을	령
6급	音	소리	음
4급II	察	살필	찰
6급	理	다스릴	리
3급II	鑑	거울	감
3급II	貌	모양	모
3급	辨	분별할	변
7급	色	빛	색

● **사자성어**

- 仁者無敵 [**인자무적**] 어진 자에게는 적이 없다는 말.
- 仁者樂山 [**인자요산**] 어진 사람은 산을 좋아한다는 말.
- 人之常情 [**인지상정**] 사람이 갖고 있는 보통의 인정.
- 一擧兩得 [**일거양득**] 한 가지 일을 하여 두 가지 이득을 본다는 말.   ㉦ 一石二鳥(일석이조)
- 日久月深 [**일구월심**] 날이 오래고 달이 깊어짐. 골똘히 바람을 이름.   ㉦ 日就月將(일취월장)
- 一口二言 [**일구이언**] 한 입으로 두 가지 말을 함. 곧 말을 이랬다저랬다 함을 이름.
- 一騎當千 [**일기당천**] 한 사람의 기병(騎兵)이 천 사람의 적을 감당함. 뛰어난 능력을 비유한 말.
- 日暖風和 [**일난풍화**] 날씨가 따뜻하고 바람이 온화함.
- 一網打盡 [**일망타진**] 한 번 그물을 쳐서 물고기를 모조리 잡음. 어떤 무리를 한꺼번에 잡음을 뜻함.
- 一脈相通 [**일맥상통**] 처지나 성질, 생각 등이 한줄기로 서로 통함.
- 一目瞭然 [**일목요연**] 한 번 보아 곧바로 환히 알 수 있음.   *瞭 : 밝을 료
- 一罰百戒 [**일벌백계**] 한 사람을 본보기로 벌을 주어 여러 사람을 조심시킴.

급수	한자	훈	음							
3급	貽	끼칠	이	貽	貽					
1급	厥	그	궐	厥	厥					
1급	嘉	아름다울	가	嘉	嘉					
4급	猷	옳을	유	猷	猷					
3급Ⅱ	勉	힘쓸	면	勉	勉					
	其	그	기	其	其					
7급	祗	공경	지	祗	祗					
6급	植	심을	식	植	植					
1급	省	살필 덜	성 생	省	省					
1급	躬	몸	궁	躬	躬					
	譏	나무랄	기	譏	譏					
	誡	경계	계	誡	誡					

● 사자성어

- 一絲不亂 [일사불란] 한 올의 실처럼 질서나 체계가 정연하여 조금도 어지러움이 없음.
- 一瀉千里 [일사천리] 물이 쏜살같이 흘러내려간다는 뜻으로, 문장이나 변론이 거침없이 명쾌함.
  *瀉 : 쏟을 사
- 一石二鳥 [일석이조] 한 가지의 일을 하여 두 가지의 이익을 거둠. ㉴ 一擧兩得(일거양득)
- 一魚濁水 [일어탁수] 한 마리의 고기가 물을 흐림. 한 사람의 잘못으로 여러 사람이 해를 입게 됨.
- 一言半句 [일언반구] 한 마디의 말과 반 구절의 말. 즉 몹시 짧은 말.
- 一言之下 [일언지하] 한 마디의 말로 끊음. 한 마디로 딱 잘라 말함.
- 一葉片舟 [일엽편주] 한 척의 조그마한 배.
- 一衣帶水 [일의대수] 한 줄의 띠와 같은 냇물이나 바닷물. 강이나 해협의 간격이 매우 좁음을 말함.
  ㉴ 指呼之間(지호지간)
- 一以貫之 [일이관지] 하나의 이치로써 모든 일을 꿰뚫음.
- 一日三秋 [일일삼추] 하루가 삼 년 같음. 즉 몹시 애태우며 기다림.

급수	漢字	훈	음							
1급	寵	사랑할	총	寵	寵					
4급II	增	더할	증	增	增					
4급	抗	겨룰	항	抗	抗					
4급II	極	극진할	극	極	極					
3급II	殆	위태할	태	殆	殆					
3급II	辱	욕될	욕	辱	辱					
6급	近	가까울	근	近	近					
3급II	恥	부끄러울	치	恥	恥					
7급	林	수풀	림	林	林					
2급	皐	언덕	고	皐	皐					
6급	幸	다행	행	幸	幸					
3급II	卽	곧	즉	卽	卽					

● 사자성어

- 一長一短 [일장일단] 장점도 있고 단점도 있음.
- 一場春夢 [일장춘몽] 한바탕의 봄꿈처럼 한때의 헛된 부귀영화.
  ㈜ 邯鄲之夢(한단지몽), 南柯一夢(남가일몽)
- 一朝一夕 [일조일석] 하루 아침, 하루 저녁처럼 짧은 시일.
- 一觸卽發 [일촉즉발] 조금만 건드려도 곧 폭발할 것 같은 위기에 직면하고 있는 형세.
- 一寸光陰 [일촌광음] 매우 짧은 시간.
- 日就月將 [일취월장] 어떤 일이나 학문이 날로 달로 진보함.
- 一敗塗地 [일패도지] 한 번 여지없이 패(敗)하여 다시 일어날 수 없게 됨.   *塗 : 칠할/진흙 도
- 一片丹心 [일편단심] 한 조각 붉은 마음. 곧 한결같은 참된 충성이나 정성을 이름.
- 一筆揮之 [일필휘지] 글씨를 단숨에 힘차고 시원하게 쭉 써 내려감.
- 臨渴掘井 [임갈굴정] 목이 마른 사람이 우물을 팜. 평소의 준비가 없으면 갑작스런 일을 당했을 때 당황함을 이름.

급수	한자	훈	음										
4급II	兩	두	량	兩	兩								
3급II	疏	트일/성	소	疏	疏								
5급	見	볼/뵈올	견/현	見	見								
4급	機	틀	기	機	機								
4급II	解	풀	해	解	解								
4급	組	짤	조	組	組								
3급	誰	누구	수	誰	誰								
1급	逼	닥칠	핍	逼	逼								
3급II	索	찾을/홀로	색/삭	索	索								
4급	居	살	거	居	居								
4급	閑	한가할	한	閑	閑								
4급II	處	곳	처	處	處								

● 사자성어

- 臨機應變 [임기응변] 그때그때 그 시기에 임하여 적당히 일을 잘 처리함.
- 臨戰無退 [임전무퇴] 신라 화랑도의 세속오계(世俗五戒) 중 하나로, 싸움에 임하여서는 물러서지 아니함.
- 立身揚名 [입신양명] 출세하여 세상에 이름을 드높임.
- 立錐之地 [입추지지] 송곳 하나 꽂을 만한 아주 작은 공간. 조금도 빈틈이 없는 것을 비유한 말.
    * 錐 : 송곳 추

ㅈ

- 自家撞着 [자가당착] 스스로 한 말이나 행동이 앞뒤가 맞지 않고 서로 모순됨.
    ㈜ 矛盾撞着(모순당착), 自己矛盾(자기모순)
- 自强不息 [자강불식] 스스로 힘써 쉬지 않음. 잠시도 쉬지 않고 학문에 힘씀.
- 自激之心 [자격지심] 자기가 한 일에 대하여 자기 스스로 미흡하게 여기는 마음.
- 自愧之心 [자괴지심] 스스로 부끄럽게 여기는 마음.

급수	한자	훈	음
3급II	沈	잠길 성	침 심
3급II	默	잠잠할	묵
3급II	寂	고요할	적
1급	寥	쓸쓸할	료
4급II	求	구할	구
6급	古	예	고
3급	尋	찾을	심
4급II	論	논할	론
4급	散	흩어질	산
4급	慮	생각할	려
1급	逍	거닐	소
3급	遙	거닐/멀	요

사자성어

- 自給自足 [자급자족] 자기의 수요를 자기가 생산하여 충당함.
- 自問自答 [자문자답] 자기가 묻고 자기가 대답함.
- 子孫萬代 [자손만대] 대대로 내려오는 자손. ㊀ 代代孫孫(대대손손)
- 自手成家 [자수성가] 물려받은 재산이 없는 사람이 제 힘으로 한 살림을 이룩함.
- 自繩自縛 [자승자박] 자기가 꼰 새끼로 스스로를 묶음. 자기가 한 말이나 행동 때문에 자기 자신이 구속되어 괴로움을 당함.   *繩 : 줄 승
- 自業自得 [자업자득] 자기가 저지른 일의 결과로 자기 자신이 받은 일.
- 自初至終 [자초지종] 처음부터 끝마침에 이르기까지.
- 自暴自棄 [자포자기] 실망이나 불만 등으로 자기 자신을 스스로 내버려두고 돌보지 않음.
- 自畫自讚 [자화자찬] 자기의 그림을 자기가 칭찬함. 자기의 일을 자기 스스로 칭찬함.
- 作心三日 [작심삼일] 마음먹은 일이 삼 일만 감. 결심이 굳지 못함을 이르는 말.
- 殘虐無道 [잔학무도] 잔인하고 포악함이 인간의 도리를 벗어남.   *虐 : 모질/사나울 학

급수	한자	훈	음							
1급	欣	기뻐할	흔	欣	欣					
3급Ⅱ	奏	아뢸	주	奏	奏					
3급Ⅱ	累	포갤/누	루	累	累					
3급	遣	보낼	견	遣	遣					
	感	슬플	척	感	感					
4급Ⅱ	謝	사례할	사	謝	謝					
4급	歡	기쁠	환	歡	歡					
4급	招	부를	초	招	招					
1급	渠	개천	거	渠	渠					
3급Ⅱ	荷	멜	하	荷	荷					
5급	的	과녁	적	的	的					
5급	歷	지날	력	歷	歷					

● 사자성어

- 張三李四 [**장삼이사**] 성명이나 신분이 뚜렷하지 못한 평범한 사람들.
  ㊌ 匹夫匹婦(필부필부), 甲男乙女(갑남을녀)
- 長袖善舞 [**장수선무**] 옷소매가 길면 춤도 잘 춤. 돈이 많으면 장사도 쉽다는 말.   *袖 : 소매 수
- 再三再四 [**재삼재사**] 가끔. 여러번. 몇 번씩.
- 再生之恩 [**재생지은**] 죽게 된 경우에 살려준 은혜.
- 才勝德薄 [**재승덕박**] 재주는 뛰어나고 많으나, 덕이 부족한 사람.
- 賊反荷杖 [**적반하장**] 잘못한 사람이 도리어 잘한 사람을 나무람.   ㊌ 主客顚倒(주객전도)
- 積善餘慶 [**적선여경**] 남에게 선을 쌓으면 많은 경사스러운 일이 있게 됨.
- 赤手空拳 [**적수공권**] 맨손과 맨주먹. 곧 아무것도 가진 것이 없음을 이르는 말.
- 適者生存 [**적자생존**] 생존 경쟁으로 환경에 적응하는 것은 살아가고, 그렇지 못한 것은 차차 쇠퇴·멸망해 가는 현상.
- 適材適所 [**적재적소**] 적당한 인재(人才)를 적당한 자리에 기용함.

급수	한자	훈	음		
6급	園	동산	원	園	園
	莽	풀	망	莽	莽
3급	抽	뽑을	추	抽	抽
4급	條	가지	조	條	條
	枇	나무	비	枇	枇
	杷	나무	파	杷	杷
3급Ⅱ	晚	늦을	만	晚	晚
1급	翠	비취색	취	翠	翠
2급	梧	오동나무	오	梧	梧
2급	桐	오동나무	동	桐	桐
4급Ⅱ	早	일찍	조	早	早
1급	凋	시들	조	凋	凋

● 사자성어

- 赤潮現象 [적조현상] 플랑크톤이 너무 많이 번식되어 바닷물이 붉게 보이는 현상.
- 寂天寞地 [적천막지] 천지가 조용하여 소리가 없다는 뜻으로, '사물이 밀장(密藏)되어 조금도 활동이 없음'을 비유하여 이르는 말.
- 電光石火 [전광석화] 번갯불이나 부싯돌의 불이 번쩍이는 것처럼, 몹시 짧은 시간이나 매우 빠른 동작.
- 前代未聞 [전대미문] 지금까지 들어본 적이 없는 진귀한 일.   ㉲ 未曾有(미증유), 前古未聞(전고미문)
- 前途洋洋 [전도양양] 장래의 발전성이 큰 모양.
- 前無後無 [전무후무] 전에도 없었고 앞으로도 없음.   ㉲ 空前絶後(공전절후)
- 專心專力 [전심전력] 온 마음과 힘을 오로지 한 곳에만 기울임.
- 轉轉乞食 [전전걸식] 정처 없이 여기저기 돌아다니면서 빌어먹음.
- 戰戰兢兢 [전전긍긍] 매우 두려워하여 조심하는 모양.   ㉲ 小心翼翼(소심익익)   *兢 : 떨릴 긍
- 輾轉反側 [전전반측] 몸을 이리저리 뒤척이며 도무지 잠을 이루지 못한다는 말.
  ㉲ 輾轉不寐(전전불매)   *輾 : 돌아누울 전

급수	한자	훈	음									
3급Ⅱ	陳	베풀/묵을	진	陳	陳							
6급	根	뿌리	근	根	根							
4급	委	맡길	위	委	委							
	翳	가릴	예	翳	翳							
5급	落	떨어질	락	落	落							
5급	葉	잎	엽	葉	葉							
1급	飄	나부낄	표	飄	飄							
	颻	날릴	요	颻	颻							
4급	遊	놀	유	遊	遊							
	鯤	큰고기	곤	鯤	鯤							
5급	獨	홀로	독	獨	獨							
6급	運	움직일	운	運	運							

● 사자성어

- 前程萬里 [전정만리] 앞길이 만 리나 됨. 젊어서 희망을 걸 만한 장래가 있다는 말.
- 轉禍爲福 [전화위복] 재앙이 바뀌어 오히려 복이 됨.
- 絶世佳人 [절세가인] 당대에 견줄 만한 사람이 없는 미인. ㊌ 絶世美人(절세미인)
- 絶長補短 [절장보단] 장점으로 단점을 보충함.
- 切磋琢磨 [절차탁마] 상아를 다듬을 때 갈듯이, 옥돌을 다듬을 때 문지르듯이 학문에 끊임없이 정진한다는 말. *磋 : 갈 차
- 切齒腐心 [절치부심] 이를 갈고 마음을 썩힘. 원수를 갚기 위해 혹은 일의 성공을 위해 노력함.
  ㊌ 臥薪嘗膽(와신상담)
- 漸入佳境 [점입가경] 점점 재미있는 경지로 들어감.
- 頂門一鍼 [정문일침] 정수리에 침을 놓음. 정곡을 찌르는 따끔한 충고를 이르는 말. *鍼 : 침 침
- 井中之蛙 [정중지와] 우물 안의 개구리. 세상 물정에 어둡고 시야가 좁음.
  ㊌ 坐井觀天(좌정관천) *蛙 : 개구리 와

급수	한자	훈	음
1급	凌	업신여길	릉
2급	摩	문지를	마
	絳	붉을	강
	霄	하늘	소
2급	耽	즐길	탐
6급	讀	읽을/구절	독/두
	翫	갖고놀	완
7급	市	저자	시
1급	寓	붙일	우
6급	目	눈	목
1급	囊	주머니	낭
2급	箱	상자	상

사자성어

- 諸說紛紛 [제설분분] 이러쿵저러쿵 말이 많은 것.　＊紛 : 어지러울 분
- 糟糠之妻 [조강지처] 구차하고 가난한 살림을 하면서도 남편을 뒷바라지한 아내란 뜻.
　　　　　　　　＊糟 : 술지게미 조　＊糠 : 겨 강
- 朝令暮改 [조령모개] 아침에 내린 명령이 저녁에 바뀜. 법령이나 언행을 자주 바꿈.
　　　　　　　　㊌ 朝變夕改(조변석개)
- 朝聞夕死 [조문석사] 아침에 도를 깨우치면 저녁에 죽어도 한이 없음.
- 朝不慮夕 [조불려석] 당장의 일을 걱정할 뿐, 장차 닥쳐올 앞일을 걱정할 겨를이 없음.
- 朝三暮四 [조삼모사] 아침에 도토리를 3개 주고 저녁에 4개 준다는 고사에서 온 말로, 간사한 꾀로 사람을 속여 희롱함.
- 鳥足之血 [조족지혈] 새발의 피. 극히 적은 분량을 비유한 말.
- 造化神功 [조화신공] 조물주의 뛰어난 솜씨. 계절의 변화를 가리킴.
- 足反居上 [족반거상] 발이 위에 있다는 뜻으로, '사물이 거꾸로 됨'을 이르는 말.

급수	한자	훈	음									
4급	易	쉬울 바꿀	이 역	易	易							
	輶	가벼울	유	輶	輶							
3급	攸	바	유	攸	攸							
	畏	두려워할	외	畏	畏							
4급	屬	붙일	속	屬	屬							
5급	耳	귀	이	耳	耳							
	垣	담	원	垣	垣							
3급	墻	담	장	墻	墻							
5급	具	갖출	구	具	具							
1급	膳	선물	선	膳	膳							
	飡	밥	손	飡	飡							
3급Ⅱ	飯	밥	반	飯	飯							

● 사자성어

- 存亡之秋 [존망지추] 존속하느냐 멸망하느냐의 절박한 때.
- 種豆得豆 [종두득두] 콩을 심으면 콩을 거둠. 원인에 따라 그 결과가 주어짐. ㊀ 因果應報(인과응보)
- 宗廟社稷 [종묘사직] 왕실과 나라를 아울러 이르는 말.   *稷 : 피 직
- 縱橫無盡 [종횡무진] 행동이 마음먹은 대로 자유자재임.
- 坐不安席 [좌불안석] 불안, 근심 등으로 한군데 오래 앉아 있지 못함.
- 坐井觀天 [좌정관천] 우물 안에 앉아서 하늘을 봄. 견문이 몹시 좁음을 이름.   ㊀ 井中之蛙(정중지와)
- 左衝右突 [좌충우돌] 이리저리 찌르고 치고 받고 함.
- 主客顚倒 [주객전도] 사물의 경중이나 완급, 선후, 또는 주인과 손님의 위치가 서로 뒤바뀜.
     ㊀ 賊反荷杖(적반하장)
- 晝耕夜讀 [주경야독] 낮에는 일을 하고 밤에는 공부를 함.
- 走馬加鞭 [주마가편] 달리는 말에 채찍을 가함. 하고 있는 일에 더욱더 열심히 하도록 격려함.
     *鞭 : 채찍 편

급수	한자	훈	음
4급	適	맞을	적
7급	口	입	구
5급	充	채울	충
4급	腸	창자	장
3급	飽	배부를	포
	飫	배부를	어
	烹	삶을	팽
3급	宰	재상	재
3급	飢	주릴	기
2급	厭	싫어할	염
1급	糟	술지게미	조
1급	糠	쌀겨	강

● 사자성어

- 走馬看山 [주마간산] 말을 타고 달리면서 산을 봄. 바쁘고 어수선하여 자세히 관찰하지 못하고 지나침.
- 柱石之臣 [주석지신] 나라에 없어서는 안 될 가장 중요한 신하.
- 朱顔玉齒 [주안옥치] 붉그스레한 얼굴빛과 옥 같은 이. 미인을 이르는 말.
- 酒池肉林 [주지육림] 술이 연못을 이루고 고기가 숲을 이룸. 즉, 호사스런 술잔치를 말함.
- 竹馬故友 [죽마고우] 죽마를 같이 타고 놀던 벗. 곧 어릴 때에 같이 놀며 자란 벗.
- 衆寡不敵 [중과부적] 적은 수의 군대로는 많은 수의 적을 상대할 수 없음.
- 衆口難防 [중구난방] 여러 사람의 말은 다 막기가 어려움.
- 重言復言 [중언부언] 똑같은 말을 자꾸 되풀이함.
- 中原逐鹿 [중원축록] 서로 경쟁하여 어떤 지위를 얻으려고 하는 일.
- 仲秋佳節 [중추가절] 가을의 아름다운 계절.
- 知己之友 [지기지우] 자기를 알아주는 절친한 벗.   ㈜ 知己(지기)
- 指鹿爲馬 [지록위마] 사슴을 가리켜 말이라 우겨댐. 아랫사람이 윗사람을 농락하여 마음대로 권세를 부림.

급수	한자	훈	음
6급	親	친할	친
3급Ⅱ	戚	친척/겨레	척
4급Ⅱ	故	연고	고
5급	舊	예	구
7급	老	늙을	로
7급	少	적을/젊을	소
4급	異	다를	이
4급	糧	양식	량
3급	妾	첩	첩
3급Ⅱ	御	모실	어
4급	績	길쌈	적
2급	紡	길쌈	방

● 사자성어

- 支離滅裂 [지리멸렬] 갈가리 흩어지고 찢기어 갈피를 못 잡게 됨.
- 至上命令 [지상명령] 절대로 복종해야 할 명령.
- 至誠感天 [지성감천] 지극한 정성에 하늘이 감동함.
- 遲遲不進 [지지부진] 매우 더디어 잘 나아가지 않음.
- 咫尺之地 [지척지지] 매우 가까운 거리.
  ㈜ 指呼之間(지호지간), 咫尺之間(지척지간)　*咫 : 길이 지
- 知彼知己 [지피지기] 상대를 알고, 나 자신을 앎. → 知彼知己 百戰不殆(지피지기 백전불태)
- 指呼之間 [지호지간] 손가락으로 부를 수 있는 가까운 거리.　㈜ 指呼間(지호간), 咫尺之地(지척지지)
- 直木先伐 [직목선벌] 곧은 나무가 먼저 베어짐. 마음이 강직하고 곧은 사람은 먼저 다른 사람에게 해를 입게 된다는 말.
- 珍羞盛饌 [진수성찬] 맛이 좋은 음식을 많이 차림.　*羞 : 부끄러워할 수　*饌 : 반찬 찬
- 進退兩難 [진퇴양난] 앞으로 나아갈 수도 뒤로 물러설 수도 없는 궁지에 빠짐.　㈜ 進退維谷(진퇴유곡)

급수	한자	훈	음
3급II	侍	모실	시
1급	巾	수건	건
	帷	장막	유
4급II	房	방	방
	紈	깁	환
1급	扇	부채	선
4급II	圓	둥글	원
4급II	潔	깨끗할	결
6급	銀	은	은
3급	燭	촛불	촉
	煒	빛날	위
1급	煌	빛날	황

● 사자성어

- 塵合泰山 [진합태산] 티끌 모아 태산. *塵 : 티끌 진
- 疾風迅雷 [질풍신뢰] 질풍이나 번개와 같이 행동이 무척 재빠르다는 뜻.
  ㉴ 電光石火(전광석화) *迅 : 빠를 신

ㅊ

- 此日彼日 [차일피일] 이 날이다, 저 날이다 하는 식으로 약속이나 기한 따위를 미룸.
- 滄海一粟 [창해일속] 끝없이 넓은 바다 가운데 하나의 좁쌀. 광대한 것 가운데 섞인 하찮고 작은 것.
  ㉴ 大海一滴(대해일적)
- 責善之道 [책선지도] 친구 사이에 옳은 일을 하도록 서로 권하는 도리.
- 千客萬來 [천객만래] 많은 손님이 찾아옴.
- 天高馬肥 [천고마비] 가을하늘은 높고 말은 살찐다는 뜻으로, 가을이 매우 좋은 절기임을 이르는 말.
- 千慮一失 [천려일실] 슬기로운 사람도 많은 생각 가운데는 실책이 있을 수 있음. ㉯ 千慮一得(천려일득)

급수	한자	훈	음		
6급	晝	낮	주	晝	晝
3급Ⅱ	眠	잘	면	眠	眠
7급	夕	저녁	석	夕	夕
1급	寐	잠잘	매	寐	寐
2급	藍	쪽	람	藍	藍
1급	筍	죽순	순	筍	筍
4급	象	코끼리	상	象	象
4급Ⅱ	床	상	상	床	床
3급	絃	줄	현	絃	絃
7급	歌	노래	가	歌	歌
4급	酒	술	주	酒	酒
	讌	잔치	연	讌	讌

● 사자성어

- 千變萬化 [천변만화] 변화가 무궁한 것.
- 千思萬慮 [천사만려] 수없이 여러 번 생각함.
- 千辛萬苦 [천신만고] 천 가지의 신 것과 만 가지의 쓴 것. 온갖 고통과 괴로움.
- 天壤之差 [천양지차] 하늘과 땅 사이와 같이 엄청난 차이. ㊌ 雲泥之差(운니지차)
- 天佑神助 [천우신조] 하늘이 돕고 신령이 도움.
- 天衣無縫 [천의무봉] 천녀가 입는 옷은 바느질 자국이 없음. 시나 문장이 자연스럽고 훌륭하여 흠잡을 만한 곳이 없음.
- 天人共怒 [천인공노] 하늘과 사람이 함께 분노함. 곧 도저히 용서 못함을 이르는 말.
- 千紫萬紅 [천자만홍] 울긋불긋한 여러 가지 꽃의 빛깔.
- 千載一遇 [천재일우] 천 년에 한 번 만나는 기회. 다시 만나기 힘든 좋은 기회를 말함.
  ㊌ 千載一時(천재일시)
- 天災地變 [천재지변] 하늘의 재앙과 땅의 변괴. 자연현상으로 인한 재앙을 말함.

급수	한자	훈음								
4급II	接	이을/접할	접							
3급	杯	잔	배							
5급	擧	들	거							
1급	觴	잔	상							
3급	矯	바로잡을	교							
7급	手	손	수							
2급	頓	조아릴	돈							
7급	足	발	족							
3급II	悅	기쁠	열							
4급	豫	미리	예							
3급	且	또	차							
4급II	康	편안	강							

● 사자성어

- 天眞爛漫 [천진난만] 말이나 행동이 조금도 꾸밈이 없이 아주 순진하고 참됨.
- 千差萬別 [천차만별] 온갖 사물들이 모두 차이가 있고 구별이 있음.
- 千村萬落 [천촌만락] 수많은 촌락.
- 千態萬象 [천태만상] 온갖 사물들이 모두 차이가 있고 구별이 있음. ㈜ 千象萬態(천상만태)
- 千篇一律 [천편일률] 여러 많은 책들이 하나의 법칙으로 이루어짐. 사물이 다 비슷해 변화가 없음.
- 天下第一 [천하제일] 세상에서 견줄 만한 것이 없음.
- 徹頭徹尾 [철두철미] 처음부터 끝까지 철저함.
- 鐵中錚錚 [철중쟁쟁] 같은 무리 가운데서 가장 뛰어난 사람을 가리키는 말. *錚 : 쇳소리 쟁
- 疊疊愁心 [첩첩수심] 겹겹이 쌓인 근심. *疊 : 겹쳐질 첩
- 靑出於藍 [청출어람] 쪽에서 나온 물감이 쪽보다 더 푸르다. 제자가 스승보다 더 뛰어남을 이르는 말.
- 淸風明月 [청풍명월] 맑은 바람과 밝은 달. 결백하고 온건한 사람의 성격을 평하는 말.
- 樵童汲婦 [초동급부] 땔나무 하는 아이와 물 긷는 아낙네. 곧 보통 사람. ㈜ 甲男乙女(갑남을녀)

급수	한자	훈	음									
1급	嫡	정실	적	嫡	嫡							
7급	後	뒤	후	後	後							
1급	嗣	대이을	사	嗣	嗣							
4급II	續	이을	속	續	續							
4급II	祭	제사	제	祭	祭							
3급II	祀	제사	사	祀	祀							
3급II	蒸	찔	증	蒸	蒸							
3급	嘗	맛볼/일찍	상	嘗	嘗							
	稽	조아릴	계	稽	稽							
	顙	이마	상	顙	顙							
5급	再	두/다시	재	再	再							
4급II	拜	절	배	拜	拜							

● **사자성어**

- 草綠同色 [**초록동색**] 풀색과 초록색은 같은 색임. 같은 처지의 사람들은 그 사람끼리 서로 어울림.
  ㈜ 類類相從(유유상종)
- 焦眉之急 [**초미지급**] 눈썹이 타면 급히 끄지 않을 수 없다. 매우 다급한 일을 일컫는 말.
- 初志一貫 [**초지일관**] 처음 품은 뜻을 끝까지 관철함.
- 寸鐵殺人 [**촌철살인**] 간단한 말이나 짧은 문장으로 어떤 일의 급소를 찔러 사람을 감동시킴.
  ㈜ 頂門一鍼(정문일침)
- 秋風落葉 [**추풍낙엽**] 가을 바람에 흩어져 떨어지는 낙엽. 세력이나 형세가 갑자기 기울거나 시듦.
- 逐鹿之戰 [**축록지전**] 영웅들이 정권이나 지위를 놓고 서로 다투는 싸움.
- 春夏秋冬 [**춘하추동**] 봄·여름·가을·겨울의 네 계절.
- 忠言逆耳 [**충언역이**] 충고하는 말은 귀에 거슬려 불쾌하다는 말. ㈜ 良藥苦口(양약고구)
- 取捨選擇 [**취사선택**] 취할 것은 골라 쓰고, 버릴 것은 버림.
- 醉生夢死 [**취생몽사**] 취한 듯이 살고 꿈꾸듯이 죽음. 아무것도 이루지 못하고 헛되이 일생을 마치는 것.

급수	한자	훈	음
1급	悚	두려워할	송
3급	懼	두려워할	구
3급II	恐	두려울	공
1급	惶	두려워할	황
	牋	편지	전
1급	牒	편지	첩
4급	簡	대쪽	간
5급	要	요긴할	요
3급	顧	돌아볼	고
7급	答	대답	답
3급II	審	살필	심
3급II	詳	자세할	상

● 사자성어

- 惻隱之心 [**측은지심**] 불쌍하고 가엾게 여기는 마음.　　*惻 : 슬퍼할 측
- 七寶丹粧 [**칠보단장**] 여러 가지 패물로 몸을 장식함.
- 七顚八起 [**칠전팔기**] 일곱 번 넘어지고 여덟 번째 일어남. 여러 번 실패하고도 굴하지 않고 다시 일어섬.　　*顚 : 넘어질 전
- 七顚八倒 [**칠전팔도**] 일곱 번 구르고 여덟 번 거꾸러짐. 어려운 고비를 많이 겪음.
- 針小棒大 [**침소봉대**] 바늘처럼 작은 것을 몽둥이처럼 크게 말함. 작은 것을 크게 과장하여 말함을 이름.
　　*棒 : 몽둥이 봉

ㅋ

- 快刀亂麻 [**쾌도난마**] 잘 드는 칼로 얽힌 삼실을 자름. 어지럽게 뒤얽힌 사물이나 말썽거리를 단번에 처리함.

급수	한자	훈	음							
1급	骸	뼈	해	骸	骸					
1급	垢	때	구	垢	垢					
4급Ⅱ	想	생각할	상	想	想					
5급	浴	목욕할	욕	浴	浴					
3급Ⅱ	執	잡을	집	執	執					
5급	熱	더울	열	熱	熱					
5급	願	원할	원	願	願					
3급Ⅱ	涼	서늘할	량	涼	涼					
	驢	나귀	려	驢	驢					
	騾	노새	라	騾	騾					
	犢	송아지	독	犢	犢					
6급	特	특별할/수소	특	特	特					

● 사자성어

ㅌ

- 他山之石 [타산지석] 다른 사람의 하찮은 언행일지라도 자신의 수양에 도움이 된다는 말.
- 卓上空論 [탁상공론] 책상 위에서 현실을 무시한 채 벌이는 헛된 토론이나 이론.
- 坦坦大路 [탄탄대로] 장래가 아무 어려움이나 괴로움 없이 수월함.   *坦 : 평평할 탄
- 貪官汚吏 [탐관오리] 탐욕이 많고 행실이 깨끗하지 못한 관리.
- 泰山北斗 [태산북두] 태산과 북두칠성을 우러러보는 것처럼 세상 사람들로부터 가장 존경받는 사람.
- 泰然自若 [태연자약] 마음에 무슨 충동을 받아도 움직임이 없이 천연스러움.
- 太平烟月 [태평연월] 세상이 평화롭고 안락한 때.
- 兎死狗烹 [토사구팽] 토끼를 잡고 나면 토끼를 잡던 사냥개는 삶아진다. 곧 필요할 때에는 소중히 여기다가 끝나면 버림.

급수	한자	훈	음									
1급	駭	놀랄	해	駭	駭							
3급	躍	뛸	약	躍	躍							
3급Ⅱ	超	뛰어넘을	초	超	超							
	驤	달릴	양	驤	驤							
1급	誅	벨/칠	주	誅	誅							
2급	斬	벨/매우	참	斬	斬							
4급	賊	도둑	적	賊	賊							
4급	盜	도적	도	盜	盜							
3급Ⅱ	捕	잡을	포	捕	捕							
3급Ⅱ	獲	얻을	획	獲	獲							
3급	叛	배반할	반	叛	叛							
5급	亡	망할	망	亡	亡							

● 사자성어

Ⅱ

- 波瀾萬丈 [파란만장] 일의 진행에 기복·변화가 몹시 심함.   *瀾 : 물결 란
- 破邪顯正 [파사현정] 간사한 것을 깨뜨리고 바른 것을 드러냄.
- 破顔大笑 [파안대소] 얼굴 표정이 일그러질 만큼 크게 웃음.
- 破竹之勢 [파죽지세] 대를 쪼개는 것같이 거침없는 기세라는 뜻으로 거침없이 힘차게 나아간다는 뜻.
- 八方美人 [팔방미인] 어느 모로 보아도 아름다운 미인. 여러 방면의 일에 능통한 사람을 말함.
- 敗家亡身 [패가망신] 가산을 탕진하고 몸을 망침.
- 偏母膝下 [편모슬하] 아버지가 없고 홀어머니의 살핌을 받는 처지.
  ㈜ 偏母侍下(편모시하)   *膝 : 무릎 슬
- 肺腑之言 [폐부지언] 마음속 깊은 곳에서 우러나온 진실된 말.   *腑 : 육부 부
- 弊衣破笠 [폐의파립] 해진 옷과 찢어진 갓. 곧 너절하고 구차한 차림새를 말함.   *笠 : 삿갓 립

급수	한자	훈	음								
4급II	布	베/펼 보시	포 보	布	布						
4급	射	쏠	사	射	射						
3급	僚	벗	료	僚	僚						
3급	丸	알/둥글	환	丸	丸						
	嵇	성/산이름	혜	嵇	嵇						
3급II	琴	거문고	금	琴	琴						
1급	阮	성/나라이름	완	阮	阮						
	嘯	휘파람	소	嘯	嘯						
	恬	편안할	념	恬	恬						
5급	筆	붓	필	筆	筆						
3급II	倫	인륜	륜	倫	倫						
7급	紙	종이	지	紙	紙						

● 사자성어

- 抱腹絶倒 [**포복절도**] 배를 안고 넘어진다는 뜻으로, 몹시 웃는 모습을 형용하는 말.
- 飽食暖衣 [**포식난의**] 배불리 먹고 따뜻한 옷을 입음. 즉 의식(衣食)이 넉넉한 편안한 생활.
- 表裏不同 [**표리부동**] 겉과 속이 같지 않고 다름.
- 風樹之嘆 [**풍수지탄**] 바람을 맞고 있는 나무의 탄식. 부모가 이미 세상을 떠나 효도할 수 없음을 한탄함.
- 風月主人 [**풍월주인**] 자연을 즐기는 사람.
- 風前燈火 [**풍전등화**] 바람 앞의 등불. 매우 위급한 상태에 있다는 말.
  ㈐ 累卵之危(누란지위), 百尺竿頭(백척간두)
- 皮骨相接 [**피골상접**] 살가죽과 뼈가 맞붙을 정도로 몹시 마름.
- 彼此一般 [**피차일반**] 두 편이 서로 같음.
- 匹夫之勇 [**필부지용**] 깊은 생각 없이 혈기만 믿고 날뛰는 무모한 용기.
- 匹夫匹婦 [**필부필부**] 평범한 남녀를 일컬음. ㈐ 甲男乙女(갑남을녀), 張三李四(장삼이사)

급수	한자	훈	음
3급II	鈞	무거울	균
5급	巧	공교할	교
2급	任	맡길	임
3급II	釣	낚시	조
3급II	釋	풀/석가	석
3급II	紛	어지러울	분
6급	利	이로울	리
4급II	俗	풍속	속
3급	竝	아우를	병
3급	皆	다	개
3급II	佳	아름다울	가
4급	妙	묘할	묘

사자성어

ㅎ

- 何待歲月 [하대세월] 기다리기가 매우 지루함을 이르는 말. ㉮ 何待明年(하대명년), 百年河淸(백년하청)
- 鶴首苦待 [학수고대] 목이 긴 학처럼 먼 곳을 바라보며 몹시 기다림.
- 漢江投石 [한강투석] 한강에 돌 던지기. 즉 아무리 애써도 보람이 없는 일을 말함.
- 邯鄲之夢 [한단지몽] 덧없는 부귀영화와 인생의 허무함을 비유한 말.
  ㉮ 南柯一夢(남가일몽)　＊鄲 : 조나라서울 단
- 汗馬之勞 [한마지로] 전쟁할 때에 말에서 땀이 나도록 힘껏 달려 싸운 공로.　＊汗 : 땀 한
- 旱時太出 [한시태출] 가뭄에 콩 나듯이 한다는 뜻으로, 일이나 물건이 드문드문 나타남.
- 汗牛充棟 [한우충동] 짐으로 실으면 소가 땀을 흘릴 정도이고, 쌓아올리면 대들보에 닿을 만큼 책이 많다는 말.　＊棟 : 마룻대 동
- 閑中眞味 [한중진미] 한가로움 속에 느끼는 생활의 참맛.

급수	한자	훈	음						
4급II	毛	터럭	모	毛	毛				
4급II	施	베풀	시	施	施				
3급II	淑	맑을	숙	淑	淑				
4급	姿	모양	자	姿	姿				
7급	工	장인	공	工	工				
1급	嚬	찡그릴	빈	嚬	嚬				
2급	姸	고울	연	姸	姸				
4급II	笑	웃음	소	笑	笑				
8급	年	해	년	年	年				
3급	矢	화살	시	矢	矢				
7급	每	매양	매	每	每				
3급II	催	재촉할	최	催	催				

● 사자성어

- 緘口無言 [함구무언] 입을 다물고 말이 없음.　*緘 : 봉할 함
- 含憤蓄怨 [함분축원] 분함을 품고 원한을 쌓음.
- 咸興差使 [함흥차사] 한 번 간 사람이 돌아오지 않거나 소식이 없음을 일컫는 말. 이성계(李成桂)의 고사.
- 偕老同穴 [해로동혈] 살아서 함께 늙고, 죽어서 함께 같은 무덤에 묻힘. 화목하고 순탄하게 일생을 마친 부부.　*偕 : 함께 해
- 解語之花 [해어지화] 말을 하는 꽃이란 뜻으로 미인을 말함. 당태종이 양귀비를 비유한 말.
- 行動擧止 [행동거지] 몸을 움직이는 모든 동작.
- 行雲流水 [행운유수] 떠가는 구름과 흐르는 물. 아무 집착 없이 경우에 순응하여 행동함을 비유.
- 虛心坦懷 [허심탄회] 품은 생각을 다 털어놓고 마음을 비움.　*坦 : 평평할 탄
- 虛張聲勢 [허장성세] 헛되이 벌여놓고 실속 없이 허세만 부림.
- 虛虛實實 [허허실실] 적의 허(虛)를 찌르고 실(實)을 꾀하는 등 서로 계략을 다하여 싸우는 모양.

급수	한자	훈	음							
2급	羲	사람이름	희	羲	羲					
2급	暉	빛날	휘	暉	暉					
5급	朗	밝을	랑	朗	朗					
5급	曜	빛날	요	曜	曜					
2급	璇	옥	선	璇	璇					
2급	璣	구슬	기	璣	璣					
3급Ⅱ	懸	매달	현	懸	懸					
1급	斡	관리할	알	斡	斡					
1급	晦	그믐	회	晦	晦					
1급	魄	넋	백	魄	魄					
4급	環	고리	환	環	環					
3급Ⅱ	照	비칠	조	照	照					

● 사자성어

- 軒軒丈夫 [헌헌장부] 외모가 준수하고 씩씩한 사내.　＊軒 : 추녀 헌
- 險山峻嶺 [험산준령] 험한 산과 가파른 고개.
- 懸頭刺股 [현두자고] 머리를 천장에 매달고 허벅지를 찔러 가면서 공부를 함. 학업에 매우 힘씀을 말함.
　　　　　　　　＊股 : 넓적다리 고
- 賢母良妻 [현모양처] 어진 어머니이면서 또한 착한 아내.　㉿ 良妻賢母(양처현모)
- 懸河之辯 [현하지변] 거침없이 잘하는 말.　＊懸 : 매달 현
- 螢雪之功 [형설지공] 반딧불과 눈빛으로 공부하여 얻은 보람. 즉 고생하여 이룬 보람을 이르는 말.
　　　　　　　　㉿ 晝耕夜讀(주경야독)
- 形形色色 [형형색색] 모양과 종류가 다른 가지가지. 가지각색.
- 狐假虎威 [호가호위] 여우가 호랑이의 위엄을 빌렸다는 고사에서 온 말로 남의 권세를 빌어 허세를 부림을 말함.
- 互角之勢 [호각지세] 서로가 비슷비슷한 세력을 이르는 말.

급수	한자	훈	음								
4급II	指	가리킬	지	指	指						
1급	薪	섶나무	신	薪	薪						
4급II	修	닦을	수	修	修						
2급	祐	복	우	祐	祐						
6급	永	길	영	永	永						
	綏	편안할	수	綏	綏						
5급	吉	길할	길	吉	吉						
2급	邵	성/땅이름	소	邵	邵						
1급	矩	곱자/네모	구	矩	矩						
4급II	步	걸음	보	步	步						
4급II	引	끌	인	引	引						
5급	領	거느릴/옷깃	령	領	領						

● 사자성어

- 糊口之策 [호구지책] 입에 풀칠할 계획. 즉 겨우 먹고 살아갈 만한 방책을 말함.   *糊 : 풀 호
- 好事多魔 [호사다마] 좋은 일에 마가 많음. 좋은 일에는 흔히 나쁜 일이 생기기 쉬움을 이르는 말.
- 虎死留皮 [호사유피] 범은 죽어서 가죽을 남김.
- 虎視眈眈 [호시탐탐] 호랑이가 먹이를 노릴 때의 눈처럼 기회를 노리고 정세를 가만히 관망함.
      *眈 : 노려볼 탐
- 豪言壯談 [호언장담] 호기 있고 자신만만하게 하는 말.
- 浩然之氣 [호연지기] 하늘과 땅 사이에 가득 찬 넓고도 큰 원기. 공명정대하여 조금도 부끄러울 바 없는 도덕적 용기.
- 好衣好食 [호의호식] 좋은 옷과 좋은 음식. 잘 입고 잘 먹음.   ㈜ 錦衣玉食(금의옥식)
- 胡蝶之夢 [호접지몽] 자아(自我)와 외계(外界)와의 구별을 잊어버린 경지를 말함.   ㈜ 莊周之夢(장주지몽)
- 好學忘倦 [호학망권] 배우기를 좋아하여 게으름을 잊어버린다는 뜻으로 학업에 정진함을 말함.
- 呼兄呼弟 [호형호제] 형이라고 부르고 아우라고 부른다는 뜻으로 친형제처럼 가깝게 지냄을 이름.

급수	한자	훈	음
1급	俯	굽어볼	부
3급Ⅱ	仰	우러를	앙
3급Ⅱ	廊	행랑	랑
3급	廟	사당	묘
5급	束	묶을	속
4급Ⅱ	帶	띠	대
1급	矜	자랑할	긍
3급Ⅱ	莊	씩씩할	장
1급	徘	어정거릴	배
1급	徊	배회할	회
2급	瞻	볼/성	첨
1급	眺	바라볼	조

● 사자성어

- 豪華好食 [호화호식] 사치스럽고 번화하게 좋아하는 음식을 먹고 생활함.
- 惑世誣民 [혹세무민] 세상을 어지럽히고 백성을 속임. *誣 : 무고할 무
- 魂飛魄散 [혼비백산] 혼자 넋이 나갈 정도로 몹시 놀람. *魄 : 넋 백
- 渾然一體 [혼연일체] 조그마한 차별이나 균열도 없이 한 몸이 됨. *渾 : 흐릴 혼
- 昏定晨省 [혼정신성] 저녁에는 잠자리를 정해 드리고 새벽에는 문안한다는 말로 아침저녁으로 부모의 안부를 물어서 살핌.
- 和氣靄靄 [화기애애] 매우 화목한 분위기. *靄 : 아지랑이 애
- 畫龍點睛 [화룡점정] 용을 그릴 때 마지막으로 눈을 그려 넣어 완성시킴. 가장 긴요한 곳에 손을 대어 작품을 완성함. *睛 : 눈동자 정
- 畫蛇添足 [화사첨족] 뱀의 그림을 그리는데 없는 발을 그림. 쓸데없는 짓을 하여 도리어 잘못되게 함.
- 花容月態 [화용월태] 꽃 같은 얼굴과 달 같은 모습. 미인의 모습을 형용한 말.
  (유) 明眸皓齒(명모호치), 丹脣皓齒(단순호치)

급수	한자	훈	음							
4급	孤	외로울	고	孤	孤					
1급	陋	더러울/좁을	루	陋	陋					
3급Ⅱ	寡	적을	과	寡	寡					
6급	聞	들을	문	聞	聞					
3급Ⅱ	愚	어리석을	우	愚	愚					
3급Ⅱ	蒙	어릴/몽고	몽	蒙	蒙					
6급	等	등급/같을	등	等	等					
	誚	꾸짖을	초	誚	誚					
3급Ⅱ	謂	이를	위	謂	謂					
7급	語	말씀	어	語	語					
4급Ⅱ	助	도울	조	助	助					
6급	者	놈/사람	자	者	者					

● 사자성어

- 花朝月夕 [화조월석] 꽃 피는 아침과 달 뜨는 저녁. 곧 경치가 좋은 시절을 말함.
- 花鳥風月 [화조풍월] 꽃과 새와 바람과 달이라는 뜻으로, 자연의 아름다운 경치를 이름.
- 畵中之餠 [화중지병] 그림의 떡처럼 쓸모없는 일.　*餠 : 떡 병
- 和風暖陽 [화풍난양] 화창한 바람과 따뜻한 햇볕.
- 換骨奪胎 [환골탈태] 뼈를 바꾸고 태를 빼앗듯이 남의 문장을 꾸며 자기 것으로 함.
- 患難相救 [환난상구] 환란을 만났을 때 서로 구해 줌.
  - ㈜ 患難相恤(환난상휼)
- 換父易祖 [환부역조] 문벌이 낮은 사람이 문벌을 높이기 위한 수단으로 자손이 없는 양반의 가문을 이어 아버지와 할아버지 조상을 바꾸는 일.
- 換腐作新 [환부작신] 낡은 것을 새로운 것으로 바꾸어 만듦.
- 惶恐無地 [황공무지] 매우 죄송하여 몸둘 바를 모름.　*惶 : 두려워할 황
- 荒唐無稽 [황당무계] 말이 황당하여 믿을 수 없음.

급	한자	훈	음						
3급	焉	어조사	언	焉	焉				
3급	哉	어조사	재	哉	哉				
3급	乎	어조사	호	乎	乎				
3급	也	어조사	야	也	也				

사자성어

- 膾炙人口 [회자인구] 널리 사람들에게 알려져 입에 오르내리고 찬양을 받음.
  　　　　　　　*膾 : 어회 회　　*炙 : 구울 자
- 會者定離 [회자정리] 만나는 사람은 반드시 헤어질 운명에 있다는 말.
- 橫說竪說 [횡설수설] 조리가 없는 말을 함부로 지껄임.　*竪 : 더벅머리 수
- 後生可畏 [후생가외] 후배들 중에는 선배를 능가할 인물이 나올 수도 있으니 항상 그들을 두렵게 여길 만하다는 말.
- 厚顔無恥 [후안무치] 뻔뻔스러워 부끄러워할 줄을 모름.
- 欣喜雀躍 [흔희작약] 너무 좋아서 뛰며 기뻐함.　*欣 : 기뻐할 흔
- 興亡盛衰 [흥망성쇠] 흥하고, 망하고, 성하고, 쇠함을 말함.
- 興盡悲來 [흥진비래] 즐거움이 다하면 슬픈 일이 온다는 말.　(반) 苦盡甘來(고진감래)
- 喜怒哀樂 [희로애락] 기쁨과 노함, 슬픔과 즐거움. 인간의 온갖 감정.
- 喜喜樂樂 [희희낙락] 매우 기뻐하고 즐거워함.

급수별 한자능력검정용 3500자

8급
敎 가르칠 교
校 학교 교
九 아홉 구
國 나라 국
軍 군사 군
金 쇠 금
　 성 김
南 남녘 남
女 계집 녀
年 해 년
大 큰 대
東 동녘 동
六 여섯 륙
萬 일만 만
母 어미 모
木 나무 목
門 문 문
民 백성 민
白 흰 백
父 아버지 부
北 북녘 북
　 달아날 배
四 넉 사
山 메 산
三 석 삼
生 날 생
西 서녘 서
先 먼저 선
小 작을 소
水 물 수
室 집 실
十 열 십
五 다섯 오
王 임금 왕
外 바깥 외
月 달 월
二 두 이
人 사람 인
一 한 일
日 날/해 일
長 긴/어른 장
弟 아우 제
中 가운데 중
靑 푸를 청
寸 마디 촌
七 일곱 칠
土 흙 토
八 여덟 팔
學 배울 학
韓 한국/나라 한
兄 형/맏 형
火 불 화

7급
歌 노래 가
家 집 가
間 사이 간
江 강 강
車 수레 거/차
工 장인 공
空 빌 공
口 입 구
記 기록할 기
旗 깃발 기
氣 기운 기
男 사내 남
內 안 내
農 농사 농
答 대답 답
道 길/말할 도
冬 겨울 동
同 한가지 동
洞 마을 동
　 통할 통
動 움직일 동
登 오를 등
來 올 래
力 힘 력
老 늙을 로
里 마을 리
林 수풀 림
立 설 립
每 매양 매
面 낯 면
名 이름 명
命 목숨 명
文 글월 문
問 물을 문
物 물건 물
方 모 방
百 일백 백
夫 지아비 부
不 아닐 불/부
事 일 사
數 셈 산
上 위 상
色 빛 색
夕 저녁 석
姓 성 성
世 인간 세
少 적을 소
所 바 소
手 손 수
數 셈 수
　 자주 삭
市 저자 시
時 때 시

食 밥/먹을 식
植 심을 식
心 마음 심
安 편안 안
語 말씀 어
然 그럴 연
午 낮 오
右 오른 우
有 있을 유
育 기를 육
邑 고을 읍
入 들 입
子 아들 자
字 글자 자
自 스스로 자
場 마당 장
全 온전 전
前 앞 전
電 번개 전
正 바를 정
祖 할아버지 조
足 발 족
左 왼 좌
主 주인 주
住 살 주
重 무거울 중
地 땅 지
紙 종이 지
直 곧을 직
千 일천 천
川 내 천
天 하늘 천
草 풀 초
村 마을 촌
秋 가을 추
春 봄 춘
出 날 출
便 편할 편
　 똥 변
平 평평할 평
下 아래 하
夏 여름 하
漢 한수 한
海 바다 해
花 꽃 화
話 말씀 화
活 살 활
孝 효도 효
後 뒤 후
休 쉴 휴

6급
各 각각 각
角 뿔 각
感 느낄 감

強 강할 강
開 열 개
京 서울 경
界 지경 계
計 셀 계
古 예 고
苦 쓸 고
高 높을 고
公 공평할 공
功 공 공
共 한가지 공
科 과목 과
果 실과 과
光 빛 광
交 사귈 교
球 공 구
區 구분할 구
郡 고을 군
近 가까울 근
根 뿌리 근
今 이제 금
急 급할 급
等 등급 급
多 많을 다
短 짧을 단
堂 집 당
代 대신 대
待 기다릴 대
對 대할 대
度 법도 도
圖 그림 도
讀 읽을 독
童 아이 동
頭 머리 두
等 무리 등
樂 즐길 락
　 노래 악
　 좋아할 요
例 법식 례
禮 예도 례
路 길 로
綠 푸를 록
理 다스릴 리
利 이로울 리
李 오얏 리
明 밝을 명
目 눈 목
聞 들을 문
米 쌀 미
美 아름다울 미
朴 성 박
反 돌이킬 반
半 반 반

班 나눌 반
發 필 발
放 놓을 방
番 차례 번
別 다를 별
病 병 병
服 옷 복
本 근본 본
部 떼 부
分 나눌 분
使 부릴 사
死 죽을 사
社 모일 사
書 글/책 서
石 돌 석
席 자리 석
線 줄 선
雪 눈 설
成 이룰 성
省 살필 성
　 덜 생
消 사라질 소
速 빠를 속
孫 손자 손
樹 나무 수
術 재주/꾀 술
習 익힐 습
勝 이길 승
始 비로소 시
式 법 식
神 귀신 신
身 몸 신
信 믿을 신
新 새 신
失 잃을 실
愛 사랑 애
夜 밤 야
野 들 야
弱 약할 약
藥 약 약
洋 큰바다 양
陽 볕 양
言 말씀 언
業 업 업
永 길 영
英 꽃부리 영
溫 따뜻할 온
用 쓸 용
勇 날랠 용
運 옮길 운
園 동산 원
遠 멀 원
由 말미암을 유
油 기름 유
銀 은 은

音 소리 음
飮 마실 음
衣 옷 의
意 뜻 의
醫 의원 의
者 놈/사람 자
作 지을 작
昨 어제 작
章 글 장
才 재주 재
在 있을 재
戰 싸움 전
庭 뜰 정
定 정할 정
第 차례 제
題 제목 제
朝 아침 조
族 겨레 족
注 부을 주
晝 낮 주
集 모을 집
窓 창 창
淸 맑을 청
體 몸 체
親 친할 친
太 클/처음 태
通 통할 통
特 특별할 특
表 겉 표
風 바람 풍
合 합할 합
行 다닐 행
　 항렬 항
幸 다행 행
向 향할 향
現 나타날 현
形 모양 형
號 이름 호
和 화할 화
畫 그림 화
　 그을 획
黃 누를 황
會 모일 회
訓 가르칠 훈

5급
可 옳을 가
加 더할 가
價 값 가
改 고칠 개
客 손 객
去 갈 거
擧 들 거
件 물건 건
建 세울 건

健 굳셀 건
格 격식 격
見 볼 견
　 뵈올 현
決 결단할 결
結 맺을 결
景 볕 경
輕 가벼울 경
敬 공경 경
競 다툴 경
考 생각할 고
告 고할 고
固 굳을 고
曲 굽을 곡
過 지날 과
課 과정 과
關 관계할 관
觀 볼 관
廣 넓을 광
橋 다리 교
具 갖출 구
救 구원할 구
舊 예 구
局 판 국
貴 귀할 귀
規 법 규
給 줄 급
技 재주 기
己 몸 기
基 터 기
期 기약할 기
汽 물끓는김 기
吉 길할 길
念 생각 념
能 능할 능
團 둥글 단
壇 단 단
談 말씀 담
當 마땅 당
德 큰/덕 덕
到 이를 도
島 섬 도
都 도읍 도
獨 홀로 독
落 떨어질 락
朗 밝을 랑
冷 찰 랭
良 어질 량
量 헤아릴 량
旅 나그네 려
歷 지날 력
練 익힐 련
令 하여금 령
領 거느릴 령
勞 일할 로

※상위급수는 하위급수 한자를 모두 포함.(예를 들어, 6급 한자는 7급, 8급 한자를 모두 포함한 한자를 말함.)

料 헤아릴 료	養 기를 양	唱 부를 창	器 그릇 기	府 마을 부	如 같을 여	至 이를 지
流 흐를 류	魚 물고기 어	責 꾸짖을 책	暖 따뜻할 난	婦 며느리 부	餘 남을 여	指 가리킬 지
類 무리 류	漁 고기잡을 어	鐵 쇠 철	難 어려울 난	副 버금 부	逆 거스릴 역	志 뜻 지
陸 뭍 륙	億 억 억	初 처음 초	努 힘쓸 노	富 부자 부	研 갈 연	職 벼슬 직
馬 말 마	熱 더울 열	最 가장 최	怒 성낼 노	佛 부처 불	煙 연기 연	眞 참 진
末 끝 말	葉 잎 엽	祝 빌 축	單 홑 단	非 아닐 비	演 펼 연	進 나아갈 진
亡 망할 망	屋 집 옥	充 채울 충	端 끝 단	悲 슬플 비	榮 영화 영	次 버금 차
望 바랄 망	完 완전할 완	致 이를 치	檀 박달나무 단	飛 날 비	藝 재주 예	察 살필 찰
買 살 매	要 요긴할 요	則 법칙 칙	斷 끊을 단	備 갖출 비	誤 그르칠 오	創 비롯할 창
賣 팔 매	曜 빛날 요	他 다를 타	達 통달할 달	貧 가난할 빈	玉 구슬 옥	處 곳 처
無 없을 무	浴 목욕할 욕	打 칠 타	擔 멜 담	寺 절 사	往 갈 왕	請 청할 청
倍 곱 배	友 벗 우	卓 높을 탁	黨 무리 당	舍 집 사	謠 노래 요	銃 총 총
法 법 법	牛 소 우	炭 숯 탄	帶 띠 대	師 스승 사	容 얼굴 용	總 다 총
變 변할 변	雨 비 우	宅 집 택/댁	隊 무리 대	謝 사례할 사	員 인원 원	蓄 모을 축
兵 병사 병	雲 구름 운	板 널 판	導 인도할 도	殺 죽일 살	圓 둥글 원	築 쌓을 축
福 복 복	雄 수컷 웅	敗 패할 패	毒 독 독		衛 지킬 위	忠 충성 충
奉 받들 봉	元 으뜸 원	品 물건 품	督 감독할 독	鎖 감할 쇄	爲 할 위	蟲 벌레 충
比 견줄 비	院 집/관청 원	必 반드시 필	銅 구리 동	床 상 상	肉 고기 육	取 가질 취
費 쓸 비	原 언덕 원	筆 붓 필	斗 말 두	狀 형상 상	恩 은혜 은	測 헤아릴 측
鼻 코 비	願 원할 원	河 물 하	豆 콩 두		陰 그늘 음	治 다스릴 치
氷 얼음 빙	位 자리 위	寒 찰 한	得 얻을 득	想 생각 상	應 응할 응	置 둘 치
士 선비 사	偉 클 위	害 해할 해	燈 등 등	常 항상 상	義 옳을 의	齒 이 치
仕 섬길 사	以 써 이	許 허락할 허	羅 벌일 라	設 베풀 설	議 의논할 의	侵 침노할 침
史 사기 사	耳 귀 이	湖 호수 호	兩 두 량	城 재/성 성	移 옮길 이	快 쾌할 쾌
査 조사할 사	因 인할 인	化 될 화	麗 고울 려	盛 성할 성	益 더할 익	態 모습 태
思 생각 사	任 맡길 임	患 근심 환	連 이을 련	誠 정성 성	認 알 인	統 거느릴 통
寫 베낄 사	材 재목 재	效 본받을 효	列 벌릴 렬	星 별 성	引 끌 인	退 물러날 퇴
産 낳을 산	財 재물 재	凶 흉할 흉	錄 기록할 록	聖 성인 성	印 도장 인	波 물결 파
相 서로 상	再 두/다시 재	黑 검을 흑	論 논할 론	聲 소리 성	將 장수 장	破 깨뜨릴 파
商 장사 상	災 재앙 재	**4급Ⅱ**	留 머무를 류	細 가늘 세	障 막을 장	布 펼 포
賞 상줄 상	爭 다툴 쟁		律 법칙 률	稅 세금 세	低 낮을 저		보시 보
序 차례 서	貯 쌓을 저	街 거리 가	滿 찰 만	勢 형세 세	敵 대적할 적	包 쌀 포
仙 신선 선	赤 붉을 적	假 거짓 가	脈 줄기 맥	素 본디/흴 소	田 밭 전	砲 대포 포
船 배 선	的 과녁 적	減 덜 감	毛 터럭 모	笑 웃음 소	絶 끊을 절	暴 사나울 폭
善 착할 선	典 법/책 전	監 볼 감	牧 칠/기를 목	掃 쓸 소	接 이을 접		모질 포
選 가릴 선	展 펼 전	康 편안 강	武 호반 무	俗 풍속 속	政 정사 정	票 표 표
鮮 고울 선	傳 전할 전	講 강론할 강	務 힘쓸 무	續 이을 속	程 한도/길 정	豊 풍년 풍
說 말씀 설	切 끊을 절	個 낱 개	未 아닐 미	送 보낼 송	精 정할 정	限 지경 한
	달랠 세		온통 체	檢 검사할 검	味 맛 미	守 지킬 수	制 절제할 제	航 배 항
性 성품 성	節 마디 절	缺 이지러질 결	密 빽빽할 밀	收 거둘 수	製 지을 제	港 항구 항
洗 씻을 세	店 가게 점	潔 깨끗할 결	博 넓을 박	受 받을 수	除 덜 제	解 풀 해
歲 해 세	停 머무를 정	慶 경사 경	防 막을 방	授 줄 수	祭 제사 제	香 향기 향
束 묶을 속	情 뜻 정	經 지날/글 경	房 방 방	修 닦을 수	際 즈음 제	鄕 시골 향
首 머리 수	調 고를 조	境 지경 경	訪 찾을 방	純 순수할 순	提 끌 제	虛 빌 허
宿 잘 숙	操 잡을 조	警 경계할 경	拜 절 배	承 이을 승	濟 건널 제	驗 시험할 험
	별자리 수	卒 군사 졸	係 맬 계	背 등 배	視 볼 시	早 일찍 조	賢 어질 현
順 순할 순	終 마칠 종	故 연고 고	配 나눌/짝 배	是 이/옳을 시	造 지을 조	血 피 혈
示 보일 시	種 씨 종	官 벼슬 관	伐 칠 벌	施 베풀 시	助 도울 조	協 화할 협
識 알 식	罪 허물 죄	究 연구할 구	罰 벌할 벌	詩 시 시	鳥 새 조	惠 은혜 혜
	기록할 지	州 고을 주	句 글귀 구	壁 벽 벽	試 시험 시	尊 높을 존	戶 집 호
臣 신하 신	週 돌 주	求 구할 구	邊 가 변	息 쉴/아들 식	宗 마루 종	呼 부를 호
實 열매 실	止 그칠 지	宮 집 궁	步 걸음 보	申 알릴/납 신	走 달릴 주	好 좋을 호
兒 아이 아	知 알 지	權 권세 권	保 지킬 보	深 깊을 심	竹 대 죽	護 도울 호
惡 악할 악	質 바탕 질	極 극진할 극	報 갚을 보	眼 눈 안	準 준할 준	貨 재물 화
	미워할 오	着 붙을 착	禁 금할 금	寶 보배 보	暗 어두울 암	衆 무리 중	確 굳을 확
案 상고할 안	參 참여할 참	起 일어날 기	復 회복할 복	壓 누를 압	增 더할 증	回 돌아올 회
約 맺을 약		석 삼			다시 부	液 진 액	支 지탱할 지	吸 마실 흡

| 興 | 일 흥 |
| 希 | 바랄 희 |

4급

暇	겨를/틈 가
刻	새길 각
覺	깨달을 각
干	방패 간
看	볼 간
簡	간략할 간
甘	달 감
敢	감히 감
甲	갑옷 갑
降	내릴 강/항복할 항
更	다시 갱/고칠 경
巨	클 거
拒	막을 거
居	살 거
據	근거 거
傑	뛰어날 걸
儉	검소할 검
激	격할 격
擊	칠 격
犬	개 견
堅	굳을 견
鏡	거울 경
傾	기울 경
驚	놀랄 경
系	이을 계
戒	경계할 계
季	계절 계
階	섬돌 계
鷄	닭 계
繼	이을 계
孤	외로울 고
庫	곳집 고
穀	곡식 곡
困	곤할 곤
骨	뼈 골
孔	구멍 공
攻	칠 공
管	대롱 관
鑛	쇳돌 광
構	얽을 구
君	임금 군
群	무리 군
屈	굽힐 굴
窮	다할 궁
券	문서 권
卷	책 권
勸	권할 권
歸	돌아갈 귀
均	고를 균
劇	심할 극
勤	부지런할 근

筋	힘줄 근
紀	벼리 기
奇	기이할 기
寄	부칠 기
機	틀 기
納	들일 납
段	층계 단
逃	도망할 도
徒	무리 도
盜	도적 도
卵	알 란
亂	어지러울 란
覽	볼 람
略	간략할 략
糧	양식 량
慮	생각할 려
烈	매울 렬
龍	용 룡
柳	버들 류
輪	바퀴 륜
離	떠날 리
妹	누이 매
勉	힘쓸 면
鳴	울 명
模	본뜰 모
妙	묘할 묘
墓	무덤 묘
舞	춤출 무
拍	칠 박
髮	터럭 발
妨	방해할 방
犯	범할 범
範	법 범
辯	말씀 변
普	넓을 보
伏	엎드릴 복
複	겹칠 복
否	아닐 부
負	질 부
粉	가루 분
憤	분할 분
批	비평할 비
秘	숨길 비
碑	비석 비
私	사사로울 사
絲	실 사
射	쏠 사
辭	말씀 사
散	흩을 산
象	코끼리 상
傷	다칠 상
宣	베풀 선
舌	혀 설
屬	붙일 속
損	덜 손
松	소나무 송
頌	칭송할 송

秀	빼어날 수
叔	아재비 숙
肅	엄숙할 숙
崇	높을 숭
氏	성씨 씨
額	이마 액
樣	모양 양
嚴	엄할 엄
與	더불/줄 여
易	바꿀 역/쉬울 이
域	지경 역
延	늘일 연
鉛	납 연
燃	탈 연
緣	인연 연
迎	맞을 영
映	비칠 영
營	경영할 영
豫	미리 예
遇	만날 우
郵	우편 우
優	뛰어날 우
怨	원망할 원
源	근원 원
援	도울 원
危	위태할 위
委	맡길 위
威	위엄 위
圍	에울 위
慰	위로할 위
乳	젖 유
遊	놀 유
遺	남길 유
儒	선비 유
隱	숨을 은
依	의지할 의
儀	거동 의
疑	의심할 의
異	다를 이
仁	어질 인
姉	손위누이 자
姿	모양 자
資	재물 자
殘	남을 잔
雜	섞일 잡
壯	씩씩할 장
裝	꾸밀 장
獎	장려할 장
帳	장막 장
張	베풀 장
腸	창자 장
底	밑 저
賊	도둑 적
適	맞을 적
積	쌓을 적
績	길쌈 적

籍	문서 적
專	오로지 전
轉	구를 전
錢	돈 전
折	꺾을 절
占	점칠 점
點	점 점
丁	고무래 정
整	가지런할 정
靜	고요할 정
帝	임금 제
組	짤 조
條	가지 조
潮	밀물 조
存	있을 존
從	좇을 종
鍾	쇠북 종
座	자리 좌
朱	붉을 주
周	두루 주
酒	술 주
證	증거 증
誌	기록할 지
智	지혜 지
持	가질 지
織	짤 직
陣	진칠 진
珍	보배 진
盡	다할 진
差	다를 차
讚	기릴 찬
採	캘 채
冊	책 책
泉	샘 천
聽	들을 청
廳	관청 청
招	부를 초
推	밀 추/퇴
縮	줄일 축
趣	뜻 취
就	나아갈 취
層	층 층
寢	잘 침
針	바늘 침
稱	일컬을 칭
彈	탄알 탄
歎	탄식할 탄
脫	벗을 탈
探	찾을 탐
擇	가릴 택
討	칠 토
痛	아플 통
投	던질 투
鬪	싸움 투
派	갈래 파
判	판단할 판
篇	책 편

評	평할 평
閉	닫을 폐
細	세포 포
爆	불터질 폭
標	표할 표
疲	피곤할 피
避	피할 피
恨	한할 한
閑	한가할 한
抗	겨룰 항
核	씨 핵
憲	법 헌
險	험할 험
革	가죽 혁
顯	나타날 현
刑	형벌 형
或	혹 혹
婚	혼인할 혼
混	섞을 혼
紅	붉을 홍
華	빛날 화
環	고리 환
歡	기쁠 환
況	모양 황
灰	재 회
厚	두터울 후
候	기후 후
揮	휘두를 휘
喜	기쁠 희

3급Ⅱ

佳	아름다울 가
架	시렁 가
閣	집/누각 각
脚	다리 각
刊	새길 간
肝	간 간
幹	줄기 간
懇	간절할 간
鑑	거울 감
剛	굳셀 강
綱	벼리 강
鋼	강철 강
介	낄 개
槪	대개 개
蓋	덮을 개
距	떨어질 거
乾	마를 건
劍	칼 검
隔	사이뜰 격
訣	이별할 결
兼	겸할 겸
謙	겸손할 겸
耕	밭갈 경
頃	이랑 경
徑	지름길 경
硬	굳을 경

械	기계 계
桂	계수나무 계
契	맺을 계
姑	부족이름 글
啓	열 계
溪	시내 계
姑	시어미 고
稿	원고 고
鼓	북 고
谷	골 곡
哭	울 곡
恐	두려울 공
貢	바칠 공
供	이바지할 공
恭	공손할 공
誇	자랑할 과
寡	적을 과
館	집 관
冠	갓 관
貫	꿸 관
慣	익숙할 관
寬	너그러울 관
狂	미칠 광
怪	괴이할 괴
壞	무너질 괴
巧	공교할 교
較	견줄 교
久	오랠 구
拘	잡을 구
丘	언덕 구
菊	국화 국
弓	활 궁
拳	주먹 권
鬼	귀신 귀
菌	버섯/균 균
克	이길 극
禽	새 금
琴	거문고 금
錦	비단 금
及	미칠 급
企	꾀할 기
其	그 기
祈	빌 기
畿	경기 기
騎	말탈 기
緊	긴할 긴
諾	허락할 낙
娘	계집 낭
耐	견딜 내
寧	편안 녕
奴	종 노
泥	진흙 니
腦	골/뇌수 뇌
茶	차 다/차
丹	붉을 단
旦	아침 단
但	다만 단

淡	맑을 담
踏	밟을 답
唐	당나라 당
糖	엿 당/탕
臺	대 대
貸	빌릴 대
刀	칼 도
途	길 도
陶	질그릇 도
倒	넘어질 도
桃	복숭아 도
渡	건널 도
突	갑자기 돌
凍	얼 동
絡	이을 락
蘭	난초 란
欄	난간 란
浪	물결 랑
郞	사내 랑
廊	행랑 랑
涼	서늘할 량
梁	들보 량
勵	힘쓸 려
曆	책력 력
鍊	단련할 련
聯	연이을 련
戀	그리워할 련
蓮	연꽃 련
裂	찢어질 렬
嶺	고개 령
靈	신령 령
露	이슬 로
爐	화로 로
祿	녹 록
弄	희롱할 롱
賴	의뢰할 뢰
雷	천둥 뢰
樓	다락 루
累	포갤 루
漏	샐 루
倫	인륜 륜
栗	밤 률
率	비율 률/거느릴 솔
隆	높을 륭
陵	언덕 릉
裏	속 리
履	밟을 리
吏	아전 리
臨	임할 림
麻	삼 마
磨	갈 마
莫	없을 막
幕	장막 막
漠	넓을 막
晩	늦을 만
妄	망령될 망

한자	훈음	한자	훈음	한자	훈음	한자	훈음	한자	훈음	한자	훈음	한자	훈음
梅	매화 **매**	腐	썩을 **부**	熟	익을 **숙**	緩	느릴 **완**	井	우물 **정**	遷	옮길 **천**	獻	드릴 **헌**
媒	중매 **매**	賦	매길 **부**	旬	열흘 **순**	辱	욕될 **욕**	征	칠 **정**	哲	밝을 **철**	玄	검을 **현**
麥	보리 **맥**	奔	달릴 **분**	巡	돌 **순**	欲	하고자할 **욕**	廷	조정 **정**	徹	통할 **철**	懸	매달 **현**
盲	눈멀 **맹**	奮	떨칠 **분**	瞬	눈깜짝일 **순**	慾	욕심 **욕**	貞	곧을 **정**	滯	막힐 **체**	穴	굴 **혈**
孟	맏 **맹**	紛	어지러울 **분**	述	지을/펼 **술**	宇	집 **우**	淨	깨끗할 **정**	肖	닮을 **초**	脅	위협할 **협**
猛	사나울 **맹**	拂	떨칠 **불**	拾	주울 **습**/열 **십**	偶	짝 **우**	齊	가지런할 **제**	超	뛰어넘을 **초**	衡	저울대 **형**
盟	맹세 **맹**	妃	왕비 **비**	襲	엄습할 **습**	愚	어리석을 **우**	諸	모든 **제**	礎	주춧돌 **초**	慧	슬기로울 **혜**
眠	잘 **면**	肥	살찔 **비**	濕	젖을 **습**	憂	근심 **우**	兆	억조 **조**	促	재촉할 **촉**	虎	범 **호**
綿	솜 **면**	卑	낮을 **비**	昇	오를 **승**	羽	깃 **우**	照	비칠 **조**	觸	닿을 **촉**	胡	오랑캐 **호**
免	면할 **면**	婢	계집종 **비**	乘	탈 **승**	韻	운 **운**	租	조세 **조**	催	재촉할 **최**	浩	넓을 **호**
滅	멸할 **멸**	祀	제사 **사**	僧	중 **승**	越	넘을 **월**	縱	세로 **종**	追	쫓을 **추**	豪	호걸 **호**
銘	새길 **명**	沙	모래 **사**	侍	모실 **시**	胃	밥통 **위**	坐	앉을 **좌**	畜	기를 **축**	惑	미혹할 **혹**
謀	꾀할 **모**	邪	간사할 **사**	飾	꾸밀 **식**	謂	이를 **위**	柱	기둥 **주**	衝	찌를 **충**	魂	넋 **혼**
慕	사모할 **모**	司	맡을 **사**	愼	삼갈 **신**	僞	거짓 **위**	株	그루 **주**	吹	불 **취**	忽	갑자기 **홀**
貌	모양 **모**	詞	말/글 **사**	甚	심할 **심**	幼	어릴 **유**	珠	구슬 **주**	醉	취할 **취**	洪	넓을 **홍**
睦	화목할 **목**	蛇	뱀 **사**	審	살필 **심**	猶	오히려 **유**	洲	물가 **주**	側	곁 **측**	禍	재앙 **화**
沒	빠질 **몰**	斜	비낄 **사**	雙	쌍 **쌍**	柔	부드러울 **유**	宙	집 **주**	値	값 **치**	換	바꿀 **환**
夢	꿈 **몽**	削	깎을 **삭**	牙	어금니 **아**	幽	그윽할 **유**	奏	아뢸 **주**	恥	부끄러울 **치**	還	돌아올 **환**
蒙	어릴 **몽**	森	수풀 **삼**	芽	싹 **아**	悠	멀 **유**	鑄	쇠불릴 **주**	稚	어릴 **치**	皇	임금 **황**
茂	무성할 **무**	霜	서리 **상**	雅	맑을 **아**	維	벼리 **유**	仲	버금 **중**	漆	옻 **칠**	荒	거칠 **황**
貿	무역할 **무**	詳	자세할 **상**	我	나 **아**	裕	넉넉할 **유**	卽	곧 **즉**	沈	잠길 **침**	悔	뉘우칠 **회**
默	잠잠할 **묵**	喪	잃을 **상**	亞	버금 **아**	誘	꾈 **유**	症	증세 **증**		성 **심**	懷	품을 **회**
墨	먹 **묵**	像	모양 **상**	阿	언덕 **아**	潤	윤택할 **윤**	曾	일찍 **증**	浸	잠길 **침**	劃	그을 **획**
紋	무늬 **문**	尙	오히려 **상**	岸	언덕 **안**	乙	새 **을**	憎	미울 **증**	奪	빼앗을 **탈**	獲	얻을 **획**
勿	말 **물**	裳	치마 **상**	顔	얼굴 **안**	淫	음란할 **음**	蒸	찔 **증**	塔	탑 **탑**	橫	가로 **횡**
微	작을 **미**	桑	뽕나무 **상**	巖	바위 **암**	已	이미 **이**	之	갈 **지**	湯	끓을 **탕**	胸	가슴 **흉**
尾	꼬리 **미**	償	갚을 **상**	央	가운데 **앙**	翼	날개 **익**	池	못 **지**	殆	위태할 **태**	稀	드물 **희**
迫	핍박할 **박**	塞	막힐 **색**/변방 **새**	仰	우러를 **앙**	忍	참을 **인**	枝	가지 **지**	泰	클 **태**	戲	놀이 **희**
薄	엷을 **박**	索	찾을 **색**	哀	슬플 **애**	逸	편안할 **일**	辰	별 **진**	澤	못/윤 **택**		
飯	밥 **반**		새끼줄 **삭**	若	같을 **약**/반야 **야**	壬	북방 **임**	振	떨칠 **진**	兔	토끼 **토**		**3급**
盤	소반 **반**	恕	용서할 **서**	揚	날릴 **양**	賃	품삯 **임**	震	우레 **진**	吐	토할 **토**	却	물리칠 **각**
般	가지 **반**	徐	천천히 **서**	壤	흙덩이 **양**	慈	사랑 **자**	鎭	진정할 **진**	透	사무칠 **투**	姦	간음할 **간**
拔	뽑을 **발**	署	관청 **서**	讓	사양할 **양**	刺	찌를 **자/척**	陳	베풀 **진**	版	조각 **판**	渴	목마를 **갈**
芳	꽃다울 **방**	緖	실마리 **서**	御	거느릴 **어**	紫	자줏빛 **자**	疾	병/빠를 **질**	片	조각 **편**	皆	다 **개**
培	북돋울 **배**	惜	아낄 **석**	抑	누를 **억**	暫	잠깐 **잠**	秩	차례 **질**	偏	치우칠 **편**	慨	슬퍼할 **개**
排	밀칠 **배**	釋	풀/석가 **석**	憶	생각할 **억**	潛	잠길 **잠**	執	잡을 **집**	編	엮을 **편**	乞	빌 **걸**
輩	무리 **배**	旋	돌 **선**	亦	또 **역**	丈	어른 **장**	徵	부를 **징**	肺	허파 **폐**	肩	어깨 **견**
伯	맏 **백**	禪	참선 **선**	役	부릴 **역**	莊	장엄할 **장**	此	이 **차**	弊	폐단 **폐**	牽	이끌/끌 **견**
繁	번성할 **번**	訴	호소할 **소**	疫	전염병 **역**	掌	손바닥 **장**	借	빌릴 **차**	廢	폐할 **폐**	遣	보낼 **견**
凡	무릇 **범**	疏	소통할 **소**	譯	번역할 **역**	葬	장사지낼 **장**	錯	어긋날 **착**	浦	물가 **포**	絹	비단 **견**
碧	푸를 **벽**	蘇	깨어날 **소**	驛	역 **역**	粧	단장할 **장**	贊	도울 **찬**	捕	잡을 **포**	庚	별 **경**
丙	남녘 **병**	燒	불사를 **소**	沿	물따라갈 **연**	藏	감출 **장**	昌	창성할 **창**	楓	단풍나무 **풍**	竟	마침내 **경**
補	기울 **보**	訟	송사할 **송**	宴	잔치 **연**	臟	오장 **장**	倉	곳집 **창**	皮	가죽 **피**	卿	벼슬 **경**
譜	족보 **보**	刷	인쇄할 **쇄**	軟	연할 **연**	栽	심을 **재**	蒼	푸를 **창**	彼	저 **피**	癸	북방 **계**
腹	배 **복**	鎖	쇠사슬 **쇄**	燕	제비 **연**	載	실을 **재**	菜	나물 **채**	被	입을 **피**	繫	맬 **계**
覆	덮을 **복**	衰	쇠할 **쇠**	悅	기쁠 **열**	裁	옷마를 **재**	彩	채색 **채**	畢	마칠 **필**	枯	마를 **고**
	엎을 **복**	帥	장수 **수**	染	물들일 **염**	抵	막을 **저**	債	빚 **채**	何	어찌 **하**	顧	돌아볼 **고**
封	봉할 **봉**	殊	다를 **수**	炎	불꽃 **염**	著	나타날 **저**	策	꾀 **책**	荷	멜 **하**	坤	땅 **곤**
峯	봉우리 **봉**	愁	근심 **수**	鹽	소금 **염**	跡	발자취 **적**	妻	아내 **처**	賀	하례할 **하**	郭	성/둘레 **곽**
逢	만날 **봉**	需	쓰일 **수**	影	그림자 **영**	寂	고요할 **적**	尺	자 **척**	鶴	학 **학**	掛	걸 **괘**
鳳	봉새 **봉**	壽	목숨 **수**	譽	기릴 **예**	笛	피리 **적**	汗	땀 **한**			塊	흙덩이 **괴**
扶	도울 **부**	隨	따를 **수**	悟	깨달을 **오**	摘	딸 **적**	拓	넓힐 **척**	割	벨 **할**	愧	부끄러울 **괴**
付	부칠 **부**	輸	보낼 **수**	烏	까마귀 **오**	蹟	자취 **적**		박을 **탁**	舍	머금을 **함**	郊	들 **교**
附	붙을 **부**	獸	짐승 **수**	獄	옥 **옥**	殿	전각 **전**	戚	친척 **척**	陷	빠질 **함**	矯	바로잡을 **교**
符	부호 **부**	垂	드리울 **수**	瓦	기와 **와**	漸	점점 **점**	淺	얕을 **천**	恒	항상 **항**	俱	함께 **구**
浮	뜰 **부**	淑	맑을 **숙**			亭	정자 **정**	踐	밟을 **천**	項	항목 **항**	苟	구차할 **구**
簿	문서 **부**					頂	정수리 **정**	賤	천할 **천**	響	울릴 **향**	狗	개 **구**

驅 몰 구	埋 묻을 매	召 부를 소	遙 멀 요	逮 잡을 체	擴 넓힐 확	摩 문지를 마
懼 두려워할 구	冥 어두울 명	昭 밝을 소	庸 떳떳할 용	替 바꿀 체	丸 둥글 환	魔 마귀 마
厥 그 궐	某 아무 모	蔬 나물 소	又 또 우	遞 갈릴 체	曉 새벽 효	痲 저릴 마
軌 바퀴자국 궤	侮 업신여길 모	騷 떠들 소	于 어조사 우	抄 뽑을 초	侯 제후 후	膜 막/꺼풀 막
龜 거북 귀	冒 무릅쓸 모	粟 조 속	尤 더욱 우	秒 분초 초	毀 헐 훼	娩 낳을 만
나라이름 구	慕 모을 모	誦 외울 송	云 이를 운	燭 촛불 촉	輝 빛날 휘	灣 물굽이 만
터질 균	暮 저물 모	囚 가둘 수	違 어긋날 위	聰 귀밝을 총	携 이끌 휴	蠻 오랑캐 만
叫 부르짖을 규	卯 토끼 묘	睡 졸음 수	緯 씨 위	抽 뽑을 추		網 그물 망
糾 얽힐 규	苗 모 묘	須 모름지기 수	酉 닭 유	醜 추할 추	**2급**	魅 매혹할 매
斤 근/도끼 근	廟 사당 묘	遂 드디어 수	唯 오직 유	丑 소 축	葛 칡 갈	枚 낱 매
僅 겨우 근	戊 천간 무	誰 누구 수	惟 생각할 유	逐 쫓을 축	憾 섭섭할 감	蔑 업신여길 멸
謹 삼갈 근	霧 안개 무	雖 비록 수	愈 나을 유	臭 냄새 취	坑 구덩이 갱	矛 창 모
肯 즐길 긍	迷 미혹할 미	搜 찾을 수	閏 윤달 윤	枕 베개 침	揭 들/걸 게	帽 모자 모
豈 어찌 기	眉 눈썹 미	孰 누구 숙	吟 읊을 음	妥 온당할 타	憩 쉴 게	沐 머리감을 목
忌 꺼릴 기	敏 민첩할 민	殉 따라죽을 순	泣 울 읍	墮 떨어질 타	雇 품팔 고	紊 문란할 문
欺 속일 기	憫 불쌍히여길 민	循 좇을 순	凝 엉길 응	托 맡길 탁	戈 창 과	舶 배 박
飢 주릴 기	蜜 꿀 밀	脣 입술 순	矣 어조사 의	濁 흐릴 탁	瓜 오이 과	搬 운반할 반
旣 이미 기	泊 머무를 박	戌 개 술	宜 마땅 의	濯 씻을 탁	菓 과자 과	紡 길쌈 방
棄 버릴 기	返 돌이킬 반	矢 화살 시	而 말이을 이	誕 낳을 탄	款 항목 관	賠 물어줄 배
幾 몇 기	叛 배반할 반	伸 펼 신	夷 오랑캐 이	貪 탐낼 탐	傀 허수아비 괴	俳 배우 배
那 어찌 나	伴 짝 반	辛 매울 신	姻 혼인 인	怠 게으를 태	絞 목맬 교	柏 잣나무 백
乃 이에 내	邦 나라 방	晨 새벽 신	寅 범/동방 인	頗 자못 파	僑 더부살이 교	閥 문벌 벌
奈 어찌 내/나	傲 거만할 오	尋 찾을 심	恣 방자할 자	罷 마칠 파	膠 아교 교	汎 넓을/뜰 범
惱 번뇌할 뇌	傍 곁 방	餓 주릴 아	玆 이 자	播 뿌릴 파	購 살 구	僻 궁벽할 벽
畓 논 답	杯 잔 배	岳 큰산 악	酌 술부을 작	把 잡을 파	歐 구라파 구	倂 아우를 병
挑 돋울 도	翻 번역할 번	雁 기러기 안	爵 벼슬 작	販 팔 판	鷗 갈매기 구	俸 녹 봉
跳 뛸 도	煩 번거로울 번	謁 뵐 알	墻 담 장	貝 조개 패	掘 팔 굴	縫 꿰맬 봉
塗 칠할 도	辨 분별할 변	押 누를 압	宰 재상 재	遍 두루 편	窟 굴 굴	膚 살갗 부
稻 벼 도	竝 나란히 병	殃 재앙 앙	哉 어조사 재	蔽 덮을 폐	圈 우리 권	敷 펼 부
篤 도타울 독	屛 병풍 병	涯 물가 애	滴 물방울 적	幣 화폐 폐	闕 대궐 궐	弗 아닐 불
豚 돼지 돈	卜 점 복	厄 재앙 액	竊 훔칠 절	抱 안을 포	閨 안방 규	匪 비적 비
敦 도타울 돈	蜂 벌 봉	也 어조사 야	蝶 나비 접	飽 배부를 포	棋 바둑 기	唆 부추길 사
屯 진칠 둔	赴 다다를 부	耶 어조사 야	訂 바로잡을 정	幅 폭 폭	濃 짙을 농	赦 용서할 사
鈍 둔할 둔	墳 무덤 분	躍 뛸 약	堤 둑 제	漂 떠다닐 표	尿 오줌 뇨	飼 기를 사
騰 오를 등	朋 벗 붕	楊 버들 양	燥 마를 조	匹 짝 필	尼 여승 니	傘 우산 산
濫 넘칠 람	崩 무너질 붕	於 어조사 어	弔 조상할 조	旱 가물 한	溺 빠질 닉	酸 실 산
掠 노략질할 략	賓 손 빈	焉 어찌 언	拙 졸할 졸	咸 다 함	鍛 쇠불릴 단	蔘 삼 삼
諒 살펴알 량	頻 자주 빈	予 나/줄 여	佐 도울 좌	巷 거리 항	潭 못 담	揷 꽂을 삽
憐 불쌍히여길 련	聘 부를 빙	汝 너 여	舟 배 주	亥 돼지 해	膽 쓸개 담	箱 상자 상
劣 용렬할 렬	已 뱀 사	輿 수레 여	俊 준걸 준	該 갖출 해	垈 집터 대	瑞 상서 서
廉 청렴할 렴	似 닮을 사	余 나 여	遵 좇을 준	奚 어찌 해	戴 일 대	碩 클 석
獵 사냥 렵	捨 버릴 사	閱 볼 열	贈 줄 증	享 누릴 향	悼 슬퍼할 도	繕 기울 선
零 떨어질 령	詐 속일 사	泳 헤엄칠 영	只 다만 지	軒 집 헌	桐 오동나무 동	纖 가늘 섬
隸 종/서체 례	斯 이 사	詠 읊을 영	遲 더딜 지	絃 줄 현	棟 마룻대 동	貰 세놓을 세
鹿 사슴 록	賜 줄 사	銳 날카로울 예	姪 조카 질	縣 고을 현	謄 베낄 등	紹 이을 소
了 마칠 료	朔 초하루 삭	吾 나 오	懲 징계할 징	嫌 싫어할 혐	藤 등나무 등	盾 방패 순
僚 동료 료	祥 상서 상	汚 더러울 오	且 또 차	亨 형통할 형	裸 벗을 라	升 되/오를 승
淚 눈물 루	嘗 맛볼 상	娛 즐길 오	捉 잡을 착	螢 반딧불 형	洛 물이름 락	屍 주검 시
屢 여러 루	敍 베풀 서	嗚 슬플 오	慘 참혹할 참	兮 어조사 혜	爛 빛날 란	殖 불릴 식
梨 배 리	庶 무리 서	傲 거만할 오	慙 부끄러울 참	互 서로 호	藍 쪽 람	紳 띠 신
隣 이웃 린	署 더울 서	翁 늙은이 옹	暢 화창할 창	乎 어조사 호	拉 끌 랍	腎 콩팥 신
慢 게으를 만	誓 맹세할 서	擁 낄/안을 옹	斥 물리칠 척	毫 터럭 호	輛 수레 량	握 쥘 악
漫 흩어질 만	逝 갈 서	臥 누울 와	薦 천거할 천	昏 어두울 혼	煉 달굴 련	癌 암 암
忙 바쁠 망	昔 예 석	曰 가로 왈	尖 뾰족할 첨	弘 클/넓을 홍	籠 대바구니 롱	礙 거리낄 애
忘 잊을 망	析 쪼갤 석	畏 두려워할 외	添 더할 첨	鴻 기러기 홍	療 병고칠 료	惹 이끌 야
茫 아득할 망	涉 건널 섭	腰 허리 요	妾 첩 첩	禾 벼 화	硫 유황 류	孃 아가씨 양
罔 없을 망	攝 다스릴 섭	搖 흔들 요	晴 갤 청	穫 거둘 확	謬 그르칠 류	硯 벼루 연

厭	싫어할 염	託	부탁할 탁	瓊	구슬 경	楞	네모질 릉	璇	옥 선	倭	왜나라 왜	趙	성/나라 조

厭 싫어할 염　託 부탁할 탁　瓊 구슬 경　楞 네모질 릉　璇 옥 선　倭 왜나라 왜　趙 성/나라 조
預 맡길 예　琢 다듬을 탁　皐 언덕 고　麟 기린 린　璿 옥 선　堯 요임금 요　曺 성 조
梧 오동나무 오　胎 아이밸 태　串 땅이름 곶　鞨 말갈 말　卨 사람이름 설　姚 예쁠 요　祚 복 조
穩 편안할 온　颱 태풍 태　　　꿸 관　貊 맥국 맥　薛 성/대쑥 설　耀 빛날 요　琮 옥홀 종
歪 기울 왜/외　覇 으뜸 패　琯 옥피리 관　覓 찾을 멱　陝 땅이름 섬　溶 녹을 용　疇 밭이랑 주
妖 요사할 요　坪 들 평　槐 회화나무 괴　冕 면류관 면　蟾 두꺼비 섬　瑢 패옥소리 용　埈 높을 준
傭 품팔 용　怖 두려워할 포　邱 언덕 구　沔 물이름 면　暹 해돋을 섬　鎔 쇠녹일 용　峻 높을 준
熔 녹을 용　拋 던질 포　玖 옥돌 구　俛 구푸릴 면　燮 불꽃 섭　鏞 쇠북 용　晙 밝을 준
鬱 답답할 울　鋪 펼/가게 포　鞫 성 국　牟 성/보리 모　晟 밝을 성　佑 도울 우　浚 깊게할 준
苑 나라동산 원　虐 모질 학　圭 서옥 규　茅 띠 모　巢 새집 소　祐 복 우　濬 깊을 준
尉 벼슬 위　翰 편지 한　奎 별 규　謨 꾀 모　沼 못 소　禹 성 우　禹 성 우　駿 준마 준
融 녹을 융　艦 큰배 함　揆 헤아릴 규　穆 화목할 목　邵 성 소　旭 아침해 욱　址 터 지
貳 두 이　弦 시위 현　珪 홀 규　昴 별이름 묘　宋 송나라 송　頊 삼갈 욱　芝 지초 지
刃 칼날 인　峽 골짜기 협　槿 무궁화 근　汶 물이름 문　洙 물가 수　昱 햇빛밝을 욱　稙 올벼 직
壹 한 일　型 모형 형　瑾 아름다운옥 근　彌 미륵 미　銖 저울눈 수　煜 빛날 욱　稷 피 직
妊 아이밸 임　濠 호주 호　兢 떨릴 긍　旻 하늘 민　隋 수나라 수　郁 성할 욱　秦 성/나라 진
磁 자석 자　酷 심할 혹　箕 바랄 기　旼 화할 민　洵 참으로 순　芸 향풀 운　晋 성/나라 진
諮 물을 자　靴 신 화　岐 갈림길 기　玟 아름다운돌 민　淳 순박할 순　蔚 고을이름 울　燦 빛날 찬
雌 암컷 자　幻 헛보일 환　淇 물이름 기　珉 옥돌 민　珣 옥이름 순　熊 곰 웅　鑽 뚫을 찬
蠶 누에 잠　滑 미끄러울 활　琦 옥이름 기　閔 성 민　舜 순임금 순　媛 계집 원　璨 옥빛 찬
沮 막을 저　　　익살스러울 골　琪 아름다운옥 기　磻 반계 반/번　荀 풀이름 순　瑗 구슬 원　瓚 옥잔 찬
呈 드릴 정　廻 돌 회　璣 구슬 기　潘 성/뜨물 반　瑟 큰거문고 슬　袁 성 원　敞 시원할 창
艇 거룻배 정　喉 목구멍 후　箕 키 기　鉢 바리때 발　繩 노끈/줄 승　渭 물이름 위　昶 해길 창
偵 염탐할 정　勳 공 훈　耆 늙은이 기　渤 바다이름 발　柴 섶 시　韋 가죽 위　采 풍채 채
劑 약제 제　熙 빛날 희　驥 준마 기　旁 곁 방　湜 물맑을 식　魏 위나라 위　埰 사패지 채
措 둘 조　噫 한숨쉴 희　麒 기린 기　龐 높은집 방　軾 수레가로나무 식　庾 곳집 유　蔡 성/나라 채
釣 낚시 조　姬 계집 희　沂 물이름 기　裵 성 배　瀋 즙 심　兪 성 유　陟 오를 척
彫 새길 조　　　　　驪 천리마 기　筏 뗏목 벌　閼 막을 알　楡 느릅나무 유　釧 팔찌 천
綜 모을 종　**2급(지명·인명)**　湍 여울 단　范 성 범　鴨 오리 압　踰 넘을 유　喆 밝을 철
駐 머무를 주　伽 절 가　塘 못 당　卞 성 변　埃 티끌 애　允 맏 윤　澈 맑을 철
准 비준 준　柯 가지 가　悳 큰 덕　弁 고깔 변　艾 쑥 애　尹 성 윤　瞻 볼/성 첨
旨 뜻 지　軻 수레 가　燾 비칠 도　昞 밝을 병　倻 가야 야　胤 자손 윤　楚 초나라 초
脂 기름 지　賈 성 가　惇 도타울 돈　昺 밝을 병　襄 도울 양　鈗 창/병기 윤　蜀 나라이름 촉
津 나루 진　　　장사 고　燉 불빛 돈　柄 자루 병　彦 선비 언　殷 은나라 은　崔 성/높을 최
診 진찰할 진　迦 부처이름 가　頓 조아릴 돈　炳 불꽃 병　姸 고울 연　垠 지경 은　楸 가래 추
塵 티끌 진　珏 쌍옥 각　乭 이름 돌　秉 잡을 병　淵 못 연　誾 향기 은　鄒 추나라 추
窒 막힐 질　杆 몽둥이 간　董 바를 동　甫 클 보　衍 넓을 연　鷹 매 응　椿 참죽나무 춘
輯 모을 집　艮 괘이름 간　杜 막을 두　潽 물이름 보　閻 마을 염　伊 저 이　沖 화할 충
遮 가릴 차　鞨 오랑캐이름 갈　鄧 나라이름 등　輔 도울 보　燁 빛날 엽　珥 귀고리 이　聚 모을 취
餐 밥/먹을 찬　邯 사람이름 감　萊 명아주 래　馥 향기 복　暎 비칠 영　怡 기쁠 이　峙 언덕 치
札 편지 찰　　　조나라서울 한　亮 밝을 량　蓬 쑥 봉　瑛 옥빛 영　翊 도울 익　雉 꿩 치
刹 절 찰　岬 곶 갑　樑 들보 량　皐 언덕 부　盈 찰 영　鎰 무게이름 일　灘 여울 탄
斬 벨/매우 참　鉀 갑옷 갑　呂 성/법칙 려　釜 가마 부　瑩 옥돌 영　佾 춤 일　耽 즐길 탐
滄 찰/푸를 창　姜 성(姓) 강　廬 농막집 려　傅 스승 부　　　밝을 형　滋 불을 자　兌 바꿀 태
彰 드러날 창　彊 굳셀 강　驪 검은말 려　芬 향기 분　芮 성 예　庄 전장 장　台 별 태
悽 슬퍼할 처　疆 지경 강　礪 숫돌 려　鵬 새 붕　睿 슬기 예　獐 노루 장　坡 언덕 파
隻 외짝 척　岡 산등성이 강　漣 잔물결 련　丕 클 비　濊 종족이름 예　璋 홀/반쪽 장　阪 언덕 판
撤 거둘 철　崗 언덕 강　濂 물이름 렴　毖 도울 비　吳 성/나라 오　蔣 성/줄 장　彭 성 팽
諜 염탐할 첩　价 클 개　玲 옥소리 령　毖 삼갈 비　墺 물가 오　甸 경기 전　扁 작을 편
締 맺을 체　塏 높은 땅 개　醴 단술 례　彬 빛날 빈　沃 기름질 옥　鄭 나라 정　葡 포도 포
哨 망볼 초　鍵 열쇠 건　魯 노나라 로　泗 물이름 사　鈺 보배 옥　晶 맑을 정　鮑 절인물고기 포
焦 탈 초　杰 뛰어날 걸　盧 성로 로　泗 물이름 사　邕 막힐 옹　班 옥이름 정　杓 북두자루 표
趨 달아날 추　桀 하왕이름 걸　蘆 갈대 로　庠 학교 상　雍 화할 옹　旌 기/표할 정　馮 성 풍/탈 빙
軸 굴대 축　甄 질그릇 견　鷺 해오라기 로　舒 펼 서　甕 독 옹　楨 광나무 정　弼 도울 필
蹴 찰 축　炅 빛날 경　遼 멀 료　奭 클 석　莞 왕골 완　汀 물가 정　泌 스며흐를 필
衷 속마음 충　儆 경계할 경　劉 죽일 류　錫 주석 석　旺 왕성할 왕　禎 상서로울 정　　　분비할 비
炊 불땔 취　璟 옥빛 경　崙 산이름 륜　璿 도리옥 선　汪 넓을 왕　鼎 솥 정　陜 땅이름 합

夾	좁을 협	墾	개간할 간	痼	고질병 고	矩	곱자 구	衲	장삼 납	瀾	물결 란	俚	속될 리
亢	높을 항	艱	어려울 간	錮	땜질할 고	廏	마굿간 구	囊	주머니 낭	剌	어그러질 랄	釐	리 리
沆	넓을 항	諫	간할 간	股	넓적다리 고	臼	절구 구	弩	쇠뇌 노	辣	매울 랄	裡	속 리
杏	살구 행	揀	가릴 간	膏	살찔 고	舅	시아비 구	駑	둔한말 노	籃	바구니 람	悧	영리할 리
赫	빛날 혁	澗	산골물 간	袴	바지 고	衢	거리 구	膿	고름 농	臘	납향 랍	痢	설사 리
爀	불빛 혁	癎	간질 간	鵠	고니 곡	窘	막힐 군	訥	말더듬을 눌	蠟	밀 랍	籬	울타리 리
峴	고개/재 현	喝	다할 갈	梏	수갑 곡	穹	하늘 궁	紐	끈 뉴	狼	이리 랑	羅	걸릴 리
炫	밝을 현	碣	외칠 갈	昆	맏/많을 곤	躬	몸 궁	匿	숨을 닉	倆	재주 량	吝	아낄 린
鉉	솥귀 현	褐	털옷 갈	棍	몽둥이 곤	倦	게으를 권	簞	밥그릇 단	梁	기장 량	鱗	비늘 린
瀅	물맑을 형	勘	헤아릴 감	袞	곤룡포 곤	眷	돌아볼 권	緞	비단 단	侶	짝 려	燐	도깨비불 린
炯	빛날 형	堪	견딜 감	汨	빠질 골	捲	걸을/말 권	蛋	새알 단	閭	마을 려	躪	짓밟을 린
邢	성 형	柑	감자나무 감	拱	팔짱낄 공	顴	광대뼈 권/관	撻	매질할 달	戾	어그러질 려	淋	물뿌릴 림
馨	꽃다울 형	疳	감질 감	鞏	묶을 공	蹶	넘어질 궐	疸	황달 달	濾	거를 려	笠	삿갓 립
昊	하늘 호	紺	감색 감	顆	낟알 과	几	안석 궤	痰	가래 담	黎	검을 려	粒	알갱이 립
皓	밝을 호	瞰	내려다볼 감	廓	둘레 곽	机	책상 궤	憺	편안할 담	瀝	거를 력	寞	쓸쓸할 막
澔	흴 호	匣	갑 갑	槨	덧널 곽	櫃	함 궤	澹	담박할 담	礫	조약돌 력	卍	만자 만
滸	넓을 호	閘	수문 갑	藿	콩잎 곽	潰	무너질 궤	譚	이야기 담	輦	손수레 련	彎	굽을 만
壕	해자 호	慷	강개할 강	灌	물댈 관	詭	속일 궤	曇	흐릴 담	斂	거둘 렴	挽	당길 만
扈	따를 호	糠	쌀겨 강	棺	널 관	硅	규소 규	遝	몰릴 답	殮	염할 렴	輓	끌 만
鎬	호경 호	腔	빈속 강	刮	깎을/비빌 괄	逵	큰길 규	撞	칠 당	簾	발 렴	瞞	속일 만
祜	복 호	薑	생강 강	括	묶을 괄	窺	엿볼 규	棠	아가위 당	囹	감옥 령	饅	만두 만
泓	물깊을 홍	箇	낱 개	匡	바로잡을 광	葵	해바라기 규	螳	사마귀 당	鈴	방울 령	鰻	뱀장어 만
嬅	탐스러울 화	凱	즐길 개	壙	광 광	橘	귤나무 귤	撞	들 대	齡	나이 령	蔓	덩굴 만
樺	자작나무 화	愾	성낼 개	曠	빌/넓을 광	剋	이길 극	袋	자루 대	逞	굳셀 령	抹	바를 말
桓	굳셀 환	漑	물댈 개	胱	방광 광	戟	창/찌를 극	掉	흔들 도	撈	건져낼 로	沫	거품 말
煥	빛날 환	芥	겨자 개	卦	점괘 괘	棘	가시나무 극	堵	담 도	擄	노략질할 로	襪	버선 말
晃	밝을 황	羹	국 갱	罫	줄 괘	隙	틈 극	屠	죽일 도	虜	포로 로	芒	까끄라기 망
滉	깊을 황	渠	개천 거	乖	어그러질 괴	觀	뵐 근	睹	볼 도	碌	돌모양 록	惘	멍할 망
檜	전나무 회	倨	거만할 거	拐	속일 괴	饉	흉년들 근	賭	도박 도	麓	산기슭 록	昧	어두울 매
淮	물이름 회	醵	추렴할 거/갹	魁	우두머리 괴	衾	이불 금	搗	찧을 도	壟	언덕 롱	寐	잠잘 매
后	임금 후	巾	수건 건	轟	수레소리 굉	擒	사로잡을 금	淘	일어낼 도	聾	귀머거리 롱	煤	그을음 매
熏	불길 훈	腱	힘줄 건	宏	클 굉	襟	옷깃 금	萄	포도 도	瓏	옥소리 롱	罵	욕할 매
燻	질나팔 훈	虔	정성 건	肱	팔뚝 굉	扱	다룰 급	滔	물넘칠 도	磊	돌무더기 뢰	邁	갈 매
薰	향풀 훈	劫	위협할 겁	喬	높을 교	汲	길을 급	蹈	밟을 도	牢	우리 뢰	呆	어리석을 매
徽	아름다울 휘	怯	겁낼 겁	嬌	아리따울 교	矜	불쌍히여길 긍	濤	물결 도	儡	꼭두각시 뢰	萌	싹 맹
休	아름다울 휴	偈	불교글귀 게	轎	가마 교	亘	건널 긍	禱	빌 도	賂	뇌물 뢰	棉	목화 면
匈	오랑캐 흉	覡	남자무당 격	驕	교만할 교	嗜	즐길 기	鍍	도금할 도	寮	동관 료	眄	곁눈질 면
欽	공경할 흠	檄	격문 격	攪	어지러울 교	伎	기량 기	瀆	더럽힐 독	燎	불놓을 료	綿	가는실 면
嬉	아름다울 희	膈	흉격 격	咬	새소리 교	妓	기생 기	禿	대머리 독	瞭	밝을 료	麪	밀가루 면
熹	빛날 희	譴	꾸짖을 견	狡	교활할 교	碁	돌 기	沌	어두울 돈	寥	쓸쓸할 료	酩	술취할 명
憙	기뻐할 희	鵑	두견이 견	皎	흴 교	杞	나무이름 기	憧	그리워할 동	聊	귀울 료	皿	그릇 명
禧	복 희	繭	고치 견	蛟	이무기 교	崎	험할 기	瞳	눈동자 동	陋	좁을 루	溟	바다 명
羲	사람이름 희	憬	깨달을 경	仇	원수 구	綺	비단 기	疼	아플 동	壘	진 루	暝	어두울 명
	1급	鯨	고래 경	鳩	비둘기 구	畸	때기밭 기	胴	몸통 동	溜	물방울 류	螟	마디충 명
哥	소리 가	梗	대개 경	枸	구기자 구	羈	굴레 기	兜	투구 두/도	瘤	혹 류	袂	소매 몌
呵	꾸짖을 가	磬	경쇠 경	駒	망아지 구	肌	살 기	痘	천연두 두	琉	유리 류	摸	찾을 모
苛	매울 가	莖	줄기 경	鉤	갈고리 구	譏	나무랄 기	臀	볼기 둔	謬	죽일 륙	模	모범 모
嘉	아름다울 가	脛	정강이 경	嘔	토할 구	拮	일할 길	遁	달아날 둔	綸	다스릴 륜	牡	수컷 모
嫁	시집갈 가	勁	굳셀 경	毆	때릴 구	喫	마실 끽	橙	등자나무 등	淪	빠질 륜	耗	줄 모
稼	심을 가	痙	경련할 경	謳	노래할 구	儺	역귀쫓을 나	懶	게으를 라	慄	두려워할 률	歿	죽을 몰
袈	가사 가	悸	두근거릴 계	軀	몸 구	懦	나약할 나	癩	문둥병 라	肋	갈비 륵	描	그릴 묘
駕	가마 가	呱	울 고	垢	때 구	拏	잡을 나	邏	돌 라	勒	굴레 륵	猫	고양이 묘
恪	조심할 각	拷	칠 고	寇	도둑 구	拿	잡을 나	螺	소라 라	凜	찰 름	杳	어두울 묘
殼	껍질 각	敲	두드릴 고	樞	널/관 구	煖	따뜻할 난	烙	지질 락	凌	능가할 릉	渺	아득할 묘
奸	간사할 간	叩	조아릴 고	灸	뜸질할 구	捏	반죽할 날	酪	유즙 락	稜	모서리 릉	畝	이랑 무/묘
竿	장대 간	辜	허물 고	溝	도랑 구	捺	누를 날	駱	낙타 락	綾	비단 릉	毋	말/없을 무
						涅	개흙 날/녈	鸞	난새 란	菱	마름 릉	拇	엄지손가락 무

漢字	訓音	漢字	訓音	漢字	訓音	漢字	訓音	漢字	訓音	漢字	訓音	漢字	訓音
巫	무당 무	泛	뜰 범	翡	물총새 비	屑	가루 설	蜃	무명조개 신	筵	대자리 연	揄	끌 유
誣	무고할 무	劈	쪼갤 벽	臂	팔 비	洩	샐 설	宸	대궐 신	焰	불꽃 염	鍮	놋쇠 유
憮	어루만질 무	擘	엄지손가락 벽	脾	지라 비	泄	샐 설	爐	깜부기불 신	艷	고울 염	癒	나을 유
撫	어루만질 무	璧	옥 벽	痺	저릴 비	渫	치울 설	薪	섶나무 신	嬰	갓난아이 영	諭	깨우칠 유
蕪	거칠 무	癖	적취 벽	椑	도울 비	殲	멸할 섬	訊	물을 신	裔	후손 예	柚	유자나무 유
蚊	모기 문	闢	열 벽	譬	비유할 비	閃	번쩍할 섬	迅	빠를 신	曳	끌 예	諛	아첨할 유
媚	아첨할 미	瞥	언뜻볼 별	鄙	더러울 비	醒	깰 성	悉	다 실	穢	더러울 예	蹂	짓밟을 유
薇	고비 미	鼈	금계 별	嚬	찡그릴 빈	塑	토우 소	俄	갑자기 아	詣	이를 예	游	헤엄칠 유
靡	쓰러질 미	瓶	병 병	瀕	물가 빈	遡	거스를 소	訝	맞을 아	寤	깰 오	戎	병장기 융
悶	번민할 민	餠	떡 병	嬪	궁녀 빈	宵	밤 소	啞	벙어리 아	伍	대오 오	絨	융 융
謐	고요할 밀	堡	작은성 보	殯	빈소 빈	逍	거닐 소	衙	마을 아	奧	속 오	蔭	그늘 음
剝	벗길 박	洑	보 보	濱	물가 빈	疎	드물 소	顎	턱 악	懊	한할 오	揖	읍할 읍
撲	때릴 박		스며흐를 복	憑	기댈 빙	搔	긁을 소	愕	놀랄 악	蘊	쌓을 온	膺	가슴 응
樸	통나무 박	菩	보리수 보	蓑	도롱이 사	瘙	종기 소	堊	백토 악	甕	막힐 옹	擬	흉내낼 의
珀	호박 박	僕	종 복	些	적을 사	梳	빗 소	按	누를 안	渦	소용돌이 와	椅	의나무 의
箔	발 박	匐	길 복	嗣	대이을 사	甦	깨어날 소	晏	늦을 안	蝸	달팽이 와	毅	굳셀 의
粕	지게미 박	輻	바큇살 복	祠	사당 사	簫	퉁소 소	鞍	안장 안	訛	그릇될 와	誼	의좋을 의
搏	칠/잡을 박	鰒	전복 복	奢	사치할 사	蕭	대쑥 소	軋	삐걱거릴 알	婉	순할 완	痍	상처 이
縛	묶을 박	捧	받들 봉	姿	춤출 사	贖	바꿀 속	斡	관리할 알	宛	완연 완	姨	이모 이
膊	어깨 박	棒	몽둥이 봉	紗	깁 사	遜	겸손할 손	庵	암자 암	腕	팔 완	弛	늦출 이
駁	얼룩얼룩할 박	烽	봉화 봉	徙	옮길 사	悚	두려워할 송	闇	어두울 암	玩	장난할 완	爾	너 이
攀	잡을 반	鋒	칼끝 봉	瀉	쏟을 사	灑	뿌릴 쇄	怏	원망할 앙	頑	완고할 완	餌	먹이 이
槃	명반 반	俯	굽어볼 부	獅	사자 사	碎	부술 쇄	秧	모 앙	阮	성 완	翌	다음날 익
斑	얼룩 반	咐	분부할 부	麝	사향노루 사	嫂	형수 수	鴦	원앙 앙	枉	굽을 왕	咽	목구멍 인
蟠	서릴 반	腑	육부 부	刪	깎을 산	瘦	파리할 수	昻	오를 앙	矮	작을 왜	湮	잠길 인
拌	버릴 반	駙	곁말 부	珊	산호 산	戍	지킬 수	曖	가릴 애	猥	함부로 외	蚓	지렁이 인
畔	두둑 반	剖	쪼갤 부	疝	산증 산	狩	사냥 수	崖	벼랑 애	巍	높을 외	靭	질길 인
絆	줄/얽을 반	埠	선창 부	撒	뿌릴 살	穗	이삭 수	隘	좁을 애	僥	바랄 요	佚	편할 일
頒	나눌 반	孵	알깔 부	煞	죽일 살	豎	더벅머리 수	靄	아지랑이 애	撓	구부러질 요	溢	넘칠 일
槃	소반 반	斧	도끼 부	薩	보살 살	粹	순수할 수	扼	누를 액	饒	넉넉할 요	剩	남을 잉
勃	발끈할 발	芙	부용 부	滲	스밀 삼	繡	수놓을 수	縊	목맬 액	凹	오목할 요	孕	아이밸 잉
潑	활발할 발	訃	부고 부	澁	떫을 삽	羞	부끄러울 수	腋	겨드랑이 액	拗	꺾을 요	仔	자세할 자
撥	퉁길 발	賻	부의 부	孀	과부 상	蒐	모을 수	櫻	앵두나무 앵	窈	그윽할 요	炙	구울 자/적
醱	술익을 발	噴	뿜을 분	爽	시원할 상	讐	원수 수	鶯	꾀꼬리 앵	夭	어릴 요	煮	삶을 자
跋	밟을 발	吩	명령할 분	翔	날 상	袖	소매 수	冶	불릴 야	擾	어지러울 요	瓷	사기그릇 자
魃	가물귀신 발	忿	성낼 분	觴	잔 상	酬	갚을 수	揶	희롱할 야	窯	가마 요	疵	흠 자
尨	삽살개 방	扮	꾸밀 분	璽	도장 새	髓	골수 수	爺	아비 야	邀	맞을 요	蔗	사탕수수 자
幇	도울 방	盆	동이 분	嗇	아낄 색	塾	글방 숙	葯	꽃밥 약	聳	솟을 용	藉	깔개 자
坊	동네 방	雰	안개 분	牲	희생 생	夙	일찍 숙	瘍	종기 양	茸	무성할 용	綽	너그러울 작
彷	거닐 방	焚	불사를 분	甥	생질 생	菽	콩 숙	攘	물리칠 양	蓉	연꽃 용	勻	구기 작
枋	다목 방	糞	똥 분	嶼	섬 서	筍	죽순 순	釀	술빚을 양	涌	샘솟을 용	灼	사를 작
昉	마침 방	佛	비슷할 불	抒	토로할 서	醇	진할 순	恙	근심 양	踊	뛸 용	芍	함박꽃 작
肪	기름 방	棚	선반 붕	曙	새벽 서	馴	길들 순	癢	가려울 양	嵎	산굽이 우	炸	터질 작
榜	방붙일 방	硼	붕산 붕	薯	참마 서	膝	무릎 슬	圉	옥 어	寓	빗댈 우	嚼	씹을 작
膀	오줌통 방	繃	묶을 붕	棲	깃들일 서	丞	도울 승	瘀	멍들 어	隅	모퉁이 우	鵲	까치 작
謗	헐뜯을 방	憊	고달플 비	犀	무소 서	匙	숟가락 시	禦	막을 어	虞	염려할 우	雀	참새 작
徘	노닐 배	妣	어미 비	胥	서로 서	媤	시집 시	臆	가슴 억	迂	멀 우	棧	잔도 잔
湃	물결칠 배	匕	비수 비	壻	사위 서	弑	죽일 시	堰	방죽 언	殞	죽을 운	盞	잔 잔
胚	아이밸 배	庇	덮을 비	黍	기장 서	柹	감나무 시	諺	상말 언	隕	떨어질 운	箴	바늘 잠
陪	모실 배	琵	비파 비	鼠	쥐 서	猜	시기할 시	儼	의젓할 엄	耘	김맬 운	簪	비녀 잠
帛	비단 백	砒	비상 비	潟	개펄 석	諡	시호 시	奄	문득 엄	寃	원통할 원	仗	병장기 장
魄	넋 백	秕	쭉정이 비	扇	부채 선	豺	승냥이 시	掩	가릴 엄	猿	원숭이 원	杖	지팡이 장
蕃	우거질 번	沸	끓을 비	煽	부추길 선	拭	닦을 식	繹	풀어낼 역	鴛	원앙 원	匠	장인 장
藩	울타리 번	扉	문짝 비	羨	부러워할 선	熄	꺼질 식	捐	버릴 연	葳	마를 위	漿	미음 장
帆	돛 범	緋	비단 비	膳	선물 선	蝕	좀먹을 식	椽	서까래 연	宥	용서할 유	醬	젓갈 장
梵	범어 범	蜚	날 비	腺	샘 선	呻	끙끙거릴 신	撚	비틀 연	喩	비유할 유	薔	장미 장
氾	넘칠 범	誹	비방할 비	銑	무쇠 선	娠	아이밸 신	鳶	솔개 연	愉	즐거울 유	檣	돛대 장

齋 재계할 재	糟 지게미 조	嗟 탄식할 차	稍 적을 초	蕩 방탕할 탕	豹 표범 표	糊 풀 호
滓 찌끼 재	遭 만날 조	蹉 넘어질 차	炒 볶을 초	汰 씻을 태	稟 받을 품	渾 흐릴 혼
錚 쇳소리 쟁	棗 대추나무 조	搾 짤 착	貂 담비 초	笞 볼기칠 태	諷 욀 풍	笏 홀 홀
咀 씹을 저	爪 손톱 조	窄 좁을 착	醋 식초 초	苔 이끼 태	披 펼칠 피	惚 황홀할 홀
狙 원숭이 저	眺 바라볼 조	鑿 뚫을 착	酌 술권할 작	跆 밟을 태	疋 필 필	虹 무지개 홍
詛 저주할 저	粗 거칠 조	撰 지을 찬	囑 부탁할 촉	撐 버팀목 탱	乏 가난할 핍	訌 내분 홍
箸 젓가락 저	阻 험할 조	饌 반찬 찬	忖 헤아릴 촌	攄 펼 터	逼 닥칠 핍	哄 떠들 홍
豬 산돼지 저	詔 고할 조	簒 빼앗을 찬	叢 모일 총	慟 애통할 통	瑕 티 하	喚 부를 환
躇 머뭇거릴 저	繰 아청비단 조/켤 소	簒 모을 찬	塚 무덤 총	桶 통 통	蝦 새우 하	宦 벼슬 환
邸 큰집 저		擦 문지를 찰	寵 사랑할 총	筒 대통 통	遐 멀 하	鰥 홀아비 환
觝 닥드릴 저	藻 말 조	僭 참람할 참	撮 취할 촬	堆 쌓을 퇴	霞 노을 하	驩 기뻐할 환
嫡 정실 적	躁 성급할 조	塹 구덩이 참	墜 떨어질 추	槌 망치 퇴	瘧 학질 학	猾 교활할 활
謫 귀양갈 적	肇 시작할 조	懺 뉘우칠 참	樞 지도리 추	褪 바랠 퇴	謔 희롱거릴 학	闊 넓을 활
狄 오랑캐 적	簇 조릿대 족	讖 예언서 참	芻 꼴 추	腿 넓적다리 퇴	鷔 골 학	凰 봉황새 황
迹 자취 적	猝 갑자기 졸	站 역마을 참	酋 두목 추	頹 무너질 퇴	澣 옷빨래 한	煌 빛날 황
剪 자를 전	慫 권할 종	讒 모함할 참	鰍 미꾸라지 추	套 덮개 투	悍 사나울 한	遑 허둥거릴 황
煎 달일 전	腫 부스럼 종	倡 광대 창	椎 몽치 추	妬 투기할 투	罕 드물 한	徨 노닐 황
箭 화살 전	踵 발꿈치 종	娼 창녀 창	錐 송곳 추	慝 간사할 특	轄 관장할 할	惶 두려워할 황
塡 메울 전	踪 자취 종	猖 미칠 창	錘 저울 추	婆 할미 파	函 함 함	恍 황홀할 황
奠 정할 전	挫 꺾을 좌	菖 창포 창	鎚 쇠망치 추	巴 땅이름 파	涵 젖을 함	慌 다급할 황
廛 가게 전	做 지을 주	廠 헛간 창	黜 물리칠 출	爬 긁을 파	喊 소리칠 함	恢 넓을 회
纏 얽을 전	呪 방자할 주	愴 슬퍼할 창	悴 파리할 췌	琶 비파 파	緘 봉할 함	晦 그믐 회
悛 고칠 전	嗾 부추길 주	槍 창 창	萃 모일 췌	芭 파초 파	鹹 짤 함	誨 가르칠 회
栓 나무못 전	廚 부엌 주	瘡 부스럼 창	膵 췌장 췌	跛 절름발이 파	檻 짐승우리 함	繪 그림 회
銓 저울질할 전	胄 투구 주	艙 선창 창	贅 혹 췌	愎 괴팍할 퍅	銜 재갈 함	膾 어회 회
氈 모전 전	紬 명주 주	漲 불을 창	娶 장가들 취	辦 힘쓸 판	盒 합 합	徊 노닐 회
顫 떨릴 전	註 주낼/주 주	脹 배부를 창	翠 비취빛 취	佩 찰 패	蛤 대합조개 합	蛔 회충 회
澱 앙금 전	誅 벨/칠 주	寨 울타리 채	脆 무를 취	唄 찬불 패	缸 항아리 항	賄 뇌물 회
癲 미칠 전	躊 머뭇거릴 주	柵 울타리 책	惻 슬퍼할 측	悖 어그러질 패	肛 똥구멍 항	哮 으르렁거릴 효
顚 꼭대기 전	輳 모일 주	凄 쓸쓸할 처	侈 사치할 치	沛 늪 패	偕 함께 해	酵 술밑 효
箋 글/쪽지 전	紂 임금이름 주	擲 던질 척	犧 기 치	牌 패 패	楷 본보기 해	嚆 울릴 효
餞 전별할 전	樽 술통 준	滌 씻을 척	熾 성할 치	稗 피 패	諧 화할 해	灸 뜸 효
篆 전자 전	蠢 꿈틀거릴 준	瘠 메마를 척	痔 치질 치	澎 물두딪는소리 팽	咳 기침할 해	吼 울 후
輾 돌아누울 전	竣 일마칠 준	脊 등성마루 척	癡 어리석을 치	膨 부풀 팽	駭 놀랄 해	嗅 맡을 후
截 끊을 절	櫛 빗 즐	喘 헐떡일 천	嗤 비웃을 치	鞭 채찍 편	骸 해골 해	朽 썩을 후
粘 끈끈할 점	汁 즙 즙	擅 멋대로 천	緇 뱉 치	騙 속일 편	懈 게으를 해	逅 만날 후
霑 젖을 점	葺 기울 즙/집	穿 뚫을 천	馳 달릴 치	貶 떨어뜨릴 폄	邂 만날 해	暈 달무리 훈
幀 그림족자 정	吡 길이 지	闡 열/밝힐 천	勅 조서 칙	萍 부평초 평	劾 캐물을 핵	喧 시끄러울 훤
挺 빼어낼 정	摯 잡을 지	凸 볼록할 철	砧 다듬잇돌 침	斃 넘어질 폐	嚮 향할 향	卉 풀 훼
町 밭두둑 정	祉 복 지	綴 묶을 철	鍼 침 침	陛 섬돌 폐	饗 잔치할 향	喙 부리 훼
酊 술취할 정	肢 사지 지	轍 바퀴자국 철	蟄 숨을 칩	匍 길 포	噓 불 허	彙 무리 휘
釘 못 정	枳 탱자 지	僉 다 첨	秤 저울 칭	哺 먹일 포	墟 빈터 허	諱 꺼릴 휘
睛 눈동자 정	嗔 성낼 진	籤 제비 첨	唾 침 타	圃 밭 포	歇 쉴 헐	麾 대장기 휘
靖 편안할 정	疹 홍역 진	諂 아첨할 첨	惰 게으를 타	脯 포 포	眩 아찔할 현	恤 구휼할 휼
碇 닻 정	叱 꾸짖을 질	帖 표제 첩	楕 길쭉할 타	蒲 부들 포	衒 자랑할 현	兇 흉악할 흉
錠 제기이름 정	桎 차꼬 질	貼 붙을 첩	舵 키 타	逋 달아날 포	絢 무늬 현	洶 용솟음할 흉
穽 함정 정	膣 질 질	捷 이길 첩	陀 바탕질 타	咆 으르렁거릴 포	俠 호협할 협	欣 기뻐할 흔
悌 공손할 제	秩 책갑 질	牒 편지 첩	駝 낙타 타	庖 부엌 포	挾 낄 협	痕 흉터 흔
梯 사다리 제	跌 넘어질 질	疊 겹쳐질 첩	擢 뽑을 탁	泡 물거품 포	狹 좁을 협	欠 하품 흠
啼 울 제	迭 바꿀 질	涕 눈물 체	鐸 방울 탁	疱 천연두 포	頰 뺨 협	歆 받을 흠
蹄 발굽 제	嫉 미워할 질	諦 살필 체	呑 삼킬 탄	袍 두루마기 포	荊 가시나무 형	恰 마치 흡
凋 시들 조	斟 헤아릴 짐	憔 수척할 초	坦 평평할 탄	褒 기릴 포	彗 비 혜	洽 흡족할 흡
稠 빽빽할 조	朕 나 짐	樵 땔나무 초	憚 꺼릴 탄	曝 쬘 폭	醯 초 혜	犧 희생할 희
嘲 비웃을 조	什 세간 집	礁 암초 초	綻 옷터질 탄	瀑 폭포 폭	弧 나무활 호	詰 꾸짖을 힐
曹 마을 조		蕉 파초 초	眈 노려볼 탐	剽 빠를 표	狐 여우 호	
槽 구유/통 조	澄 맑을 징	梢 나무끝 초	搭 탈 탑	慓 날랠 표	琥 호박 호	
漕 배저을 조	叉 깍지낄 차	礎 초석 초	宕 호방할 탕	飄 나부낄 표	瑚 산호 호	

진동일(陳東日)

서울에서 태어나
홍익대학교 서양화과를 졸업한 후
각 언론매체와 CF 감독 생활을 거쳐
현재에는 한학자로서
고전 연구와 집필 활동에 전념하고 있다.
저서로는 『노자 5천자 여행』, 『채근담』,
『고사성어』, 『그림 철학여행』, 『붉은 별』,
『등소평』, 『짱구에게 배우는 논어한자』,
『이야기 술술! 한자 쑥쑥!』 등이 있다.

완전풀이
완풀 천자문

글·그림 진동일
펴낸이 박해성
펴낸곳 정진출판사

초판 1쇄 발행 2008년 3월 15일
16쇄 발행 2025년 1월 15일

주소 서울특별시 성북구 하월곡동 10-6호
전화 (02) 917-9900(代)
Fax (02) 917-9907
E-mail JJ1461@chollian.net
Homepage www.jeongjinpub.co.kr
등록일 1989.12.20
등록번호 제6-95호
ISBN 978-89-5700-080-9 *03710

정가 15,000원
　　　(쓰기연습 포함)

Copyrights ⓒ2006, 正進出版社
출판사의 허락 없이 이 책의 일부 또는 전부를 무단 복사·복제·전재할 수 없습니다.
*잘못 만들어진 책은 구입하신 서점에서 교환해 드립니다.

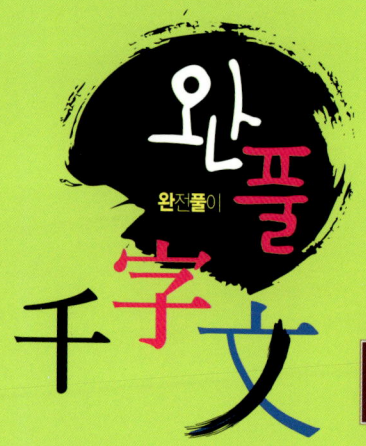

완풀 천자문 쓰기연습	
글·그림	진동일
발행처	정진출판사
발행인	박해성
등록번호	제6-95호
주소	서울시 성북구 하월곡동 10-6호
전화	02)917-9900(代)
팩시밀리	02)917-9907

쓰면서 익히는 한자능력검정시험 시리즈(전 8권)

신국판 136면
정가 4,000원

신국판 144면
정가 4,000원

신국판 144면
정가 4,000원

신국판 164면
정가 4,500원

신국판 168면
정가 4,500원

신국판 280면
정가 7,000원

신국판 216면
정가 6,000원

신국판 232면
정가 6,500원

재미있는 원리로 배우는 한자능력검정시험 시리즈(전 5권)

국배판 144면
값 6,000원

국배판 112면(6급Ⅱ포함)
값 6,000원

국배판 120면
값 7,000원

국배판 184면(4급Ⅱ포함)
값 8,000원

국배판 256면(3급Ⅱ 포함)
값 9,500원

한자능력검정시험 종합서(1급~8급)

4×6판 304면
값 7,500원

신국판 384면
정가 9,500원

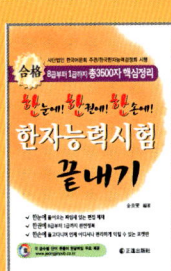
국반판 640면
정가 8,000원